RENATE KÄPPLER

Voraussetzungen und Grenzen tarifdispositiven Richterrechts

Schriften zum Sozial- und Arbeitsrecht

Band 28

Voraussetzungen und Grenzen tarifdispositiven Richterrechts

Von

Dr. Renate Käppler

DUNCKER & HUMBLOT / BERLIN

CIP-Kurztitelaufnahme der Deutschen Bibliothek

Käppler, Renate

Voraussetzungen und Grenzen tarifdispositiven Richterrechts. — 1. Aufl. — Berlin: Duncker und Humblot, 1977.

(Schriften zum Sozial- und Arbeitsrecht; Bd. 28)
ISBN 3-428-03818-5

Gedruckt 1977 bei Buchdruckerei Bartholdy & Klein, Berlin 65
Printed in Germany

ISBN 3 428 03818 5

Vorwort

Die Arbeit hat im Sommersemester 1976 dem Fachbereich Rechts- und Wirtschaftswissenschaften der Universität Mainz als Dissertation vorgelegen. Bis Ende September 1976 veröffentlichte Rechtsprechung und Literatur wurde, soweit dies möglich war, noch eingearbeitet.

Die Anregung zu dieser Schrift ging von Herrn Prof. Dr. *Dieter Hekkelmann* aus, dem ich für die hilfreiche und verständnisvolle Betreuung vielmals danke.

Ebenso danke ich herzlich Herrn Ministerialrat a. D. Prof. Dr. *J. Broermann* für die Aufnahme der Arbeit in die Schriftenreihe zum Sozial- und Arbeitsrecht.

Wiesbaden, im Februar 1977

Renate Käppler

Inhaltsverzeichnis

1. Kapitel

Einführung in die Problematik

2. Kapitel

Richterrecht

3. Kapitel

Grundsatzfragen zur Tarifdispositivität

4. Kapitel

Einzelvoraussetzungen und -grenzen tarifdispositiven Richterrechts

Abkürzungsverzeichnis

a. A.	=	anderer Ansicht
AcP	=	Archiv für civilistische Praxis
AG	=	Arbeitgeber
AP	=	Arbeitsrechtliche Praxis — Nachschlagewerk des Bundesarbeitsgerichts
ArbGG	=	Arbeitsgerichtsgesetz
AR-Blattei	=	Arbeitsrechtsblattei, Handbuch für die Arbeitsrechts-Praxis
ArbR	=	Arbeitsrecht
ARS	=	Arbeitsrechtssammlung (früher Bensheimer Sammlung)
ARSP	=	Archiv für Rechts- und Sozialphilosophie
AT	=	Allgemeiner Teil
AuR	=	Arbeit und Recht, Zeitschrift für Arbeitspraxis
AZO	=	Arbeitszeitordnung
BAG	=	Bundesarbeitsgericht
BB	=	Der Betriebsberater
BetrVerfG	=	Betriebsverfassungsgesetz
BGB	=	Bürgerliches Gesetzbuch
BGBl.	=	Bundesgesetzblatt
BGHZ	=	Entscheidung des Bundesgerichtshofs in Zivilsachen (amtliche Sammlung)
BK	=	Bonner Kommentar
Bl.	=	Blatt
BlStSozArbR	=	Blätter für Steuer-, Sozial- und Arbeitsrecht
BUrlG	=	Bundesurlaubsgesetz
BVerfG	=	Bundesverfassungsgericht
BVerwG	=	Bundesverwaltungsgericht
DB	=	Der Betrieb
DöV	=	Die öffentliche Verwaltung
DVBl	=	Deutsches Verwaltungsblatt
E	=	Amtliche Entscheidungssammlung
FamRZ	=	Familienrechtszeitschrift (Zeitschrift für das gesamte Familienrecht)
GewO	=	Gewerbeordnung
GG	=	Grundgesetz für die Bundesrepublik Deutschland
GK	=	Gemeinschaftskommentar
GS	=	Großer Senat
GVG	=	Gerichtsverfassungsgesetz
Hbd.	=	Halbband
HGB	=	Handelsgesetzbuch
i.d.R.	=	in der Regel
i.e.S.	=	im engeren Sinn
i.w.S.	=	im weiteren Sinn
JArbSchG	=	Jugendarbeitsschutzgesetz
JR	=	Juristische Rundschau
JurA	=	Juristische Analysen
JuS	=	Juristische Schulung
JZ	=	Juristenzeitung
KSchG	=	Kündigungsschutzgesetz
LAG	=	Landesarbeitsgericht

Lit.	=	Literatur
LS	=	Leitsatz
MuSchG	=	Mutterschutzgesetz
m.w.N.	=	mit weiteren Nachweisen
N.	=	Note
NJW	=	Neue Juristische Wochenschrift
Nr.	=	Nummer
R.	=	Rückseite
RAG	=	Reichsarbeitsgericht
RdA	=	Recht der Arbeit
Rspr.	=	Rechtsprechung
SAE	=	Sammlung arbeitsrechtlicher Entscheidungen
SchuR	=	Schuldrecht
TA	=	Tarifautonomie
TV	=	Tarifvertrag
TVG	=	Tarifvertragsgesetz
v. a.	=	vor allem
VBG	=	Vermögensbildungsgesetz
VVdStL	=	Veröffentlichungen der Vereinigung der Deutschen Staatsrechtslehrer
ZAS	=	Zeitschrift für Arbeitsrecht und Sozialrecht
ZfA	=	Zeitschrift für Arbeitsrecht
ZVglRWiss	=	Zeitschrift für vergleichende Rechtswissenschaft
ZRP	=	Zeitschrift für Rechtspolitik
ZZP	=	Zeitschrift für Zivilprozeß

1. Kapitel

Einführung in die Problematik

§ 1 Die Grundfälle des tarifdispositiven Richterrechts und die an ihnen entwickelten Argumentationsmuster

I. Gratifikationsrückzahlungsklauseln

Mit einer Entscheidung vom 31. 3. 1966 über die Zulässigkeit einer tarifvertraglichen Gratifikationsrückzahlungsklausel führte das BAG — wenn auch noch nicht explizit — die Rechtsfigur des tarifdispositiven Richterrechts in seine Rechtsprechung und damit auch in die Diskussion im Schrifftum ein[1]. Das BAG übertrug in der Folgezeit seine zur Tarifdispositivität entwickelten Gedanken auf weitere Fälle der Schutzrechtsprechung[2]. Die Problematik, die sich mit dieser Rechtsprechung auftat, wird an den konkreten Fällen und den Divergenzen in ihrer rechtlichen Beurteilung durch das BAG besonders deutlich.

Fall 1: Der Arbeitgeber A zahlt Ende des Jahres an seine Arbeitnehmer, darunter auch den B, eine freiwillige Weihnachtsgratifikation. Die Bekanntmachung des A über die Gratifikationszahlungen enthält den Hinweis, daß die Gratifikation von jedem Arbeitnehmer zurückzuzahlen sei, der vor dem 31. 3. des folgenden Jahres auf eigenen Wunsch oder durch fristlose Kündigung aus in seiner Person liegenden Gründen aus dem Betrieb ausscheidet (Rückzahlungsklausel). B erhält eine Gratifikation von 80,— DM. Er kündigt fristgemäß zum 18. 3. des folgenden Jahres. A behält von der beim Ausscheiden des B noch offenen Lohnforderung einen Betrag von 80,— DM ein[3].

1. Abwandlung: A und B sind tarifgebunden. In dem geltenden Tarifvertrag Nr. X ist die Auszahlung der Weihnachtsgratifikation verbunden mit der genannten Rückzahlungsklausel vorgesehen[4].

---

[1] BAG AP Nr. 54 zu § 611 BGB Gratifikation; *Biedenkopf* hat in der Anm. ebd. den Begriff der Tarifdispositivität im Bereich des Richterrechts eingeführt.

[2] BAG AP Nr. 32 zu § 620 BGB Befristeter Arbeitsvertr.; BAG AP Nr. 12 zu § 15 AZO; BAG AP Nr. 28 zu § 74 HGB; BAG AP Nr. 156 zu § 242 BGB Ruhegehalt.

[3] BAG AP Nr. 22 zu § 611 BGB Gratifikation nachgebildet.

[4] Vgl. BAG AP Nr. 54 u. 57 zu § 611 BGB Gratifikation.

2. Abwandlung: B ist nicht kraft Organisationszugehörigkeit tarifgebunden. A und B vereinbaren jedoch die Anwendung des Tarifvertrages Nr. X auf das Arbeitsverhältnis[5].

3. Abwandlung: Der Arbeitsvertrag zwischen A und B trifft keine Regelung über eine Weihnachtsgratifikation. Im Juli des Jahres wird zwischen A und dem Betriebsrat eine Betriebsvereinbarung abgeschlossen, in der die Zahlung der Gratifikation mit der genannten Rückzahlungsklausel vereinbart wird[6].

In welchen der geschilderten Fälle hat A einen Anspruch auf Rückzahlung?

Gratifikationen werden üblicherweise mit Rückzahlungsklauseln verbunden, da der Arbeitgeber vor allem einen Anreiz und einen gewissen Druck zugunsten eines weiteren Verbleibens des Arbeitnehmers im Betrieb schaffen will[7]. Eine gesetzliche Normierung dieser Materie fehlt, so muß das BAG die offenen Fragen regeln. Nach seiner Rechtsprechung sind Rückzahlungsklauseln im Hinblick auf die Vertragsfreiheit grundsätzlich zulässig[8]. Diese Klauseln können jedoch in die Rechtsstellung des Arbeitnehmers erheblich eingreifen, wenn sie ihn unangemessen lang an den Arbeitgeber binden und damit faktisch — nicht rechtlich, da kein Kündigungsverbot und keine Verlängerung der Kündigungsfristen vorliegt — in seiner Kündigungsfreiheit einschränken. Um eine solche Beschränkung des freien Entschlusses des Arbeitnehmers zu vermeiden, hat das BAG Grenzen einer zulässigen Bindung und damit Grenzen der Vertragsfreiheit aufgestellt. Rückzahlungsklauseln dürfen „nur eine für den Arbeitnehmer zumutbare, insbesondere überschaubare Zeit umfassen"[9]. Diesen Grundsatz hat das BAG dahingehend konkretisiert, daß bei einer Gratifikation unter 100,— DM eine Rückzahlungsklausel grundsätzlich unzulässig ist und bei einer Gratifikation zwischen 100,— DM und einem Monatsgehalt dann, wenn eine Bindung über den 31. 3. des folgenden Jahres hinaus vorgesehen ist[10]. Bei einer Gratifikation von einem Monatsbezug dagegen kann nach der Rechtsprechung des BAG dem Arbeitnehmer zugemutet werden, erst die auf den 31. 3. folgende Kündigungsmöglichkeit wahrzunehmen.

---

[5] Vgl. BAG AP Nr. 54 u. 57 zu § 611 BGB Gratifikation.

[6] Vgl. BAG AP Nr. 63 zu § 611 BGB Gratifikation.

[7] Zu Rückzahlungsklauseln im Arbeitsrecht allgemein *Blomeyer / Buchner*, Rückzahlungsklauseln; speziell zu Weihnachstgratifikationen S. 27 ff.

[8] BAG AP Nr. 22 zu § 611 BGB Gratifikation.

[9] BAG ebd. Bl. 3; zuvor schon allgemeiner BAG AP Nr. 15 zu § 611 BGB Gratifikation.

[10] Kündigung zum 31. 3. und Ausscheiden mit dessen Ablauf muß möglich sein.

Zur Begründung hat das BAG sich auf die seines Erachtens durch die §§ 134, 138 BGB und die Fürsorgepflicht des Arbeitgebers der Vertragsfreiheit gezogenen Grenzen berufen sowie auf Gesichtspunkte der objektiven Gesetzesumgehung von Kündigungsschutzvorschriften und in späteren Entscheidungen auf Art. 12 GG[11]. Nach dieser Rechtsprechung ist die Rückzahlungsklausel im Grundfall unzulässig.

In seiner ersten Entscheidung über eine Rückzahlungsklausel in einem Tarifvertrag hat der 5. Senat des BAG[12] jedoch eine Vereinbarung für zulässig erklärt, obwohl sie von den genannten Grundsätzen zuungunsten des Arbeitnehmers abwich[13]. In der ersten Fallabwandlung muß B die Gratifikation daher zurückzahlen. Diese Differenzierung in der rechtlichen Beurteilung inhaltlich gleicher Klauseln bedarf der Rechtfertigung.

Das BAG geht davon aus, daß es als Ersatzgesetzgeber die gleiche Stellung habe wie der parlamentarische Gesetzgeber, der sich auch der Rechtsfigur der Tarifdispositivität bedient. Damit bezieht es eine umstrittene Position in dem Fragenkomplex nach dem rechtsquellentheoretischen Stellenwert des Richterrechts. In den entscheidenden grundsätzlichen Fragen der Tarifdispositivität findet das BAG keine oder eine nur unzureichende Begründung. So geht es davon aus, daß die skizzierten richterrechtlichen Maßstäbe auf einen Tarifvertrag nicht zu übertragen seien, da dieser nur beschränkt überprüfbar sei, ohne zu den kontroversen Meinungen zum systematischen Standort der Tarifdispositivität Stellung zu nehmen.

Zur Begründung der Unterscheidung zwischen Individualvertrag und Tarifvertrag stützt sich die Rechtsprechung auf die Gewährleistung der Tarifautonomie durch Art. 9 III GG, deren konkreter Umfang jedoch umstritten ist[14]. Weiterhin beruft das BAG sich auf eine Skala von Wertungsgesichtspunkten, deren jeweiliger Aussagegehalt in der Literatur unterschiedliche Beurteilung findet und z. T. ganz bestritten wird[15]. Es sind dies die Argumente des Machtgleichgewichts der Koalitionen, des mangelnden Schutzbedürfnisses des Arbeitnehmers bei tarifvertraglicher Regelung, der Richtigkeitsgewähr des Tarifvertrages und seiner Ordnungsfunktion sowie der Sachnähe der Tarifvertragsparteien. Letztlich unbeantwortet bleibt die Frage, wie diese Faktoren eine rechtliche

---

[11] Vgl. BAG AP Nr. 25, 26 u. 29 zu Art. 12 GG.

[12] BAG AP Nr. 54 zu § 611 BGB Gratifikation.

[13] Die Rechtsprechung wurde auf andere Rückzahlungsklauseln übertragen, so z. B. bei Urlaubsgratifikationen u. Ausbildungskosten; vgl. dazu BAG AP Nr. 71 u. 78 zu § 611 Gratifikation; BAG AP Nr. 25, 26 u. 29 zu Art. 12 GG; BAG AP Nr. 55 zu § 611 BGB Urlaub.

[14] Vgl. statt aller *Säcker*, Grundprobleme, S. 45 ff.

[15] Besonders kritisch *Lieb* RdA 72, 129 ff.

Wertung beeinflussen können, die den Inhalt einer Vereinbarung für unzulässig erklärt und nicht unmittelbar ihr Zustandekommen betrifft.

In der Frage des Geltungsgrundes der tarifvertraglichen Regelung für das konkrete Arbeitsverhältnis stellt das BAG die Bezugnahme auf einen Tarifvertrag der Bindung kraft Organisationszugehörigkeit gleich[16]. In der zweiten Abwandlung ist daher nach der Rechtsprechung die Rückzahlungsklausel ebenfalls zulässig.

Schließlich vervollständigte das BAG seine Rechtsprechung, indem es auf eine Regelung in einer Betriebsvereinbarung wiederum die Grundsätze zum Individualvertrag anwandte[17]. In der dritten Abwandlung kann B somit die Gratifikation behalten.

II. Befristeter Arbeitsvertrag

Der zweite Grundfall tarifdispositiven Richterrechts findet sich auf dem Gebiet des befristeten Arbeitsvertrags.

Fall 2: A, die keiner Gewerkschaft angehört, ist seit Jahren bei der Bundespost im Rentenzahldienst für jeweils zwei Tage am Monatsende aufgrund von stets neu geschlossenen befristeten Arbeitsverträgen beschäftigt. A gehört zum Stammpersonal[18].

Abwandlung: A ist tarifgebunden, der geltende Tarifvertrag sieht den Abschluß befristeter Arbeitsverträge vor, und zwar sowohl für Stamm- als auch für Reservepersonal. Die entsprechende Klausel des Tarifvertrages lautet: „Mit den ausschließlich für den Rentenzahldienst eingestellten Arbeitnehmern sind zeitbefristete Arbeitsverträge nach der Anlage zu diesem Tarifvertrag zu schließen[19].“ In welchem Fall ist die Befristung zulässig?

Schon das RAG hatte die Aneinanderreihung von an sich nach § 620 I BGB zulässigen befristeten Arbeitsverträgen bei Vorliegen einer Gesetzesumgehung für unzulässig erklärt, unter dem Gesichtspunkt, daß Kettenarbeitsverträge dem Arbeitnehmer den Kündigungsschutz entziehen oder erheblich schmälern können[20].

Grundlegend für die neue Rechtsprechung wurde eine Entscheidung des GS des BAG aus dem Jahre 1960[21], nach der die Befristung eines Arbeitsvertrags nur zulässig ist, wenn sachliche Gründe für sie vorliegen. Zur Begründung stützt sich das BAG auch auf den Gedanken der

---

[16] BAG AP Nr. 54 u. 57 zu § 611 BGB Gratifikation.

[17] BAG AP Nr. 63 zu § 611 BGB Gratifikation.

[18] BAG AP Nr. 31 zu § 620 BGB Befristeter Arbeitsvertr.

[19] BAG AP Nr. 32 zu § 620 BGB Befristeter Arbeitsvertr.

[20] RAG ARS 32, 174; zur Entwicklung von Rspr. u. Lit. vgl. BAG AP Nr. 16 zu § 620 BGB Befristeter Arbeitsvertr.

[21] BAG ebd.

Gesetzesumgehung der Bestimmungen des Kündigungsschutzrechts. Das BAG hat beispielhaft einige Fälle genannt, in denen ein sachlicher Grund i. d. R. gegeben ist, so Arbeitsverträge zur Probe, im Saisongewerbe oder mit Künstlern. Es hat jedoch keine konkreten Regeln aufgestellt, wann ein sachlicher Grund anzunehmen ist, sondern fordert vielmehr die Berücksichtigung der gesamten wirtschaftlichen und sozialen Verhältnisse beider oder zumindest einer Partei. Im Grundfall hat das BAG einen sachlichen Grund verneint, da auf beiden Seiten das Interesse gerade auf eine dauernde und regelmäßige Beschäftigung gerichtet sei[22].

Diese Regelung hat das BAG jedoch nicht auf einen Fall der Befristung eines Arbeitsvertrags im Rentenzahldienst durch Tarifvertrag übertragen, sondern entschieden, bei einem Tarifvertrag sei i. d. R. ohne nähere Prüfung des Einzelfalls davon auszugehen, daß die Befristung durch schutzwerte Interessen gerechtfertigt ist[23]. In der Abwandlung ist danach die Befristung als zulässig anzusehen. Zur Rechtfertigung dieser Entscheidung zog das BAG mit der dargestellten Begründung die Rechtsfigur der Tarifdispositivität heran. Das BAG hat zwar die Unterschiede dieses Falles gegenüber der Gratifikationsrechtsprechung — konkrete Regelaufstellung dort, generalklauselartige Normierung hier — anklingen lassen, hat sie jedoch nicht hinreichend herausgearbeitet und erörtert.

§ 2 Die Erstreckung der Rechtsfigur der Tarifdispositivität auf weitere Fälle

Die Reihe der tarifdispositiven BAG-Entscheidungen ist fortzusetzen. So hat der 3. Senat im Rahmen seiner Rechtsprechung zur Unzulässigkeit von bedingten Wettbewerbsverboten seine „Neigung“ ausgedrückt, dem Tarifvertrag vor dem Gesetzes- und Richterrecht den Vorrang zuzuerkennen[24]. Dabei hält das BAG aber auch bei einem Tarifvertrag die Einhaltung gewisser Grundprinzipien für erforderlich. Dies sind die Entschädigungspflicht und die zeitliche, räumliche und sachliche Begrenzung des Wettbewerbsverbots.

Bei einer Entscheidung zur tarifvertraglichen Festsetzung der Grundvergütung im Rahmen von § 15 AZO stellte das BAG die Bestimmung der Höhe dieser Vergütung den Tarifvertragsparteien frei, so daß die Mehrarbeitszeitvergütung im Einzelfall auch unter dem normalen Verdienst liegen kann[25].

---

[22] BAG AP Nr. 31 zu § 620 BGB Befristeter Arbeitsvertr.

[23] BAG AP Nr. 32 zu § 620 BGB Befristeter Arbeitsvertr.

[24] BAG AP Nr. 28 zu § 74 HGB.

[25] BAG AP Nr. 12 zu § 15 AZO.

Weiterhin wurde die Grundsatzentscheidung des BAG zur Unverfallbarkeit von Ruhegeldanwartschaften in die Reihe des tarifdispositiven Richterrechts eingefügt. In dieser Entscheidung hatte das BAG die umfassende Regelung des Unverfallbarkeitsproblems weiterhin Gesetzgeber und Tarifvertragsparteien vorbehalten, nachdem es zuvor selbst den Grundsatz aufgestellt hatte, daß einem Arbeitnehmer nach zwanzigjähriger Betriebsangehörigkeit bei ordentlicher Kündigung des Arbeitgebers vor seinem fünfundsechzigsten Lebensjahr die Versorgungsanwartschaft erhalten bleibt[26].

Schließlich sind die Meinungen zur Einordnung der Entscheidung des GS vom 21. 4. 1971 über das Arbeitskampfrecht[27] in den Bereich tarifdispositiven Richterrechts kontrovers[28]. Das BAG hat in dieser Entscheidung den Arbeitskampf unter das oberste Gebot der Verhältnismäßigkeit gestellt und erklärt, zur Regelung der Arbeitskampfführung seien Bestimmungen in Satzungen der Koalitionen und Vereinbarungen der Tarifvertragsparteien erforderlich, die ähnlich dem Vorrangprinzip des Tarifvertrags gegenüber gesetzlichen Vorschriften anzuerkennen seien, und bei deren Fehlen nach dem Grundsatz der Verhältnismäßigkeit zu überprüfen sei, ob eine Arbeitskampfmaßnahme rechtlich zulässig sei. Daraus wurde entnommen, das BAG habe den Verhältnismäßigkeitsgrundsatz für tarifdispositiv erklären wollen[29].

Allen diesen Entscheidungen mangelt es vor allem an der differenzierenden Betrachtung der Problemgestaltungen, die zu einer differenzierenden Beurteilung der Zulässigkeit der Tarifdispositivität führen muß. Das BAG hält in allen Fällen eine Korrektur der tarifvertraglichen Regelung nur bei einem Verstoß gegen Grundrechte oder zwingendes Gesetzesrecht, gute Sitten oder tragende Grundsätze des Arbeitsrechts für zulässig[30]. Es schlüsselt diese Grenzen aber nicht auf, verleiht ihnen keine Praktikabilität für den Einzelfall und gelangt daher weder zu der Frage, ob in den von ihm entschiedenen Fällen gesetzliche Wertungen eine Übertragung der Rechtsprechung auf Tarifvereinbarungen und damit eine Einschränkung der Regelungsmacht der Koalitionen verlangen, noch zu der Frage, ob dem Richter selbst bei seiner Entscheidung zugunsten der Tarifdispositivität Schranken gesetzt sind. Eine solche differenzierte Betrachtung ist aber erforderlich, um zu richtigen Ergebnissen zu gelangen.

---

[26] BAG AP Nr. 156 zu § 242 BGB Ruhegehalt; *Lieb*, RdA 72, 129, 131.

[27] BAG AP Nr. 43 zu Art. 9 GG Arbeitskampf.

[28] *Heckelmann*, ZfA 73, 425, 429; *Löwisch*, ZfA 71, 319 ff.; *Müller*, RdA 71, 321 ff.; *Richardi*, RdA 71, 334 ff.; *Scheuner*, RdA 71, 327 ff.

[29] So insbes. *Lieb*, RdA 72, 129, 141 f.

[30] BAG AP Nr. 54 zu § 611 BGB Gratifikation Bl. 2 R. u. ständige Rspr.

2. Kapitel

Richterrecht

§ 1 Richterliche Normsetzung

I. Der Begriff des Richterrechts

Ausgangspunkt der Klärung des aufgezeigten Spannungsverhältnisses muß die Bestimmung der Legitimation und des rechtsquellentheoretischen Standorts des Richterrechts selbst sein, zumal das BAG sich in weitem Maße gesetzesvertretende Aufgaben zuweist[1].

Die richterlichen Entscheidungstypen werden zumeist in Rechtsfindung secundum legem einerseits und Rechtsfortbildung praeter und contra legem andererseits unterschieden, wobei zu der ersten Gruppe Konkretisierung und Auslegung der Gesetze, zu der zweiten Gruppe das Richterrecht im eigentlichen Sinne gezählt werden[2]. Die Grenze zwischen Auslegung und Rechtsfortbildung wird von einem Großteil des Schrifttums in dem möglichen Wortsinn des Gesetzes gesehen[3]. Diese Unterscheidung, wie jede andere starre Grenzziehung, wird jedoch nicht dem Umstand gerecht, daß zwischen Auslegung und Rechtsfortbildung nur ein gradueller Unterschied besteht[4], in die Auslegung können auch bereits autonome Wertungen des Richters einfließen, wenn der mögliche Wortsinn im Einzelfall mehrere Auslegungsergebnisse deckt. Entscheidend ist daher vielmehr die Grenze der Erkenntnismöglichkeit, der Kognition[5]. Sobald der Richter eine den konkreten Fall

---

[1] Zum Richterrecht im ArbR vgl. insbes.: *Herschel*, AuR 72, 129 ff.; *ders.*, RdA 73, 147 ff.; *Mayer-Maly*, DB 70, 444 ff.; *Scholz*, DB 72, 1771 ff.; zur Problematik insgesamt auch *Ipsen*, Richterrecht, passim u. *Säcker*, ZRP 71, 145 ff.

[2] Zu den unterschiedlichen Definitionen des Richterrechts und seiner Abgrenzung zur Rechtsanwendung: *Rüthers*, Auslegung, S. 458 ff.; *Herschel*, RdA 73, 147, 148; *ders.*, AuR 72, 129, 130; *Larenz*, NJW 65, 1, 2; *ders.*, Kennzeichen, S. 1 ff. spricht bei Konkretisierung u. Auslegung von „verdeckter“, in den anderen Fällen von „offener“ Rechtsfortbildung.

[3] *Canaris*, Lücken, S. 21 ff.; *Galperin*, Rechtsfortbildung, S. 8 ff. u. 16 ff.; *Larenz*, Methodenlehre, S. 342 ff.; vgl. auch *Säcker*, Grundprobleme, S. 108 N. 250 m. w. N.

[4] Dazu *Canaris*, Lücken, S. 23; *Larenz*, Methodenlehre, S. 342; *ders.*, Kennzeichen, S. 1; *Herschel*, AuR 72, 129, 130; *ders.*, RdA 73, 147, 148; mit besonderer Betonung dieser Zusammenhänge auch *Esser*, Vorverständnis, S. 175.

[5] So *Fischer*, Weiterbildung, S. 30; *Redecker*, NJW 73, 409, 411; *Säcker*, Grundprobleme, S. 109 N. 250, S. 122.

regelnde Wertung des Gesetzgebers auf dem Wege der Erkenntnis findet, wobei ihm die gesamte Skala der Methoden und Bezugspunkte für einen Erkenntnisvorgang als Hilfsmittel dient, artikuliert er nur die positive rechtliche Regelung. Dann ist es allein das Gesetzesrecht, das Geltung erlangt. Ist eine gesetzliche Wertung nach Ausschöpfen aller Erkenntnisquellen nicht eindeutig auffindbar, dann entscheidet der Richter rechtsfortbildend, es tritt ein volitives, dezisionistisches Moment zur richterlichen Entscheidung[6]. Auf die Grenzen der Erkenntnis wird an späterer Stelle einzugehen sein[7].

Solchermaßen von der Rechtsanwendung abzugrenzende Rechtsfortbildung ist es, die in den Fällen der tarifdispositiven BAG-Entscheidungen durch das Gericht erfolgte. Dem BAG stand bei den in der Einführung dargestellten Fällen stets ein mehr oder weniger weiter Wertungsbereich zur Verfügung, in dem das positive Recht keine eindeutige Entscheidung vorgab.

II. Legitimation der richterlichen Rechtsfortbildung

Die grundsätzliche Befugnis zur so gekennzeichneten richterlichen Rechtsfortbildung wird heute überwiegend anerkannt[8]. Die Begründungen differieren, zumeist wird die Befugnis aus dem Rechtsverweigerungsverbot oder unmittelbar aus dem Vorliegen einer Lücke gewonnen[9]. Zutreffend ist es, die Befugnis aus dem Zusammenspiel mehrerer Faktoren zu entnehmen, nämlich aus der tatsächlichen Lückenhaftigkeit der Gesetze als Anlaß, aus dem verfassungsrechtlichen Auftrag an den Richter, neben dem Gesetz bzw. über das Gesetz hinaus das Recht zu verwirklichen (Art. 20 III GG), als eigentliche materiellrechtliche Legitimation[10]. Diese Legitimation verleiht auch dem Gedanken des Rechtsverweigerungsverbots den entscheidenden Gehalt, denn dieses selbst schafft keine Kompetenz, ist kein Rechtsfortbildungsgebot. Gemäß der verfassungsrechtlichen Aufgabe und Legitimation aber ist der Richter dann zur Rechtsfortbildung befugt und sogar verpflichtet, wenn sich neue oder veränderte Konflikte stellen und eine Rechtsverwirklichung auf

---

[6] Vgl. die in N. 5 Genannten.

[7] Siehe unten 2. Kap. § 1 VI.

[8] In § 45 II 2 ArbGG u. § 137 GVG wird die Rechtsfortbildung als Aufgabe der GSe angesehen; einschränkend oder ablehnend zur Rechtsfortbildung äußern sich *Forsthoff*, DöV 59, 41 ff.; *Hirsch*, JR 66, 334, 341 f.; kritisch auch *Rüthers*, JZ 74, 625, 629, *Flume*, Richter, K 1 ff.

[9] Zum Rechtsverweigerungsverbot insbes. *Preis*, ZfA 72, 271, 272; *Reuß*, AuR 72, 136, 142; *Säcker*, Grundprobleme, S. 116; *Rüthers*, RdA 68, 161, 178; *Schumann*, ZZP 81, 79 ff.; zur Kritik daran vgl. *Mayer-Maly*, RdA 70, 289, 291; zur Lücke vgl. *Säcker*, Grundprobleme, S. 123.

[10] So *Esser*, ZVglRWiss 75, 67, 73 f.; zur verfassungsrechtl. Problematik insbes. *Stein* NJW 64, 1745 ff.

der bestehenden gesetzlichen Wertungsebene nicht erfolgen kann. Als letzter Faktor kommt hinzu, daß das Grundgesetz die Gewaltenteilung nicht streng durchgeführt hat und daher dieses Prinzip grundsätzlich einer richterlichen Rechtsfortbildung nicht entgegensteht[11].

III. Faktisch soziale Gestaltungsmacht richterlicher Rechtsfortbildung

Den rechtsfortbildenden Richterentscheidungen kann die faktische Rechts-, d. h. Bindungswirkung nicht abgesprochen werden. Hier ist es das BAG als im Instanzenzug höchstes Gericht, das die Rechtsprechung vereinheitlicht und ihr besondere Kontinuität verleiht. Das von ihm ausgebildete Richterrecht ist von entscheidender tatsächlicher Bindungskraft für die Sozialpartner, die Arbeitsvertragsparteien und die unteren Gerichte. Die richterliche Rechtsfortbildung ist, wie *Herschel* sagt, „harte Rechtswirklichkeit"[12]. Das Arbeitsrecht ist ein besonders weites Feld der richterlichen Rechtsfortbildung geworden, da die Rechtsordnung gerade auf diesem Gebiet im weitesten Sinne unvollständig ist, was zum Teil auf Untätigkeit des Gesetzgebers beruht, zum Großteil aber auch darauf, daß sich in diesem Bereich besonders häufig gesellschaftliche und soziale Veränderungen und Entwicklungen vollziehen, in oft für den Gesetzgeber nicht im voraus normierbarer Weise. Diese Unvollständigkeit ist in einem gewissen Maße unvermeidlich[13]. Mit diesen phänomenologischen Betrachtungen ist jedoch noch keine rechtsquellentheoretische Bewertung des Richterrechts gewonnen.

IV. Rechtsquellentheoretischer Standort des Richterrechts

1. *Richterrecht als eigenständige materielle Rechtsquelle*

a) Einzelfallentscheidung und abstrakt generelle Normsetzung

Ob die Rechtsprechung eine autonome Rechtsquelle ist, der Richter also eigenständige materielle Normen setzt, ist lebhaft umstritten[14]. Bisher ist lediglich festgestellt, daß der Richter befugt ist, einen Rechtsstreit aufgrund von Wertungen zu entscheiden, die er nicht konkret der positiven Rechtsordnung entnehmen kann.

---

[11] VerfGE 3, 225, 247; 7, 183, 188; vgl. auch *Hesse*, Grundzüge, S. 192 ff.

[12] *Herschel*, AuR 72, 129; *ders.*, RdA 73, 147, 148; vgl. auch *Gamillscheg*, AcP 164, 385, 388: „Das BAG ist der Herr des Arbeitsrechts".

[13] Zur Unvollständigkeit der Rechtsordnung vgl. *Larenz*, NJW 65, 1; *Rüthers*, Auslegung, S. 473 f.; *Säcker*, ZRP 71, 145, 147; von „Krise der Gesetzgebung" spricht u. a. *Scholz*, DB 72, 1771, 1776; zu dieser Problematik auch *Preis*, ZfA 72, 271, 277 f.; *Esser*, Vorverständnis, S. 174.

[14] Erörterung finden die unterschiedlichen Ansichten und ihre rechtstheoretischen Grundlagen u. a. bei *Scholz*, DB 72, 1771, 1776 m. w. N.

Das BAG hat sich selbst die Kompetenz zur Normsetzung zugesprochen. Indem es ausführt, „gesetzesvertretendes Richterrecht unterscheidet sich vom Gesetzesrecht nur dadurch, daß es nur am Einzelfall entwickelt und geändert werden kann“[15], stellt es seine Rechtsfortbildung dem Gesetzesrecht gleich. Das BAG spricht sich in der Konsequenz daraus auch die Befugnisse des parlamentarischen Gesetzgebers zu und unterstellt sich andererseits lediglich den weiten Schranken, die jenem gezogen sind. Auch Teile des Schrifttums stellen das Richterrecht als autonome Rechtsquelle dem Gesetzesrecht zur Seite. Die Anhänger dieser Auffassung weisen dem Richter einen gesetzgeberischen Ermessensspielraum zu, der es ihm — wie dem parlamentarischen Gesetzgeber — ermöglichen soll, seine Normen zwingend oder dispositiv bzw. als spezifische Geltungsstufe des Arbeitsrechts tarifdispositiv auszugestalten[16]. Dieser rechtsquellentheoretische Begründungsversuch des tarifdispositiven Richterrechts ist jedoch, wie sich erweisen wird[17], nicht zutreffend.

Der Richter erläßt zunächst nur eine den konkreten zur Beurteilung anstehenden Fall betreffende Entscheidung mit inter partes Wirkung. Auch der Obersatz, den der Richter aufstellt, um aus ihm die konkrete Entscheidung zu entnehmen, bezieht sich auf den Einzelfall. Normsetzung bedeutet aber, daß die aufgestellte Regel eine allgemeinverbindliche Sollensanforderung enthält. Der Richter als Regelungsurheber ist nicht berechtigt, selbst seinen Regelungen normative Wirkung zu verleihen. Aber auch die faktische Bindungswirkung, die einheitliche Befolgung höchstrichterlicher Rechtsfortbildung durch die Gerichte, ohne daß eine Präjudizienbindung bestände[18], sowie das Ausrichten privatrechtlicher Vereinbarungen an der Rechtsprechung vermögen nicht zugleich der Rechtsprechung auch allgemeine rechtliche Wirkung zu verleihen. Somit ist es unzutreffend, wenn Herschel folgert, „Das Richterrecht ist harte Rechtswirklichkeit, ist Rechtsquelle ...“[19]. Von den Befürwortern des Richterrechts als autonomer Rechtsquelle wird daher auch zumeist versucht, die Normativität jenseits der Faktizität zu begründen, mit unterschiedlichen Argumenten[20], die nicht im einzelnen diskutiert werden sollen.

---

[15] BAGE 13, 1, 14; BAG AP Nr. 43 zu Art. 9 GG Arbeitskampf; kritisch BVerfGE 13, 318, 328.

[16] Vgl. *Herschel*, DB 71, 2114, 2115; *Preis*, ZfA 72, 271, 280; *Redeker*, NJW 72, 409, 411; *Reuß*, AuR 72, 136, 143; vgl. auch *Adomeit*, Rechtsquellenfragen, S. 37 ff. u. S. 160, der zu diesem Ergebnis von einer deskriptiven Rechtsquellentheorie aus gelangt; ders. SAE 67, 237, 238.

[17] Siehe unten 2. Kap. § 1 IV. 2. u. V.

[18] Dazu *Larenz*, Methodenlehre, S. 407.

[19] So in AuR 72, 129; zur Unterscheidung von faktischer und normativer Rechtsquelle vgl. *Henkel*, Einführung, S. 438 ff.

[20] Vgl. die Erörterungen des Meinungsstands bei *Rüthers*, Auslegung, S. 471 ff.; *Scholz*, DB 72, 1771, 1776.

b) Richterrecht als Gewohnheitsrecht

Der wesentlichste Gesichtspunkt ist dabei die Begründung der Normqualität richterrechtlicher Entscheidungen mit der Schaffung von Gewohnheitsrecht[21]. Für die Bildung von Gewohnheitsrecht ist eine gewisse Übung und eine allgemeine Rechtsüberzeugung erforderlich, die jedenfalls für eine Normqualität des Richterrechtssatzes ad hoc fehlen. Aber auch ein nachträgliches Erstarken zum Gewohnheitsrecht, das zwar im einzelnen Fall möglich ist, kann nicht allgemein zur Begründung der Normativität des Richterspruchs herangezogen werden. Die Rechtsprechung ist für den einzelnen meist nicht überschaubar und zu oft auf Spezialprobleme ausgerichtet, als daß sich eine opinio communis herausbilden könnte[22], sie besteht zumeist nicht einmal innerhalb der Rechtslehre. Außerdem würde eine Bildung von Gewohnheitsrecht zu einer Verhärtung der richterlichen Rechtsfortbildung führen, die seinem Wesen widerspricht, denn richterliche Rechtsfortbildung ist ein in ständiger Entwicklung begriffener Prozeß. *Esser* hat in diesem Zusammenhang gegen die Ausbildung von Gewohnheitsrecht entscheidend eingewandt, die Gerichte müßten die Möglichkeit haben, eine ständige Rechtsprechung zu ändern, wenn sich andere rechtliche Gesichtspunkte ergeben, Irrtümer aufklären etc.[23]. Den rechtsfortbildenden Entscheidungen des Richters kommt daher keine Normativität in Form des Gewohnrechts zu [24].

Auch die übrigen Begründungsversuche — Rechtsverweigerungsverbot, Grundsätze vom Schweigen des Gesetzgebers, gesetzgeberische Lücke und ähnliches[25] — vermögen nicht das Richterrecht als dritte autonome materielle Rechtsquelle neben Gesetzes- und Gewohnheitsrecht zu rechtfertigen, da sie eine „kompetentielle Befugnis zu abstrakt genereller Normsetzung"[26], die verfassungsrechtlich begründet sein müßte, nicht ersetzen können und so die richterliche Entscheidung nicht aus der Bindung an den Einzelfall herausheben. Das Richterrecht ist daher keine autonome materielle Rechtsquelle.

---

[21] Vgl. *Lehmann / Hübner*, BGB AT, S. 21; *Enneccerus / Nipperdey*, BGB AT, 1. Hbd., S. 267, 274.

[22] Vgl. *Säcker*, ZRP 71, 145, 149.

[23] Festschr. Hippel, S. 113 ff.

[24] So auch *Esser*, Festschr. Hippel, S. 120 ff.; *Fischer*, Weiterbildung, S. 8 f.; *Meyer-Cording*, Rechtsnormen, S. 67 f.; *Rüthers*, Auslegung, S. 465 f.

[25] Vgl. z. B. *Larenz*, Methodenlehre, S. 411: Normerwartung kraft Verläßlichkeit; *Adomeit*, Rechtsquellenfragen, S. 65 ff.: Norm kraft Entscheidungsprognose; *Säcker*, Gruppenautonomie, S. 65 f., *ders.*, ARSP 72, 215, 224, 239: Rechtsverweigerungsverbot; *Kriele*, Rechtsgewinnung, S. 60 ff.: inexistentes Rechtsetzungsmonopol; *Herschel*, AuR 72, 129: konventionell vorgegebener Begriff der rechtspr. Gewalt; *Rüthers*, Auslegung, S. 465 f.: Autorität der Gerichte.

[26] *Scholz*, DB 72, 1771, 1776.

c) Bedeutung der rechtsquellentheoretischen Frage für die Tarifdispositivität

Bleibt man bei diesem Ergebnis stehen, so weist die richterliche Entscheidung jenseits des ihr zugrundeliegenden einzelnen Falles lediglich eine Rechtsansicht des Richters aus mit faktischen Bindungswirkungen. Mag man die Entscheidung dann auch dem Gesetz „ähnlich" bezeichnen[27], so hat sie doch keine Normqualität. Dieses Ergebnis hätte tiefgreifende Auswirkungen auf die Frage nach dem tarifdispositiven Richterrecht. Ein eigentliches Problem der Tarifdispositivität könnte sich nicht mehr stellen, denn es lägen keine verschiedenrangigen Normen vor, deren höherrangige ihr Zurücktreten erklären könnten, sondern auf der Seite der Rechtsprechung wären nur Rechtsansichten anzutreffen, die den Gerichten lediglich Anhaltspunkte bei der Überprüfung der jeweiligen Streitsache vermitteln. Auf diese Zusammenhänge wird an späterer Stelle eingegangen werden[28].

2. *Richterrecht als unselbständige Rechtsquelle*

Diese Ansicht verkennt aber die notwendige Koordination von richterlicher Rechtsfortbildung und Gesetzesrecht, wie sie ein Teil der Lehre herausgearbeitet hat[29]. Es ist zu untersuchen, ob dem Richterrecht durch den Konnex mit dem Recht, das es fortbildet, eine Rechtsgeltungsbedeutung zukommt.

Die Rechtsprechung hilft der Unvollständigkeit der Gesetze durch die rechtsfortbildende Entscheidung ab. Dadurch aktualisiert sie das Recht, verleiht ihm Anwendbarkeit[30]. Dabei bildet das Richterrecht keine eigenständigen unabhängigen Sollensvorschriften neben denen des positiven Rechts aus, sondern erstellt vielmehr mittels seiner Wertungsergebnisse und Beurteilungsmaßstäbe, die nie den Kontakt zur positiven Rechtsordnung zugunsten eines Sondernormenkomplexes verlieren, vervollständigende und erweiternde Teile des Gesamtkomplexes des Rechts. Der Richter vermittelt im Wege solcher Fortentwicklung zwischen dem Normenkomplex und dem Lebenssachverhalt. Die rechtsfortbildende Entscheidung hat somit für sich gesehen keine Rechtsgeltung, aber als integrierender oder neu hinzuzufügender Teil der Gesamtheit der Normen erfährt sie deren Geltung. Damit ist die Rechtsprechung, wie *Esser* ausführt, „weder selbständige noch andererseits

---

[27] *Rüthers*, Auslegung, S. 460 f.

[28] Siehe unten 3. Kap. § 2 III. 1. a).

[29] *Esser*, Grundsatz, S. 283 ff.; *Kriele*, Rechtsgewinnung, S. 50 ff.; *Scholz*, Koalitionsfreiheit, S. 94 f.

[30] Vgl. die in N. 28 Genannten u. *Esser*, Festschr. Hippel, S. 113.

minderwertige Rechtsquelle“[31]. Die Rechtsprechung kann daher als unselbständige materielle Rechtsquelle bezeichnet werden.

Die richterrechtliche Regelung bleibt stets überprüfbar. Sie weist zugleich auch Rechtssicherheit und Kontinuität auf, denn der Richter bleibt an die Rechtsfortbildung gebunden, bis die Überprüfung des Wertungsergebnisses, das von ihm zuvor als „richtig“ aufgefaßt wurde, sich nicht mehr als zutreffend oder doch modifizierungsbedürftig erweist[32].

Dieser Normqualität unterfällt auch die Aufstellung allgemeiner Regeln, die über den vorliegenden Einzelfall hinausgehen und zum Ziel haben, typische Konflikte, deren einer zur Entscheidung ansteht, zu regeln[33]. Eine solche Regelsetzung ist gerade im Arbeitsrecht zur Erreichung von Rechtssicherheit und Überschaubarkeit unvermeidlich. Die richterliche Rechtsfortbildung steht damit nicht als bloße Rechtsansicht, sondern als unselbständige Rechtsquelle dem Tarifvertrag gegenüber. Die ihm damit zukommende Normativität wird für die Frage der Tarifdispositivität bedeutsam werden.

V. Grenzen des Richterrechts

Im Einzelfall richterlicher Rechtsfortbildung ist es nicht so sehr die bisher im Grundsätzlichen behandelte Fragestellung, sondern die konkrete Grenze des Richterrechts, der entscheidendes Gewicht zukommt. Generalklauselartig werden die Grenzen richterlicher Tätigkeit insgesamt und damit auch der Rechtsfortbildung durch Art. 20 III GG umschrieben. Die Bestimmung der Grenzen ist ebenso primär eine verfassungsrechtliche Frage wie die Berechtigung des Richters zur Rechtsfortbildung selbst[34]. Die verfassungsrechtlichen Grenzen an Gesetz und Recht verpflichten den Richter dem Wortlaut, Sinn und der Wertung der Gesetze sowie auch den Grundgedanken und Prinzipien der Rechtsordnung[35]. Der Richter ist an die jeweiligen Wertungen und ihre Fernwirkungen gebunden, er muß bei seiner Entscheidung Wertungen vergleichbarer Rechtsnormen und Lösungen ähnlicher Konflikte heranziehen. Erst wenn keinerlei solche vorgegebenen Wertungen bestehen, ist

---

[31] Festschr. Hippel, S. 118; *ders.*, Grundsatz, S. 132; *ders.*, Vorverständnis, S. 191; vgl. auch *Adomeit*, Rechtsquellenfragen, S. 45 u. *Richardi*, Gedächtnisschr. Dietz, S. 284.

[32] *Esser*, Festschr. Hippel, S. 113, 118 ff.: Richterrecht „immer unterwegs“; *Larenz*, Methodenlehre, S. 407; *Scholz*, DB 72, 1771, 1778; *Säcker*, ARSP 72, 215, 224 ff.

[33] Vgl. *Hilger*, Festschr. Larenz, S. 120.

[34] Darauf verweist mit Nachdruck *Larenz*, NJW 65, 1, 2.

[35] *Canaris*, Gedächtnisschr. Dietz, S. 202 f.; *ders.*, Lücken, S. 93; *ders.*, Systemdenken, S. 97 ff., 125; *Herschel*, AuR 72, 129, 133; *Larenz*, Kennzeichen, S. 13 f.; *Preis*, ZfA 72, 271, 278.

der Richter zu autonomer Wertung berechtigt, wenn die Verwirklichung des Rechts eine Regelung des anstehenden Konflikts erfordert[36].

Eine Entscheidung contra legem aber intra ius ist nur in besonderen Ausnahmefällen zulässig, wenn nämlich das Gesetz selbst sich nicht mehr intra ius befindet, d. h. wenn es mit der Verfassung oder anderen Grundgedanken des Rechts nicht zu vereinbaren ist[37]. Die Rechtsfortbildung durch den Richter bedarf darüberhinaus der Einbindung und Eingrenzung in bestimmte methodologische Voraussetzungen und Verfahrensweisen, über die zum größten Teil Einigkeit besteht[38] und die hier nicht weiter erörtert werden müssen.

VI. Kognition und Dezision als Methoden richterlicher Rechtsfortbildung

1. Die Methoden richterlicher Rechtsfortbildung und die Idee der einen richtigen Entscheidung

Breiter Raum wird zum Teil im Schrifttum im Rahmen der Erörterung des tarifdispositiven Richterrechts der Frage beigemessen, ob der Richter allein rechtserkennend oder letztlich auch dezisionär entscheidet. Damit sind die Probleme verknüpft, ob er ausschließlich an Gerechtigkeitserwägungen gebunden oder auch zu rechtspolitischer Entscheidung befugt ist und ob für die jeweils offene Rechtsfrage allein eine richtige Entscheidung denkbar und auffindbar ist[39].

Die Standpunkte der gegensätzlichen Ansichten können wie folgt kurz skizziert werden. Einerseits wird vertreten, die Rechtsfortbildung durch den Richter sei ein Akt der Rechtserkenntnis, der Richter stelle nur im positiven Recht anerkannte Wertungen fest, der neue Rechtssatz sei in der Rechtsordnung als potentielles Recht schon angelegt und werde aus ihr auf methodisch richtige für jeden einsehbare Weise entwickelt. Damit ist die Annahme der allein einen richtigen Entscheidung verbunden[40]. *Larenz*, der diese Ansicht auch vertritt, räumt zwar ein, daß es Randbereiche gebe, in denen nach Ausschöpfung aller Methoden

---

[36] Vgl. *Canaris*, Gedächtnisschr. Dietz, S. 204 ff.; *Säcker*, Grundprobleme, S. 123 ff.; *Zippelius*, JZ 70, 241, 244; *Canaris* u. *Säcker* ebd. auch zum weiten Lückenbegriff; Bedenken dazu *Esser*, Vorverständnis, S. 175 ff.

[37] Statt aller *Redeker*, NJW 72, 409, 413.

[38] Vgl. *Larenz*, Methodenlehre, S. 341 ff., 359 ff.; *ders.*, NJW 65, 1, 3 ff.; *Lieb / Westhoff*, DB 73, 69, 73; *Mayer-Maly*, RdA 70, 289, 291 ff.

[39] *Adomeit*, Rechtsquellenfragen, S. 37 ff.; *Preis*, ZfA 72, 271, 279; *Richardi*, Gedächtnisschr. Dietz, S. 280, 282 ff.; *Säcker*, Gruppenautonomie, S. 59; *ders.*, Grundprobleme, S. 104 ff.; *Vossen*, Richterrecht, S. 66 ff.

[40] Diese Ansicht vertreten v. a. *Richardi*, Gedächtnisschr. Dietz, S. 279 ff.; *Larenz*, Methodenlehre, S. 381; vgl. auch *Canaris*, Gedächtnisschr. Dietz, S. 202; *ders.*, Systemdenken, S. 97 ff.

rationaler Erkenntnis ein Ergebnis noch nicht gefunden werden könne, dann müsse der Richter jedoch das ihm insoweit zustehende Urteilsermessen allein mit Gerechtigkeitserwägungen ausfüllen, die wiederum nur zu einer richtigen Entscheidung führen könnten[41].

Dem steht die Ansicht gegenüber, daß in vielen Fällen der Rechtsfortbildung auch nach Ausschöpfen aller erkennbaren positiven Wertungseinflüsse ein Bereich verbleibe für die eigene Entscheidung des Richters, die letztlich Willensentscheidung sei, da sie autonom getroffen werde. Die Entscheidung enthält nach dieser Ansicht auch rechtspolitische Züge. Das impliziert den Einfluß von Zweckmäßigkeitserwägungen und schließt es aus, die gefundene Entscheidung als entweder richtig oder falsch zu bewerten. Die richterlichen Regelungen werden vielmehr als sachgerecht oder nicht, vernünftig oder unvernünftig, befriedigend oder unbefriedigend angesehen[42].

2. Die Bedeutung der unterschiedlichen Standpunkte für die Rechtsfigur des tarifdispositiven Richterrechts

Es erscheint fraglich, ob dieser Diskussion der Stellenwert in der Erörterung des tarifdispositiven Richterrechts einzuräumen ist, der ihr tatsächlich eingeräumt wird[43]. Es müßte sich dann aus der Stellungnahme zu der Kontroverse ein Bewertungs- oder Kontrollmaßstab für die Zulässigkeit und den Umfang der Berechtigung tarifdispositiven Richterrechts ergeben. Das Problem der Tarifdispositivität beruht in der Frage, ob und in welchen Grenzen die Divergenz der rechtlichen Beurteilung einer individualvertraglichen und einer tarifvertraglichen Regelung bei in den rechtlich relevanten Punkten gleichem Sachstand gerechtfertigt und in manchen Fällen möglicherweise rechtlich geboten ist.

Geht man von autonomer Dezision des Richters aus, so können sich bei der rechtlichen Beurteilung einer vertraglichen Vereinbarung mehrere vertretbare Entscheidungen ergeben, zwischen denen der Richter aufgrund subjektiver Wertung auswählt. Der Richter könnte dann grundsätzlich auch eine andere vertretbare Entscheidung — so die des Tarifvertrages — anerkennen und sie nicht dem Maßstab seiner eigenen unterwerfen. Das könnte aber nicht von sich aus zur Rechtfertigung der Tarifdispositivität führen, denn diese soll auch die Fälle betreffen, in

---

[41] NJW 65, 1, 3: er versteht unter Dezision allein die quantitative Ausfüllung eines rechtl. Rahmens.

[42] *Adomeit*, Rechtsquellenfragen, S. 24 ff.; *Esser*, Grundsatz, S. 235 f.; *ders.*, Vorverständnis, S. 193 ff.; *Herschel*, RdA 73, 147, 153; *Preis*, ZfA 72, 271, 279; *Säcker*, Grundprobleme, S. 110 ff.; *ders.*, RdA 69, 291, 292; BAGE 2, 148, 151 f.

[43] Vgl. die oben 2. Kap. § 1 VI. 1. in N. 39 Genannten.

denen Individualvertrag und Tarifvertrag dieselbe — vertretbare — Regelung enthalten. Der Richter will sie nur im Tarifvertrag anerkennen. Für diese rechtliche Differenzierung muß eine Berechtigung gegeben sein, die dann gerade nicht in dem Gedanken der mehreren vertretbaren Entscheidungen gefunden werden kann. Auch für die Vertreter dieser Ansicht besteht die Bindung des Richters an positivrechtliche Wertungen und damit auch an die Gleichbehandlungspflicht des Art. 3 GG. Es besteht auch eine Bindung des Richters an die richterrechtlichen Entscheidungen selbst, die — wie erörtert[44] — Teile des geltenden Rechts bilden; der Richter kann seine Rechtsprechung zwar ändern, aber erst dann, wenn sich ein modifizierter oder neuer Wertungsgesichtspunkt ergibt, der eine solche Änderung erfordert. Für die Differenzierung muß sich daher ein solcher rechtlicher Wertungsgesichtspunkt, ein sachlicher Grund, ergeben.

Geht man andererseits von der richterlichen Rechtsfortbildung als Rechtserkenntnis der einen richtigen Norm aus, so steht das auch nicht von sich aus der Tarifdispositivität entgegen. Auch für diese Ansicht stellt sich die Frage nach einer rechtlichen Wertung, die die Differenzierung zwischen Tarifvertrag und Einzelarbeitsvertrag sachlich rechtfertigt. Daß die fraglichen Vereinbarungen in beiden Fällen inhaltlich gleich sind, schließt nicht a priori eine Differenzierungsberechtigung aus. Besteht ein sachlicher Grund für die Unterscheidung, so ist der rechtlich relevante Sachverhalt, für den im Wege der Rechtserkenntnis eine rechtliche Regelung gefunden werden soll, nicht mehr derselbe, und die rechtliche Beurteilung kann im Einzelfall divergieren, ohne gegen die Idee der einen richtigen Entscheidung zu verstoßen. Bei beiden Ansichten bleibt daher die Frage nach der Rechtfertigung der Tarifdispositivität gleich, die Diskussion führt also nicht näher an eine Lösung heran.

3. Stellungnahme

Es soll daher zur Vervollständigung nur knapp zu der dargestellten Frage Stellung genommen werden. Es kann letztlich an dem Einfluß volitiver Momente auf die richterliche Rechtsfortbildung nicht vorbeigegangen werden. Der Richter muß zunächst unter Hinzuziehung aller vorhandenen Erkenntnisquellen nach den anerkannten Methoden die gesetzliche Wertung ermitteln. In vielen Fällen ist sie aber nicht eindeutig zu ermitteln oder kann sie kein Ergebnis bindend vorschreiben. In diesem verbleibenden offenen Bereich, der unterschiedlich weit sein kann, entscheidet der Richter dezisionär, indem er abwägt, gewichtet, auswählt[45]. Für diese Erwägungen fehlt dann der vorgegebene Richtig-

---

[44] Siehe oben 2. Kap. § 1 IV. 2.

keit implizierende Maßstab. Der Richter entscheidet sich dann vielmehr in dem vorher mit den Mitteln der Rechtserkenntnis abgesteckten Rahmen zwischen mehreren in diesem enthaltenen Lösungsmöglichkeiten[46]. Dabei kann der Richter letztlich auch rechtspolitische Erwägungen hinzuziehen, so muß es z. B. auch Bestandteil seines Gerechtigkeitsurteils sein, die Folgen seiner Entscheidung für die Betroffenen zu beachten[47]. Die Dezision bedeutet daher keinesfalls Willkür, und sie steht auch nicht der Kontinuität richterlicher Entscheidungsbildung entgegen.

Zusammenfassung

Die Rechtsprechung ist eine unselbständige materielle Rechtsquelle. Der Richter, der an die Wertungen der Gesamtrechtsordnung gebunden ist, bildet Richterrechtsnormen, also Teile der positiven Rechtsordnung, aus, wenn seine Entscheidungen autonome Wertungen enthalten. Die Diskussion um heteronome Kognition oder autonome Dezision des Richters ist für das Problem der Tarifdispositivität nicht entscheidend, diese bedarf in jedem Falle der davon unabhängigen sachlichen Rechtfertigung.

§ 2 Richterrecht und Tarifrecht als Mittel arbeitsrechtlicher Konfliktlösung

I. Tarifvertragliche Normsetzung

Der Erörterung bedarf nun noch der Tarifvertrag als Rechtsquelle. Worin die Tarifautonomie, d. h. die Ermächtigung der Koalitionen zur eigenverantwortlichen Erzeugung von Rechtsnormen[48], begründet ist, ist umstritten, die Ansichten bewegen sich zwischen einfachgesetzlicher Delegation (§ 1 TVG), unmittelbarer Ableitung aus Art. 9 III GG und originärer Rechtssetzungsbefugnis[49].

---

[45] So auch schon möglicherweise auf der ersten Stufe, der Schließung von Lücken i. e. S.; vgl. *Esser*, Grundsatz, S. 236; *Säcker*, Grundprobleme; S. 117 u. 120; *Zippelius*, NJW 64, 1981 ff.

[46] Von autonomer Wertung des Richters wurde schon oben S. 9 ausgegangen; vgl. auch *Redeker*, NJW 72, 409, 411; *Säcker*, Grundprobleme, S. 120.

[47] Vgl. *Vossen*, Richterrecht, S. 70.

[48] Begriff und rechtliche Einordnung der Tarifautonomie sind umstritten, vgl. dazu *Badura*, RdA 74, 129 ff.; *Coester*, Vorrangprinzip, S. 55 ff.; *Galperin*, Festschr. Molitor, S. 143 ff.; *Kauffmann*, NJW 66, 1681 ff.; *Masthoff*, Rechtsnatur, S. 12 ff., 53 ff. u. passim; *Schnorr*, JR 66, 1681 ff.; *Söllner*, AuR 66, 256 ff.

[49] Zur Delegationstheorie vgl. *Adomeit*, RdA 67, 297, 302 ff.; *ders.*, Rechtsquellenfragen S. 136 f.; *Feichtinger*, Regelungsbefugnis, S. 11 ff.; *Peters / Ossenbühl*, Übertragung, S. 9 ff.; *Scholz*, Koalitionsfreiheit, S. 57 ff.; zur unmittelbaren Ableitung aus Art. 9 III GG (Integrationstheorie) vgl. *Biedenkopf*, Tarifautonomie, S. 103 ff.; *Weber*, Koalitionsfreiheit, S. 24; zur originären Befugnis vgl. *Söllner*, AuR 66, 257, 260 ff.

Um zu einem richtigen Ergebnis zu gelangen, ist Art. 9 III GG im Zusammenhang mit § 1 TVG zu sehen. Art. 9 III GG gewährleistet auch einen Bereich der autonomen Gestaltung der Arbeits- und Wirtschaftsbedingungen durch die Koalitionen. Zur Erfüllung dieser Aufgaben muß den Koalitionen das entsprechende Instrumentarium geschaffen werden. Die Verfassung stellt es nicht selbst zur Verfügung, sondern dafür bedarf die Garantie der einfachgesetzlichen Konkretisierung. Diese erfolgt durch die Bereitstellung des mit der Verfassungsgarantie übereinstimmenden Tarifvertragsgesetzes, das die konkrete Ermächtigung zur Normsetzung durch die Tarifvertragsparteien enthält. Unmittelbar beruht die Befugnis daher auf § 1 TVG, mittelbar auf der durch dieses konkretisierten Verfassungsnorm des Art. 9 III GG. Die Ermächtigung ist daher letztlich einfachgesetzlich delegiert. Dieser Ansicht stimmt auch die Rechtsprechung zu[50].

II. Neutralisierung wirtschaftlicher Übermacht durch staatlichen Eingriff und/oder kollektive Selbsthilfe

Angelpunkt der Erwägungen zu einer Ausgestaltung des Arbeitsverhältnisses von außen ist der Umstand, daß der Arbeitnehmer in einem Abhängigkeitsverhältnis zum Arbeitgeber steht und keine gleichwertige Verhandlungsposition einnimmt, die Vertragsfreiheit daher einen gerechten Interessenausgleich nicht mehr gewährleisten kann. Den Arbeitnehmer vor daraus erwachsenden Nachteilen zu schützen, ist eine wesentliche Aufgabe des Arbeitsrechts.

Sie kann und wird durch zwei Ordnungssysteme gelöst, einerseits dadurch, daß die Konsequenzen der Machtungleichgewichtigkeit verhindert werden, indem gewisse Vereinbarungen inhaltlich festgelegt werden und damit die abweichende für den Arbeitnehmer nachteilige „Vereinbarung" verhindert wird. Dies soll durch staatliche Regelsetzung erreicht werden (Gesetz, Richterrecht). Auf der anderen Seite steht der Gedanke, das Machtungleichgewicht selbst aufzuheben durch Bildung von Koalitionen, die den Inhalt des Arbeitsvertrages im Tarifvertrag selbst regeln. Hier ermöglicht der Gesetzgeber lediglich die Bildung und Arbeit der Koalitionen[51]. Unser Arbeitsrecht enthält beide Ordnungssysteme[52]. Wenn nun sowohl staatliche als auch tarifvertragliche

---

[50] BAGE 4, 96, 108; BVerfGE, 18, 18, 26; vgl. *Säcker*, Grundprobleme, S. 73 ff. m. w. N.

[51] Auf Bestand und Verhältnis der beiden Ordnungssysteme hat insbes. *Biedenkopf*, Tarifautonomie, S. 122 f. hingewiesen; vgl. dazu im Rahmen des allgemeinen Vertragsrechts *Schmidt-Rimpler*, AcP 147, 130, 151 ff. u. *M. Wolf*, Entscheidungsfreiheit, S. 31 u. 69 ff.; speziell zum Arbeitsrecht auch *Zöllner / Seiter*, ZfA 70, 97, 149 f.

[52] Keines der beiden Systeme hat — auch historisch gesehen — absoluten Vorrang, vgl. dazu *Biedenkopf*, Tarifautonomie, S. 124 f.

Regelung sich auf denselben Gegenstand richten und sich aus der Rechtsordnung nicht eindeutig der Vorrang einer der Regelungen ergibt, entsteht ein Konkurrenz- und Spannungsverhältnis, das es zu lösen gilt. Beide Ordnungen erscheinen zunächst geeignet, den Schutz des Arbeitnehmers zu verwirklichen. Ihre jeweilige Grundlage ist jedoch unterschiedlich. Die staatliche Regelung der Vereinbarungsinhalte geht von dem Gedanken der unabdingbaren Sicherung des Schutzes durch den Staatszwang aus, die Regelung durch die Koalitionen von dem Gedanken, den Partnern eine Chance zur freien Entfaltung und Selbstbestimmung einzuräumen. Die Tarifdispositivität ist als eine Lösungsmöglichkeit des Konkurrenzverhältnisses zu erörtern[53].

Zusammenfassung

Staatliches Recht einerseits und durch gleichgewichtige Koalitionen autonom gesetztes Tarifrecht andererseits sind die beiden vorhandenen Ordnungssysteme zur Ausgestaltung des Arbeitsschutzrechts. Bei einer Regelungskonkurrenz beider kann die Tarifdispositivität ein Konfliktlösungsmodell bilden.

[53] Vgl. insbes. *Preis*, ZfA 72, 271, 284.

3. Kapitel

Grundsatzfragen zur Tarifdispositivität

§ 1 Der Begriff der Tarifdispositivität

Die Dispositivität — insbesondere aus dem Schuldrecht bekannt — kennzeichnet das Verhältnis von Regelungen unterschiedlichen Ranges, die denselben Regelungsgegenstand betreffen, wenn die höherrangige Rechtsnorm gegenüber der minderrangigen autonomen Regelung zurücktritt[1], also wenn Gesetz oder Richterrecht hinter die Vertragsvereinbarung zurückweichen, wenn diese etwas Abweichendes regelt. Solange die Subsidiarität einer Rechtsnorm sich nicht aus wiederum ihr gegenüber höherrangigem Recht — insbesondere Verfassungsrecht — ergibt, muß die Rechtsnorm selbst zu erkennen geben, daß sie zurücktreten will[2].

Bei der Tarifdispositivität ist nun der Adressatenkreis der Dispositiverklärung auf einen bestimmten Teil der Regelungssubjekte beschränkt, nämlich auf die Tarifvertragsparteien, der übrige Teil, d. h. die Parteien des Individualvertrags, ist an die Norm gebunden. Von Bedeutung ist dabei im Rahmen der vorliegenden Arbeit vor allem der Normenkomplex, der für günstigere Regelungen auch den Einzelvertragsparteien offen steht, aber nach unten, also gegenüber benachteiligenden Klauseln, für sie zwingend ist[3].

Die Möglichkeit, autonomer Regelung Vorrang einzuräumen, besteht grundsätzlich auch für den Richter als Normsetzer. Solche Rechstnormen, die einer autonomen abweichenden Regelung offen stehen, bzw. sie zulassen, können als Öffnungsklauseln oder als Zulassungsnormen bezeichnet werden[4]. Die Tarifdispositivität schafft den Koalitionen somit

---

[1] Vgl. *Herschel*, DB 71, 2114 ff.; *Larenz*, BGB AT, S. 25 ff.; *Vossen*, Richterrecht, S. 19 ff.

[2] Vgl. *Herschel* ebd., der dies zu Recht betont.

[3] Diese verschlechternden Regelungen stehen im Mittelpunkt, wenn im folgenden von abweichender tarifvertraglicher Regelung gesprochen wird. Der Normsetzer kann den Rechtssatz aber auch nach beiden Seiten zwingend ausgestalten, der Ausschluß günstigerer Vereinbarungen muß deutlich werden. Auf das Günstigkeitsprinzip muß nicht näher eingegangen werden. Zu diesen Fragen vgl. *Biedenkopf*, Tarifautonomie, S. 145 ff.; *Lieb*, RdA 72, 129, 140.

[4] *Herschel* ebd., S. 2116 verwendet einen etwas unklaren Begriff der Zulassungsnorm; vgl. *Vossen*, Richterrecht, S. 20 f. u. auch *Richardi*, ZfA 71, 73, 86.

Raum zu vorrangiger tarifvertraglicher Regelung, die Regelungsbefugnis für den fraglichen Gegenstand verleiht sie nicht unmittelbar, im Einzelfall kann jedoch die tarifdispositive Norm gleichzeitig auch Tarifmacht einräumen[5].

§ 2 Systematischer Standort der Problematik des tarifdispositiven Richterrechts

I. Meinungsstand

Zu Beginn der Erörterungen um die Tarifdispositivität des Richterrechts muß zum systematischen Standort dieser Rechtsfigur Stellung genommen werden. Zwei Standpunkte in der Erörterung können unterschieden werden. Einerseits wird die Frage nach der Tarifdispositivität eines Richterrechtssatzes als Frage nach Prüfungskompetenz bzw. Prüfungsmaßstab der Gerichte gegenüber einem Tarifvertrag erörtert[6]. Von dem anderen Standpunkt aus wird das Problem als Frage nach dem Geltungsumfang des richterrechtlichen Rechtssatzes und damit nach der materiellrechtlichen Gültigkeit des Tarifvertrages aufgefaßt[7].

Soweit die Rechtfertigung der Tarifdispositivität auf eine beschränkte Prüfungskompetenz der Gerichte gegenüber dem Tarifvertrag — beschränkt in Relation zu der Kompetenz gegenüber dem Individualvertrag — gestützt wird, ist Ausgangspunkt der Argumentation, daß den Tarifpartnern außerhalb der durch Grundrechte, gesetzliche Verbote, gute Sitten und tragende Grundsätze des Arbeitsrechts gezogenen Grenzen ein weiter Ermessensspielraum zustehe, der eine Nachprüfung überhaupt erst zulasse, wenn eine „Unterschreitung gewisser Existenzgrenzen", „grundlegende Schlechterstellung" des Arbeitnehmers im Vergleich zu einer sachlichen Lösung oder „klarer Verstoß" gegen die richterliche Konfliktlösung vorliege[8]. Zum Teil wird statt auf eine Differenz

---

[5] Vgl. *Herschel*, DB 71, 2114, 2115; gesetzliche Fälle der Tarifdispositivität sind insbes.: § 7 I 2 AZO, § 13 I BUrlG, § 622 III BGB, § 616 II BGB, § 19 VIII JArbSchG, § 22 Nr. 2 S. 2 JArbSchG, § 101 I u. II ArbGG, vgl. im übrigen die Aufstellung bei *Nipperdey / Säcker*, AR-Blattei (D) „Tarifvertrag I C" unter III.

[6] Vgl. BAG AP Nr. 12 zu § 15 AZO, Bl. 4 R; *Gamillscheg*, Anm. BAG AP Nr. 63 zu § 611 BGB Gratifikation Bl. 4 R / 5; zu den unterschiedlichen Konstruktionsmöglichkeiten vgl. *Wiedemann*, Anm. BAG AP Nr. 35 zu § 620 BGB Befristeter Arbeitsvertr.

[7] Vgl. dazu insbes. *Lieb* RdA 72, 129, 137; *Canaris*, Gedächtnisschr. Dietz, S. 212.

[8] Vgl. BAG AP Nr. 12 zu § 15 AZO; *Biedenkopf*, Tarifautonomie, S. 257; *Gamillscheg*, Anm. zu BAG AP Nr. 63 zu § 611 BGB Gratifikation, er zieht eine Parallele zur Vereinbarkeit von Gesetzen mit Art. 3 I GG.

in der Prüfungskompetenz auf eine solche im Prüfungsmaßstab, der bei dem Einzelarbeitsvertrag einerseits und dem Tarifvertrag andererseits anzulegen ist, abgestellt[9]. Gegenüber dem Tarifvertrag besteht nach dieser Ansicht zwar die Befugnis zur Überprüfung, aber es wird der Maßstab gelockert. Aus den Argumenten der Richtigkeitsgewähr des Tarifvertrages, des Machtgleichgewichts der Tarifvertragsparteien, ihrer Sachnähe etc. wird die Folgerung gezogen, daß die Kontrolle einer tarifvertraglichen Klausel nicht den strengen Maßstab der Sanktionierung jeder nachteiligen Abweichung von den Wertungen der Rechtsprechung mit der Unwirksamkeitsfolge anwenden dürfe, sondern erst grobe Verstöße registrieren dürfe[10].

Nicht tangiert wird von diesen Argumentationen das Recht und die Pflicht des Richters zur Rechtskontrolle des Tarifvertrages an ihm vorrangigen Gesetzes- und Verfassungsnormen sowie allgemeinen Rechtsgrundsätzen. Diese Kontrolle kann vom Richter nicht aufgegeben werden, da er nicht befugt ist, die rechtliche Ausstrahlung der auch ihm gegenüber höherrangigen Normen zu beschneiden[11]; diese Kontrolle will auch das BAG aufrechterhalten[12].

Diesen Argumentationsmustern steht die Ansicht gegenüber, es handele sich allein um die Frage, ob der Richterrechtssatz dem Tarifvertrag gegenüber gilt oder nicht. Gilt er nicht, so kommt es zu keinerlei Kontrolle des Tarifvertrags an ihm, gilt er aber, und weicht der Tarifvertrag nachteilig von ihm ab, so ist der Vertrag insoweit materiellrechtlich ungültig[13].

II. Richterliche Billigkeitskontrolle und Rechtsfortbildung

Um zu einem richtigen Ergebnis in dieser Diskussion zu gelangen, muß zunächst geklärt werden, ob die BAG-Rechtsprechung die einzelvertraglichen Vereinbarungen zur Gratifikationsrückzahlung, zum befristeten Arbeitsvertrag, zum bedingten Wettbewerbsverbot etc. lediglich im Wege der Billigkeitskontrolle der jeweiligen Klausel im Einzel-

---

[9] *Buchner*, ZfA 72, 345, 364.

[10] *Buchner* ebd.; kritische Stellungnahme bei *Lieb*, RdA 72, 129, 138 f.

[11] Zur Unterscheidung von Rechts- u. Billigkeits- oder auch Inhaltskontrolle vgl. *Richardi*, Gedächtnisschr. Dietz, S. 276 ff.; *Säcker*, Gruppenautonomie, S. 210 ff. u. 224 ff.; Rechtskontrolle erfolgt an den der zu überprüfenden Regel höherrangigen unnachgiebigen Normen. Billigkeitskontrolle beruht auf dem Gedanken, daß bei ungleichgewichtigen Parteien die Vertragsgerechtigkeit, die subjektive Richtigkeit des Vertrages, nicht gewährleistet ist und daher eine Kontrolle analog § 315 III BGB auf die Billigkeit hin erfolgen muß.

[12] Vgl. BAG AP Nr. 12 zu § 15 AZO.

[13] So insbes. *Canaris*, Gedächtnisschr. Dietz, S. 212.

fall für unzulässig erklärt hat und damit mit ihren Regeln nur einen Maßstab für zukünftige Billigkeitskontrollen geschaffen hat oder ob das BAG vielmehr im Wege richterlicher Rechtsfortbildung bestimmte Vertragsklauseln als solche für rechtlich unzulässig erklärt hat und damit rechtliche Grenzen der Vereinbarungsbefugnis aufgestellt hat. Voraussetzung für die erste Alternative ist, daß das BAG eine von ihm als inhaltlich grundsätzlich rechtlich zulässig angesehene Vertragsvereinbarung nur und gerade wegen des Machtungleichgewichts der vertragschließenden Parteien, also wegen der gestörten Vertragsparität und der Gefahr, daß der Arbeitgeber sein eigenes Interesse einseitig verfolgt, im Einzelfall als unbillig und damit unwirksam ansieht[14].

Das ist jedoch nicht der Fall. Die fragliche BAG-Rechtsprechung erklärt vielmehr die jeweiligen Vertragsklauseln aufgrund einer Abwägung und Ausgleichung der auf beiden Seiten beteiligten rechtlich geschützten Interessen als solcher für rechtlich unzulässig. So erfolgt z. B. bei den Rückzahlungsklauseln eine rechtliche Ausgleichung des Interesses des Arbeitnehmers an unbeschränkter Freiheit der Wahl seines Arbeitsplatzes einerseits mit dem Interesse des Arbeitgebers an der Fortdauer des Arbeitsverhältnisses, also der Betriebstreue des Arbeitnehmers, andererseits. Solche Abwägungen erfolgen auch in anderen Fällen, auf die im einzelnen an späterer Stelle eingegangen wird[15]. Bei dieser Abwägung wird daher eine Norm aufgestellt, die der Möglichkeit vertraglicher Vereinbarung rechtliche Grenzen setzt. Diese Grenzen werden im Wege richterlicher Rechtsfortbildung in Form von Richterrechtsnormen aufgestellt[16].

III. Differenzierung zwischen konkretisierter und unkonkretisierter richterlicher Rechtsfortbildung

Eine weitere Klarstellung und Unterscheidung muß getroffen werden, die zumeist übergangen oder doch nicht klar genug herausgestellt wird[17]. Es ist erforderlich, nach der Normierungsintensität der richter-

[14] Vgl. *Lieb / Westhoff*, DB 73, 69, 71 f.; insgesamt zur Problematik *Westhoff*, Inhaltskontrolle.

[15] Siehe unten 4. Kap. § 5. Diese Erwägungen entkräften auch die Ansicht von *M. Wolf*, Entscheidungsfreiheit, S. 198 ff., 218 ff.; *ders.*, ZfA 71, 151, 157 ff., die Schutzrechtssätze würden nicht zwingend für den Individualvertrag gelten, sondern könnten nur dann in die Vertragsfreiheit eingreifen, wenn die Entscheidungsfreiheit der Partner im Einzelfall nicht besteht, das Schutzbedürfnis gegeben ist. Damit würde eine Tarifdispositivität überflüssig. Da der Richter die Schutzrechtssätze aber nicht primär wegen der eingeschränkten Entscheidungsfreiheit, sondern aus inhaltlichen Gründen, Fürsorgepflicht des AG etc., setzt, kann er insoweit die Privatautonomie einschränken. Zur Kritik an Wolf vgl. *Vossen*, Richterrecht, S. 28 ff.

[16] So auch *Lieb / Westhoff*, DB 73, 69, 71 f.

lichen Rechtsfortbildung zwei Fallgruppen zu bilden, deren Unterschiede gerade an den beiden Beispielsfällen zum tarifdispositiven Richterrecht in der Einführung erkennbar werden[18]. Es sind dies die Fälle der bereits konkretisierten Regelaufstellung einerseits und die der Normierung einer mehr oder weniger weiten Rahmenregelung andererseits.

In den Entscheidungen zur Unzulässigkeit von Gratifikationsrückzahlungsklauseln hat das BAG seine Rechtsprechung konkretisiert[19]. Die von ihm aufgestellte Stufenfolge zulässiger Rückzahlungsklauseln füllt den von ihm selbst zuvor gesetzten Rahmenrechtssatz, daß zwischen der Höhe einer gezahlten Gratifikation und der Dauer der Bindung des Arbeitnehmers an den Betrieb ein zumutbares Verhältnis bestehen muß, abschließend aus. Ebenso ist die Rechtsprechung zum bedingten Wettbewerbsverbot bereits konkretisiert[20].

Anders ist es jedoch bei der Rechtsprechung zum befristeten Arbeitsvertrag. Hier hat das BAG die Regel aufgestellt, für die Befristung müsse ein sachlicher Grund vorliegen[21]. Der Begriff des „sachlichen Grundes" ist ein unbestimmter Rechtsbegriff[22], der der Ausfüllung bedarf. Wann ein solcher Grund im einzelnen vorliegt, hat das BAG nicht geregelt. In diesen Komplex gehört auch die Rechtsprechung, die den Arbeitskampf unter das Gebot der Verhältnismäßigkeit stellt, denn damit hat das BAG zunächst nur einen allgemeinen Rechtsgrundsatz aufgestellt. Die Frage der Rechtmäßigkeit einzelner Arbeitskampfmaßnahmen ist noch nicht konkret entschieden[23].

Bei dieser Rechtsprechung der zweiten Gruppe tritt auch keine Konkretisierung Stück für Stück durch jeden neu zu entscheidenden Fall ein, so daß eine endgültige Positivierung abzusehen wäre, weil die jeweiligen Entscheidungen von fallspezifischen Umständen getragen werden, die einer Verallgemeinerung in einer allgemeingültigen Positivierung nicht zugänglich sind[24]. Bei der Frage, ob eine Befristung sachlich gerechtfertigt ist, kommt es nach der Rechtsprechung auf die gesamten

---

[17] Siehe *Gamillscheg*, Anm. BAG AP Nr. 63 zu § 611 BGB Gratifikation; *Vossen*, Richterrecht, S. 59 ff., die hier nicht differenzieren.

[18] Siehe oben 1. Kap. § 1 I. u. II.

[19] BAG AP Nr. 22 zu § 611 BGB Gratifikation.

[20] BAG AP Nr. 28 zu § 74 HGB; ebenso ist die Rspr. zur Unverfallbarkeit von Versorgungsanwartschaften, wenn auch nur in einem Teilbereich der Problematik, bereits konkretisiert, vgl. BAG AP Nr. 156 zu § 242 BGB Ruhegehalt.

[21] BAG AP Nr. 16 zu § 620 BGB Befristeter Arbeitsvertr.

[22] „Sachlicher Grund" bestimmt einen Wertungsbereich, nicht aber die konkreten Inhalte dieses Bereichs, vgl. *H.-J. Wolff*, Verwaltungsrecht I, § 31 I. c).

[23] BAG AP Nr. 43 zu Art 9 GG Arbeitskampf.

[24] So aber *Lieb*, RdA 72, 129, 138; vgl. dazu *Vossen*, Richterrecht, S. 62 ff.

wirtschaftlichen und sozialen Verhältnisse zumindest einer Partei an. Bezüglich dieser Umstände könnte kein auch nur annähernd abschließender Katalog aufgestellt werden. So könnte nicht festgesetzt werden, daß ein befristetes Probearbeitsverhältnis sachlich gerechtfertigt ist, denn es können z. B. Umstände in der Sphäre des Arbeitnehmers hinzukommen, die die Rechtfertigung ausschließen. Gleiches gilt für die Bindung der Arbeitskampfmaßnahmen an den Grundsatz der Verhältnismäßigkeit.

Anders jedoch bei den Gratifikationsrückzahlungsklauseln. Für ihre Zumutbarkeit ist ein Feld konstanter Größen entscheidend, dies sind die Höhe von Gratifikation und monatlichem Einkommen und die Dauer der Bindung. Eine abschließende Konkretisierung war daher möglich.

1. Konkretisierte Rechtsfortbildung

a) Einfluß der Normativität des Richterrechts

In den zunächst zu erörternden Fällen der bereits konkretisierten Rechtsprechung kommt es entscheidend auf die dargestellte rechtsquellentheoretische Einordnung des Richterrechts an. Wird dem Richterrecht eine zumindest gewisse Rechtsnormqualität zugesprochen, wie hier die einer unselbständigen materiellen Rechtsquelle[25], so ist es allein zutreffend, die Rechtsfigur der Tarifdispositivität in den Bereich der Bestimmung des Geltungsumfangs einer Norm einzuordnen. Auch wenn der Richter in jedem neu zur Entscheidung anstehenden Fall den Richterrechtssatz überprüfen kann und muß, so ist er dennoch an ihn und an die ihm zugrundeliegenden Wertentscheidungen gebunden. Nur wenn er letztere nicht mehr zu halten vermag, da sich neue Wertungsgesichtspunkte ergeben oder Irrtümer aufdecken, kann er die Regelung ändern[26]. Es besteht daher eine Bindung und Rechtsgeltung über den Einzelfall hinaus. Will der Richter bei gleichgelagerten Fällen zwar an seiner inhaltlichen rechtlichen Wertung festhalten, jedoch seinen Rechtssatz bezüglich bestimmter Normadressaten, hier der Tarifvertragsparteien, für abweichende Vereinbarungen, seien sie auch für den Arbeitnehmer nachteilig, öffnen, so ändert er seine grundsätzliche Rechtsüberzeugung nicht, wendet sie jedoch tarifvertraglichen Vereinbarungen gegenüber nicht an, dies bedeutet zugleich eine Einschränkung des dargestellten Geltungsumfangs der Richterrechtsnorm[27].

---

[25] Siehe oben 2. Kap. § 1 IV. 2.

[26] Siehe oben ebd.

[27] So auch *Canaris*, Gedächtnisschr. Dietz, S. 212; *Lieb*, RdA 72, 129, 137; *Herschel*, DB 67, 245, 247; *ders.*, AuR 72, 129, 135; *ders.*, DB 71, 2114 ff.; *Säcker*, AR-Blattei (D) „Tarifvertrag I C" unter III. u. V.

Zu einem anderen Ergebnis gelangt man dann, wenn man dem Richterrecht keinerlei Normqualität beimißt, sondern in ihm lediglich die Entscheidung des konkreten streitigen Falles und den Ausdruck einer Rechtsansicht des Richters sieht. Dann besteht bezüglich dieser Entscheidung keine Bindung für die Regelung zukünftiger Fälle. Bestimmen sich die Rechte und Pflichten der streitenden Parteien nach einem Tarifvertrag, so ist die rechtsfortbildende Entscheidung, der keine Normqualität zukommt, nicht in die Rechtssätze, an denen der Tarifvertrag zu überprüfen ist, einzureihen. Sobald die positiven Rechtssätze und ihre Wertungen keine konkrete Aussage treffen, so in den fraglichen Fällen des Arbeitsrechts meistens, muß der Richter die Tarifvertragsnormen anerkennen, da er sonst über die Rechtskontrolle hinaus den Inhalt der Vereinbarungen auf seine innere Gerechtigkeit, Billigkeit, hin überprüfen würde[28].

Eine solche Billigkeitskontrolle ist im Hinblick auf den Grundsatz der Vertragsfreiheit dann zulässig, aber auch erforderlich, wenn die ungleiche Machtverteilung zwischen den vertragschließenden Parteien die Funktionsvoraussetzungen für eine Autonomieausübung entfallen läßt, indem sie die Möglichkeit eigener Interessenwahrung durch beide Seiten ausschließt und zu einseitiger Vertragsgestaltung führt. Der dogmatische Ansatzpunkt für eine Billigkeitskontrolle ist nach zutreffender Ansicht in einer analogen Anwendung des Gedankens der §§ 315 und 319 BGB zu finden[29]. Fehlt es jedoch an einer entsprechenden Störung der Vertragsparität, sind also die Voraussetzungen zu autonomer interessengerechter Regelung gewahrt, wie bei Tarifvereinbarungen gleichgewichtiger Koalitionen, so ist eine Billigkeitskontrolle ein unzulässiger Eingriff in die Autonomie. Für eine analoge Anwendung der §§ 315 und 319 BGB fehlt es an der entsprechenden Interessenlage.

Würde der soeben erörterten Ansicht gefolgt, so könnte sich kein Problem der Tarifdispositivität stellen, denn diese erfordert ein Konkurrenzverhältnis über- und untergeordneter Regelungen. Besitzt das Richterrecht keinerlei Normqualität, enthält es keine den Tarifvertragsnormen übergeordnete Regelungen; die in der Rechtsprechung und im

---

[28] Siehe oben 3. Kap. § 2 I. N. 11.

[29] Nach diesen Vorschriften ist die einer Partei eingeräumte einseitige Gestaltungsmacht bezüglich des Vertragsinhalts im Zweifel nach billigem Ermessen auszuüben. Der darin zu findende Schutzgedanke muß auch dann gelten, wenn keine freiwillige Einräumung solcher einseitiger Gestaltungsmacht erfolgt, sondern die Machtverhältnisse zwischen den Parteien sie begründen. Wie hier insbesondere *Säcker*, Gruppenautonomie, S. 224 ff. m. w. N.; vgl. auch BGHZ 38, 183, 186. Zum Teil wird die Grundlage der Billigkeitskontrolle in § 242 BGB gesehen; vgl. dazu RGZ 168, 321, 329; 171, 43, 47 f.; BGHZ 22, 90, 97; 48, 264, 268; 51, 55, 57; 54, 106, 109; kritisch *Säcker* ebd., S. 202 ff. Näher zur Billigkeitskontrolle bei Einzelarbeits- und Tarifvertrag unten 3. Kap. § 3 II. 4. a).

Schrifttum erörterten Probleme der Normsetzungsprärogative der Koalitionen und ähnliche Fragen entfallen dann. Rechtsprechung und Schrifttum sprechen jedoch zum größten Teil dem Richterrecht Normativität zu[30] und sehen dennoch die Rechtsfigur der Tarifdispositivität unter dem Aspekt der Prüfungskompetenz oder des Prüfungsmaßstabs der Gerichte gegenüber dem Tarifvertrag. Das ist nach den erfolgten Erörterungen nicht haltbar[31].

b) Der Geltungsumfang der Richterrechtsnorm

Konkurriert eine tarifvertragliche Regelung mit einer tarifdispositiven Richterrechtsnorm, dann ist gültig und entscheidend allein die tarifvertragliche Norm, die richterrechtliche dagegen, die in ihrem Geltungsumfang gegenüber dem Tarifvertrag eingeschränkt ist, erlangt in diesem Fall keine Bedeutung, auch nicht die irgendeines Prüfungsmaßstabs. Der Tarifvertrag ist auch bezüglich einer insoweit den richterlichen Schutz des Arbeitnehmers beschneidenden Tarifvertragsnorm nur an Rechtssätzen außerhalb der fraglichen tarifdispositiven Richterrechtsnorm zu überprüfen. Ist die richterrechtliche Regelung dagegen allgemein zwingend, so ist sie rechtlicher Maßstab auch für einen Kollektivvertrag. Enthält dieser eine von ihr nachteilig abweichende Vereinbarung, so ist sie — ohne eine weitere Prüfung ihres Inhalts — ungültig. Auch der Gesetzgeber wendet die Rechtsfigur der Tarifdispositivität in dem Sinne an, daß die entsprechende Norm für einen Tarifvertrag überhaupt keine Geltung erlangt[32].

Die Argumente, die für eine fehlende Prüfungskompetenz oder einen unterschiedlichen Prüfungsmaßstab angeführt werden, so der Gedanke des Nachteilsausgleichs, der Richtigkeitsgewähr, der Sachnähe und des Machtgleichgewichts, sind auch bei dieser Ansicht nicht unbeachtlich. Sie sind Argumente des gedanklichen Vorfelds, die Berücksichtigung finden bei den Erwägungen des Richters, wie weit er den Geltungsumfang seiner Norm ausgestalten kann oder muß.

An dem erarbeiteten Ergebnis ändert sich auch dann nichts, wenn auf eine Trennung zwischen dem richterrechtlichen Grundsatz und seiner konkreten Positivierung abgestellt wird. In diesem Falle stellt sich für die Konkretisierung als eigenständigen Rechtssatz die Geltungsfrage.

---

[30] Siehe oben 2. Kap. § 1 IV. N. 15, 16, 21 u. 31.

[31] So aber die oben 3. Kap. § 2 I. in N. 6, 8 u. 9 Genannten; wie hier: *Bötticher*, SAE 67, 263, 264; *Canaris*, Gedächtnisschr. Dietz, S. 212; *ders.*, Anm. zu BAG AP Nr. 68 zu § 611 BGB Gratifikation; *Lieb*, RdA 72, 129, 137 ff.; *Wiedemann*, Anm. zu BAG AP Nr. 35 zu § 620 BGB Befristeter Arbeitsvertr.

[32] Vgl. *Canaris*, Gedächtnisschr. Dietz, S. 212; *Preis*, ZfA 72, 271, 285; *Nipperdey / Säcker*, AR-Blattei (D) „Tarifvertrag I C“ unter III.

2. *Unkonkretisierte Rechtsfortbildung*

Abweichendes gilt für den zweiten Komplex richterlicher Rechtsfortbildung, die unkonkretisierte Rahmensetzung. In diesen Fällen bedeutet die vertragliche Vereinbarung eine Ausgestaltung des Rahmens, so z. B. wenn eine Befristung der Arbeitsverträge für Arbeitnehmer im Rentenzahldienst vereinbart wird. Bei der Beurteilung der Frage, ob eine solche Ausgestaltung sich in dem vom Richter gesetzten Rahmen hält, könnte den Tarifvertragsparteien im Gegensatz zu den Individualvertragsparteien eine Konkretisierungsbefugnis zugesprochen werden. Man kann hier nicht von der Einräumung eines Ermessens sprechen. Dieser Begriff sollte, wie im Verwaltungsrecht, auf die Unbestimmtheit einer Rechtsfolge, also die Frage, ob eine Rechtsfolge und welche mehrerer Rechtsfolgen angewandt werden soll, beschränkt werden. Hier handelt es sich um die Unbestimmtheit eines Rechtsbegriffs und die Freiheit, einen Tatbestand (einen befristeten Arbeitsvertrag z. B.) zu setzen. Diese Möglichkeiten werden mit dem Begriff der Konkretisierungsbefugnis zutreffend umschrieben[33].

Eine solche Befugnis zur Regelung bzw. zur Regelungsausgestaltung wird immer dann aktuell, wenn keine höherrangige Norm den Einzelfall eindeutig und abschließend regelt. Diese Fälle enthalten keine eigentliche Problematik der Tarifdispositivität, denn dazu ist eine Regelungskonkurrenz Voraussetzung. Bei der dargestellten Konkretisierungsmöglichkeit ergänzen sich dagegen die Regelungen[34].

Die Probleme, die aus einer solchen Ergänzung erwachsen, sind folgende: zunächst ist zu fragen, inwieweit eine Möglichkeit besteht, den richterrechtlichen Rahmen selbst für tarifdispositiv zu erklären. Hier ergeben sich dieselben Gesichtspunkte zum Geltungsumfang der Norm, wie sie soeben dargestellt wurden. Des weiteren muß, wenn die Rahmenrechtsprechung nicht tarifdispositiv ist, untersucht werden, wie die Übereinstimmung der tarifvertraglichen Konkretisierung mit dem rechtlichen Rahmen vom Richter überprüft werden kann oder muß. Hier ist nun der Ansatzpunkt für die Erörterung von Prüfungs- und Kontrollfragen, es ist zwar nicht ein Problem der Prüfungskompetenz — Rechtskontrolle ist nicht verzichtbar — aber ein solches des Prüfungsmaßstabs. Im Rahmen der tarifvertraglichen Konkretisierung könnte die richterliche Kontrolle wegen des Machtgleichgewichts und verwandter Faktoren einen spezifischen Umfang erhalten[35]. Inwiefern sich hier Abwei-

---

[33] Vgl. *H.-J. Wolff*, Verwaltungsrecht I, § 31 II. a); *Lieb*, RdA 72, 129, 138 m. w. N. auf den öffentlich-rechtlichen Streitstand.

[34] Vgl. *Lieb*, RdA 72, 129, 137 f.; *Biedenkopf*, Tarifautonomie, S. 207 ff.

[35] Dazu *Richardi*, Gedächtnisschr. Dietz, S. 293; *Thiele*, Anm. zu BAG AP Nr. 9 zu § 7 BUrlG.

chungen im Prüfungsmaßstab gegenüber Individualvertrag einerseits und Tarifvertrag andererseits ergeben, soll ebenso wie die Frage, ob überhaupt eine Konkretisierungsbefugnis anzuerkennen ist, an späterer Stelle erörtert werden. Gegenstand der bisherigen Gedanken war nur der systematische Standort des Problems.

3. Beschränkte Tarifdispositivität

Es bleibt zu erörtern, ob eine Rechtsfigur der grundsätzlich beschränkten Tarifdispositivität anzuerkennen ist, die eine Vermischung des Gedankens der Geltungsbeschränkung mit den Kontrollfragen beinhalten würde. Eine solche Konstruktion klingt in der ersten Entscheidung des BAG zur Tarifdispositivität an und in der Ansicht von Teilen des Schrifttums, wie sie bereits dargestellt wurde, wen davon ausgegangen wird, daß das Richterrecht für den Tarifvertrag solange nicht gelten solle, wie nicht ein besonders schwerer Verstoß gegen die Norm im Tarifvertrag vorliege[36].

Zunächst ist festzuhalten, daß die Tarifdispositivität eines Richterrechtssatzes nicht die Rechtskontrolle des Tarifvertrags auf Verstöße gegen andere, außerhalb der fraglichen richterlichen Rechtsnorm liegende zwingende Normen ausschließt, so daß z. B. die Kontrolle an in die Wertentscheidung der Richterrechtsnorm nicht einbezogenen allgemeinen arbeitsrechtlichen Grundsätzen oder auch an § 138 BGB verbleibt. Davon abgesehen eine Beschränkung der Tarifdispositivität durch die Grenze des „besonders schweren Verstoßes" vorzunehmen, ist unzulässig. Das würde nämlich einerseits zu erheblicher Rechtsunsicherheit führen, da die Wirksamkeit bzw. Unwirksamkeit einer Kollektivvereinbarung nicht mehr klar erkennbar wäre, andererseits die Frage der Gültigkeit der tarifvertraglichen Regelung doch wieder der inhaltlichen Überprüfung durch den Richter auf Gegenstand, Bedeutung und Schwere der Abweichung anheimstellen. Eine solche unzulässige Prüfung muß aber ausgeschlossen werden. Das ist nur gewährleistet, wenn die Norm insgesamt für tarifdispositiv erklärt wird oder wenn sie in einen konkreten zwingenden und einen ebenso konkreten dispositiven Teil aufgespalten wird, wie es das BAG in seiner Rechtsprechung zum bedingten Wettbewerbsverbot erwägt[37]. Die Rechtsprechung zu den Mindesterfordernissen der zeitlichen, räumlichen und sachlichen Begrenzung und Entschädigungspflicht soll danach zwingend ausgestaltet werden, auch den Tarifregelungen gegenüber, die weitergehenden Rechtssätze sollen tarifdispositiven Charakter erhalten.

---

[36] Siehe oben 3. Kap. § 2 I., insbes. die in N. 8 Genannten; vgl. BAG AP Nr. 54 zu § 611 BGB Gratifikation.

[37] BAG DB 72, 340.

Eine solche inhaltlich bestimmte Trennung ist grundsätzlich zulässig. Inwieweit sich im Einzelfall unter Berücksichtigung eines rechtlichen Vorrangs des Tarifvertrags oder von Wertungen des fraglichen Normenkomplexes bzw. einer grundsätzlichen Unterscheidung zwischen zwingendem Kern und dispositiver Ausgestaltung eine solche Differenzierung im rechtlich zulässigen Rahmen hält, ist an späterer Stelle nach Bestimmung des Umfangs des tarifvertraglichen Vorrangs zu erörtern[38].

Werden konkrete Normteile der erörterten Art nicht festgesetzt, so kann es für die Tarifdispositivität nicht mehr darauf ankommen, ob der Tarifvertrag wesentlich oder unwesentlich abweicht; auch das BAG stellt darauf nicht mehr ab[39]. Die Rechtsfigur einer insoweit beschränkten Tarifdispositivität kann daher keine Anerkennung finden, auch die Fälle gesetzlicher Dispositivität enthalten keine solche Einschränkungen.

Zusammenfassung

Das Problem der Tarifdispositivität einer Norm, d. h. des Zurücktretens eines Gesetzes- oder Richterrechtssatzes gegenüber einer denselben Gegenstand regelnden Tarifvertragsnorm, stellt die Frage nach dem Geltungsumfang der Norm und der davon abhängigen materiellrechtlichen Gültigkeit der Tarifvertragsregelung. Bei noch nicht konkretisierter richterlicher Rechtsfortbildung entsteht keine eigentliche Problematik der Tarifdispositivität, sondern es ist die Zuweisung einer Konkretisierungsbefugnis an die Tarifvertragsparteien zu erwägen.

§ 3 Rechtfertigung des tarifdispositiven Richterrechts im Grundsatz

I. Regelungsvorrang der Tarifvertragsparteien und der Bereich der gebundenen Entscheidung des Richters

Bei der Suche nach einer dogmatischen Begründung der Rechtsfigur des tarifdispositiven Richterrechts ist von der Unterscheidung zweier Grundbereiche der Entscheidungsbindung des Richters auszugehen. In dem ersten Bereich geht es um die Fälle, in denen die Rechtsordnung dem Tarifvertrag Vorrang vor staatlicher Regelung einräumt oder in denen der Richter durch rechtliche Wertungen für oder gegen die Tarifdispositivität in seiner Entscheidung strikt gebunden ist. Im zweiten Bereich unterliegt der Richter zwar ebenfalls dem Einfluß von Wertungen der Gesamtrechtsordnung, diese binden aber die Entscheidung nicht in eine Richtung, vielmehr muß der Richter letztlich eine „gesetzgeberische“ Ermessensentscheidung treffen. Um die Grundlagen für die

---

[38] Siehe unten 4. Kap. § 5 IV.; vgl. auch *Coester*, Vorrangprinzip, S. 91 ff.

[39] So seit BAG AP Nr. 57 zu § 611 BGB Gratifikation.

spätere systematische Darstellung von Einzelfällen, in denen sich zusätzliche Bindungen ergeben können, zu gewinnen, sollen die beiden Bereiche zunächst im Grundsätzlichen erörtert werden.

1. Inhalt und Umfang der verfassungsrechtlichen Gewährleistung der Tarifautonomie

In den genannten ersten Bereich gehört vor allem die Frage, ob und inwieweit unsere Rechtsordnung bei der Regelungskonkurrenz von staatlicher, also gesetzlicher und richterrechtlicher, mit tarifautonomer Regelung einen Vorrang zugunsten des Tarifvertrags kennt. Ein solcher Zuständigkeitsvorrang, der den staatlichen Normsetzer bindet, kann sich allein aus der Verfassung, Art. 9 III GG, ergeben. In dem Umfang, in dem er zu bejahen ist, hat eine einfach-gesetzliche und ebenso eine richterrechtliche Regelung auch ohne ausdrückliche Erklärung keine Geltung gegenüber dem Kollektivvertrag. Enthält sie dennoch eine Tariföffnungsklausel, so ist diese rein deklaratorisch[40].

Es würde den Rahmen der vorliegenden Arbeit sprengen, auch nur annähernd zu versuchen, zu einer verfassungsdogmatischen Durchdringung der Koalitionsfreiheit zu gelangen. Das ist auch nicht Gegenstand der Untersuchungen. Um den Bereich, in dem den Koalitionen ein verfassungsrechtlich begründeter Regelungsvorrang zukommt, aus dem Komplex der eigentlichen Tarifdispositivität auszusondern, kommt es darauf an, den Normbereich des Art. 9 III GG im Hinblick auf die Koalitionszweckgarantie[41] und damit auch auf die Tarifautonomie zu analysieren und die Frage nach etwaigen Gewährleistungsschranken zu klären. Entscheidend ist die Bestimmung des Bereichs, der uneingeschränkt garantiert ist.

Zum Umfang der Verfassungsgarantie der Tarifautonomie haben sich vor allem zwei Meinungsgruppen entwickelt, die zwar in sich noch weiter differenziert sind, im Kern jedoch jeweils übereinstimmen. Dies ist einerseits die Ansicht, die die Tarifautonomie durch Art. 9 III GG umfassend, jedoch nicht schrankenlos gewährleistet sieht, und andererseits die Ansicht, die allein einen Kernbereich der Tarifautonomie als gewährleistet ansieht[42]. Der Meinungsstand soll an den Vertretern der jeweiligen Gruppe dargestellt werden, die von besonderer Bedeutung sind.

---

[40] Vgl. *Coester*, Vorrangprinzip, S. 79.

[41] *Säcker*, Grundprobleme, S. 33 ff. u. 146 f. differenziert einprägsam im Bereich der Gewährleistung der kollektiven Koalitionsfreiheit zw.: institutionellen Garantien von Koalitionsbestand u. -wohl, funktioneller Garantie von -zweck u. instrumenteller Garantie von -mittel; dazu *Scholz*, RdA 70, 210, 212.

[42] Zu den Vertretern der verschiedenen Ansichten vgl. die folgenden Ausführungen.

a) Die Lehre Biedenkopf's

aa) *Die umfassende Gewährleistung der Tarifautonomie durch Art. 9 III GG*

Die Lehre *Biedenkopf's*[43] zu Umfang und Grenzen der Tarifautonomie hat die BAG-Rechtsprechung wesentlich beeinflußt[44]. Biedenkopf geht davon aus, daß Art. 9 III GG, wie heute ganz allgemein anerkannt, neben dem Recht des Einzelnen, sich zu den dort bestimmten Zwecken zusammenzuschließen, und dem Bestand solcher Vereinigungen auch deren Betätigung und damit die Tarifautonomie garantiert[45]. Er hält diese Gewährleistung der Tarifautonomie für umfassend, sie soll den gesamten Bereich tarifautonomer Regelung der Arbeits- und Wirtschaftsbedingungen betreffen[46]. Das bedeutet aber nicht, daß auch in diesem Gesamtbereich staatliche Regelung subsidiär sein muß.

bb) *Der Kernbereich als uneinschränkbarer Teilbereich der Gewährleistung*

Biedenkopf grenzt innerhalb dieser garantierten Normsetzungskompetenz einen Kernbereich ab, in dem die tarifvertragliche Regelung absoluten Vorrang vor einer staatlichen Regelung hat, in dem übrigen Bereich will er die übliche Stufenfolge der Normen gewahrt wissen[47]. Von dem Kernbereich schließt er von Anfang an den Bereich der Sicherung absoluter Mindestbedingungen, darunter versteht er „Existenz- und Kulturminimen, deren Erhaltung das Menschheitsbild des Grundgesetzes verlangt", als untere Regelungsgrenze aus[48]. Innerhalb des verbleibenden Bereichs — nach oben begrenzt durch zwingende Interessen des Allgemeinwohls — trifft er eine weitere Unterscheidung in Schutzgesetze, das sind Regelungen, die innerhalb der Arbeitsvertragsparteien einen Ausgleich schaffen zum Schutze des Arbeitnehmers, und in verteilende Sozialgesetzgebung auf der anderen Seite, bei der in die Er-

---

[43] Entwickelt in Tarifautonomie, insbes. S. 122 ff.

[44] *Biedenkopf* ebd. greift Gedanken auf, die z. T. bereits *Galperin*, Festschr. Molitor, S. 143 ff. u. *Wlotzke*, RdA 63, 44 ff. angesprochen hatten; BAG AP Nr. 54, 57 zu § 611 BGB Gratifikation berufen sich auf Biedenkopf.

[45] Ebd., S. 102 ff. Diskutiert wird dabei auch, ob von einer Instituts- (Biedenkopf) oder institutionellen Garantie auszugehen ist; vgl. *Dürig* in Maunz / Dürig / Herzog, Art. 1 III GG, Rdn. 97; *Maunz* ebd. Art. 9 Rdn. 93. Die Entscheidung darf in keinem Fall zu einer Schmälerung von Individualrechten führen.

[46] *Biedenkopf* ebd.

[47] Ebd., S. 187; in Notlagen aber Eingriff in Kernbereich bis zum Wesensgehalt zulässig, Gutachten, S. 164 f.

[48] Ebd., S. 154 f.; zu dieser unteren Grenze auch *Küchenhoff*, RdA 59, 201; *Reuß*, AuR 58, 321, 327.

möglichung des Ausgleichs die öffentliche Hand eingeschaltet wird. Für letzteren Bereich nimmt er daher eine ausschließliche staatliche Regelungszuständigkeit an. In dem gesamten zuerst genannten Bereich aber, in allen Teilen des Schutzrechts also, soll die tarifvertragliche Regelung Vorrang haben[49]. Der Kernbereich ist somit weit gefaßt. An die Regelungen, die dem Kernbereich unterfallen, sollen außer der Voraussetzung, daß sie geeignet sein müssen, eine dem Gesetz ebenbürtige Schutzfunktion zu erfüllen, was nur im normativen Teil des Tarifvertrags gewährleistet sei, keine weiteren Anforderungen gestellt werden[50].

Biedenkopf will den weiten Kernbereich als Damm errichten gegen die von ihm befürchtete zunehmende Verengung des Spielraums der Kollektivregelungen durch staatliche Schutzgesetzgebung. Bei seinen Wertungen geht er davon aus, daß, soweit eine Autonomie möglich ist, unserer Gesellschaftsordnung staatliche Regelung im Prinzip fremd sei und daß der Tarifvertrag bessere und sachgerechtere Regelungen im Kernbereich treffen könne[51].

Den Grundgedanken der Lehre Biedenkopf's, insbesondere der Annahme einer umfassenden Gewährleistung der Tarifautonomie, ist von weiten Teilen des Schrifttums gefolgt worden[52]. Dabei wird der Kernbereich unterschiedlich gefaßt und umschrieben. Zumeist wird er dadurch gewonnen, daß der umfassenden Gewährleistung ein allgemeiner Gesetzesvorbehalt oder ähnlich weite Schranken gesetzt werden[53].

b) Das Subsidiaritätsprinzip

Bei der Diskussion um die Gewährleistung der Tarifautonomie wird von den Vertretern einer umfassenden Garantie teilweise zusätzlich auf den Gedanken eines allgemeinen Subsidiaritätsprinzips zurückgegriffen[54]. Das Subsidiaritätsprinzip enthält den Gedanken, daß der jeweils

---

[49] *Biedenkopf*, Tarifautonomie, S. 161 ff.

[50] Ebd., S. 189 ff.

[51] Ebd., S. 124 ff., 139 ff., 143 ff.

[52] So *Gamillscheg*, Anm. zu BAG AP Nr. 63 zu § 611 BGB Gratifikation; *ders.*, Differenzierung, S. 77; *Hamann / Lenz*, GG, Art. 9 Anm. B. 8., 10.; *Krüger*, Gutachten, S. 7, 17; *Weber*, Koalitionsfreiheit, S. 37 f.; *Vossen*, Richterrecht, S. 50 f.

[53] Vgl. Erörterung der unterschiedlichen Ansichten bei *Biedenkopf* ebd., S. 180 ff.; die in N. 52 Genannten u. *Kunze*, BB 64, 1311 ff.; *Reuß*, AuR 58, 321, 322; *Säcker*, RdA 69, 291, 297.

[54] Allgemein zu der Problematik *Richardi*, Kollektivgewalt, S. 52 ff. m. w. N.; das Prinzip bejahen u. a.: *Dürig*, JZ 53, 193, 198; *Schnorr*, Rechtsquellen, S. 52 ff.; *Küchenhoff*, RdA 59, 201, 204; *Hueck / Nipperdey*, ArbR II/1, § 9 V 2 c; a. A. u. a.: *Lerche*, Verfassungsfragen, S. 26; *Scholz*, Einrichtungen, S. 46 ff. (Subsidiarität höchstens für einige Teilaspekte); BVerwGE 23, 304, 306.

kleineren, untergeordneten Gemeinschaft im Rahmen ihrer Fähigkeiten Regelungsvorrang vor der höheren Ordnung, insbesondere dem Staat, zukommen müsse. Dieses Prinzip ist nicht als allgemeiner Grundsatz der Ordnung von Staat und Gesellschaft in das Grundgesetz aufgenommen worden[55]. Das Grundgesetz baut nicht auf einer insoweit erforderlichen Staats- bzw. Gesellschaftsideologie auf und es hat andererseits auch keine ausdrückliche Normierung dieses Gedankens vorgenommen. Auf die Einzelheiten zu Entstehung und Inhalt des Subsidiaritätsprinzips muß hier nicht näher eingegangen werden[56].

Auf ein allgemeines verfassungsrechtliches Ordnungsprinzip der Subsidiarität kann daher ein grundsätzlicher Vorrang tarifvertraglicher Regelung nicht gestützt werden. Aber auch die eingeschränkte Meinung, das Subsidiaritätsprinzip bestehe nur bei einzelnen Verfassungsvorschriften, zu denen Art. 9 III GG gehöre[57], kann einen grundsätzlichen Vorrang tarifautonomer Regelung nicht begründen. Ein so — enger — verstandenes Prinzip kann nichts garantieren, was nicht schon die entsprechende Verfassungsnorm selbst an Schutz gegenüber dem Staat umfaßt[58].

c) Die Lehre Säcker's

Eine im theoretischen Ansatz der Meinung Biedenkopf's entgegenstehende Ansicht hat insbesondere *Säcker* entwickelt. Säcker, der teilweise fälschlich in eine Reihe mit Biedenkopf gestellt wird[59], geht von einer prinzipiell abweichenden Interpretation des Art. 9 III GG aus[60].

aa) Die Verfassungsgewährleistung eines Kernbereichs der Tarifautonomie

Säcker ist der Auffassung, daß Art. 9 III GG den Koalitionszweck beschränkt funktionell gewährleistet, das bedeutet in Form funktioneller kompetenzieller Kernbereiche[61]. Säcker hat hierbei eine Drei-Kernbereiche-Theorie entwickelt, deren einer der Kernbereich verbandsmäßi-

---

55 BVerwGE 23, 304, 306 f.; *Scholz*, Einrichtungen, S. 46.

56 Vgl. die in N. 54 Genannten.

57 Vgl. *Scholz*, Einrichtungen, S. 46 f.

58 Außerdem würde der Gedanke der Subsidiarität eine berufsständische Ordnung erfordern. Vgl. *Richardi*, Kollektivgewalt, S. 57; *Vossen*, Richterrecht, S. 54.

59 So *Preis*, ZfA 72, 271, 289.

60 *Säcker*, Grundprobleme, S. 45 ff.; *ders.*, RdA 69, 291, 297 ff.; *ders.*, Das ArbR der Gegenwart Bd. 12, 17, 30 ff.

61 Grundprobleme, S. 39 ff., 90 f.; zur funktionalen Garantie vgl. auch: BVerfGE 17, 319, 333; 18, 18, 26; 19, 303, 312 u. 319; BAG AP Nr. 10 u. 13 zu Art. 9 GG.

ger Gestaltung der Arbeitsbedingungen ist[62]. Dieser Kernbereich soll alle Regelungen der Arbeitsbedingungen umschließen von der Sicherung des Existenzminimums als unterer Grenze bis zur gruppenegoistisch übersteigerten gemeinwohlschädlichen Regelung als oberer Grenze[63].

Die Ablehnung einer umfassenden Garantie tarifvertraglicher Regelungskompetenz, wie u. a. Biedenkopf sie bejaht, stützt er primär auf Gesichtspunkte der Schrankensystematik des Grundgesetzes. Bejahe man die Gewährleistung jeglicher Koalitionsbetätigung zur Förderung der Arbeits- und Wirtschaftsbedingungen, so müsse man in Art. 9 III GG einen allgemeinen Gesetzesvorbehalt hinein konstruieren. Der Kernbereich würde dann zum Wesensgehalt des Grundrechts. Säcker hält ein solches Vorgehen für mit der abgestuften Schrankensystematik unvereinbar[64].

bb) Konkretisierung des Kernbereichs

Säcker geht davon aus, daß der Kernbereich durch Art. 9 III GG schrankenlos gewährleistet ist. Dem Staat stehe jedoch das Recht zur Konkretisierung des Kernbereichs zu[65]. Den Koalitionen spricht er für diesen Bereich eine Normsetzungsprärogative zu, die er scharf von einem Regelungsmonopol der Tarifpartner abgrenzt[66]. Eine Konkretisierung seiner aufgestellten Kernbereiche gewinnt Säcker durch Bildung von Unterkernbereichen. Für den hier interessierenden Komplex verbandsmäßiger Gestaltung der Arbeitsbedingungen sind dies vor allem der Bereich der Lohngestaltung und derjenige der Arbeitszeit; Urlaub, Arbeitsplatzschutz, Prämienwesen und Eigentumsförderung stellt er als spezielle Unterkernbereiche in Erwägung[67]. Für die Kompetenzabgrenzung in diesen Kernbereichen zieht er keine starre Grenze, sondern fordert, daß der Staat nicht durch „zwingende gesetzliche Totalregelung der Arbeits- und Wirtschaftsbedingungen die Normsetzung der Tarifvertragsparteien praktisch gegenstandslos" machen dürfe[68]. Verbleiben den Koalitionen noch wichtige Entscheidungen im Kernbereich, so nimmt Säcker keine Verletzung der Verfassungsgarantie an[69].

---

[62] Ebd., er nennt weiter die Kernbereiche der verbandsmäßigen Mitgestaltung der betriebs- und unternehmensverfassungsrechtl. Ordnung u. der verbandsmäßigen materiellen u. ideellen Selbstbehauptung.

[63] Ebd., S. 51, 52 ff.

[64] Ebd., S. 56 f.

[65] Grundprobleme, S. 57.

[66] Ebd., S. 50; zuvor schon *Kriele*, Rechtsgewinnung, S. 60 ff.

[67] Ebd., S. 45 ff.

[68] Ebd., S. 55.

[69] Ebd., S. 91 f., er zieht Parallele zum Umfang der grundgesetzlichen Selbstverwaltungsgarantie für die Gemeinden in Art. 28 II 1 GG.

Diese Theorie, die zunächst am Verhältnis Gesetz und Tarifvertrag entwickelt wurde, hat Säcker ebenso wie Biedenkopf ohne Änderung auf das Verhältnis zum Richterrecht übertragen[70].

d) Sozialstaatsprinzip und Verfassungsgarantie der Tarifautonomie

Im Schrifttum, das sich zumeist mit unterschiedlicher Akzentuierung und Argumentation im Bereich der dargestellten Meinungen bewegt[71], ist noch der Versuch von Interesse, das Sozialstaatsprinzip als entscheidenden Faktor bei der Feststellung des Umfangs der Tarifautonomie heranzuziehen[72]. Das Sozialstaatsprinzip wird als unmittelbar geltendes Recht angesehen, das den Staat verpflichtet, über die Sicherung des Existenzminimums hinaus für die Verwirklichung einer materialen, sozialen Gleichheit und damit für eine gerechte Verteilung der Güter und Lasten in der Gesellschaft zu sorgen[73]. Das so verstandene Sozialstaatsprinzip soll die Garantie des Art. 9 III GG begrenzen. Da der Staat die Aufgabe des Sozialstaatsgebots erfüllen müsse, sei der Bereich des Vorrangs tarifvertraglicher Regelung ganz erheblich einzuschränken, zum Teil wird er auf den Bereich der Lohnregelungen beschränkt[74], zum Teil wird er ganz ausgeschlossen[75].

Mit dem Sozialstaatsprinzips kann der Bereich der Normsetzungsprärogative der Tarifvertragsparteien jedoch nicht konkret bestimmt werden, denn dieses Prinzip ist selbst zu unbestimmt und vage. Das Sozialstaatsprinzip muß dahin verstanden werden, daß es eine verbindliche Verfassungsnorm für den Staat enthält, nach der es dessen Pflicht ist, nicht nur Existenzminimen, sondern auch Ausgleichsgerechtigkeit zu schaffen[76]. Damit ist jedoch nichts darüber ausgesagt, ob ausschließlich der Staat selbst diese Aufgabe erfüllen soll und kann, ob nicht vielmehr auch in der Verfassung anerkannte Autonomien, wie die Tarifautonomie, diese Aufgaben übernehmen können, und in welchem Verhältnis ihre Entschließungen zu den staatlichen stehen[77].

---

[70] *Nipperdey / Säcker*, AR-Battei (D) „Tarifvertrag I C", unter V.; *Biedenkopf*, Gutachten, S. 97, 113.

[71] Vgl. *Galperin*, Festschr. Molitor, S. 156 ff.; *Dietz*, Koalitionsfreiheit, S. 417, 460; *Richardi*, Gedächtnisschr. Dietz, S. 271 (er stellt Vorrang der tarifvertraglichen Regelung der Garantie von Art. 12 GG gegenüber); *Schnorr*, RdA 55, 3, 5 ff.; *Zöllner / Seiter*, Mitbestimmung, S. 50 f.; vgl. *Coester*, Vorrangprinzip.

[72] *Preis*, ZfA 72, 271, 293 ff.; *Vossen*, Richterrecht, S. 55.

[73] Vgl. *Bachof*, Begriff, S. 201, 204 f.; *Herzog*, Staatslehre, S. 116 f.; *Isensee*, Subsidiaritätsprinzip, S. 192 f.; a. A. *Biedenkopf*, Tarifautonomie, S. 176; vgl. allgemein *Scholz*, Koalitionsfreiheit, S. 180 ff. u. die in N. 72 Genannten.

[74] *Vossen*, Richterrecht, S. 55.

[75] *Preis*, ZfA 72, 271, 293 ff.

[76] Vgl. *Isensee*, Subsidiaritätsprinzip, S. 192 f. m. w. N.

e) Stellungnahme

aa) Unterscheidung zwischen Normbereichsanalyse und Schrankenbestimmung

Um die Gewährleistung der Tarifautonomie durch Art. 9 III GG richtig zu erfassen, ist die strenge Trennung zwischen der Bestimmung der sachlichen Reichweite der Grundrechtsnorm auf der ersten Stufe der Erwägungen und der Bestimmung der Gewährleistungsschranken auf der zweiten Stufe erforderlich. Erst wenn die Frage beantwortet ist, was Gegenstand der Gewährleistung ist, welchen Bereich menschlicher Freiheit sie normieren will, sind Erörterungen zu den Schranken dieser Garantie, also auch zum Verhältnis von staatlicher Regelung und Garantie, möglich[78]. Die Aufgabe einer solchen Normbereichsanalyse wird falsch verstanden, wenn sie darauf beschränkt wird, im Konflikt mehrerer Verfassungsrechtsgüter gewisse Sachverhalte vom Schutzzweck auszunehmen, um den Konflikt leichter lösen zu können[79]. Die Normbereichsanalyse ist vielmehr das entscheidende Mittel, den sachlichen Regelungsbereich eines jeden Grundrechts gesondert zu bestimmen. Denn der materiale Gehalt der Grundrechtsnormen ist unterschiedlich. Er kann nicht durch die Annahme, die Grundrechtsgewährleistungen deckten eine lückenlose Wertordnung, als umfassend angesehen werden, sondern muß aus jeder Grundrechtsnorm selbst ermittelt werden[80].

bb) Sachlicher Regelungsbereich des Art. 9 III GG

Die Normbereichsanalyse der Garantie des Art. 9 III GG wird somit auch die entscheidenden Kriterien für den Umfang einer Normsetzungsprärogative der Tarifvertragsparteien ergeben.

Unmittelbar garantiert Art. 9 III GG zunächst die Freiheit der Koalitionsbildung und die Koalition als solche[81]. Damit gewährleistet die Norm mittelbar die Freiheit spezifisch koalitonsgemäßer Betätigung[82]. Wesentliche solchermaßen gewährleistete Koalitionsbetätigung ist die

---

77 So auch *Biedenkopf*, Tarifautonomie, S. 175 f.; *Schnorr*, RdA 55, 3, 7; *Weber*, Koalitionsfreiheit, S. 22 f.; BVerfGE 22, 180, 204 führt aus, Art. 20 I GG bestimme nur das „Was", das Ziel, die gerechte Sozialordnung, er lasse aber für das „Wie", d. h. für die Erreichung des Ziels, alle Wege offen.

78 *Hesse*, Grundzüge, S. 129 ff.; *Müller*, Freiheit, S. 22 f.

79 So aber *Vossen*, Richterrecht, S. 50.

80 *Müller*, Freiheit, S. 22 f.; BVerfGE 12, 43, 53.

81 Daher „Doppelgrundrecht", vgl. *Weber*, Koalitionsfreiheit, S. 11, 14 ff.; *Scholz*, Koalitionsfreiheit, S. 148 ff. „subjektbezogene Grundrechtsgarantie".

82 BVerfGE 4, 96, 106; 17, 319, 333; 18, 18, 26; 19, 303, 312; 20, 312, 317; BVerfG AP Nr. 1 zu Art. 9 GG.

autonome Setzung von Tarifrecht. Art. 9 III GG läßt zwar nicht auf die Gewährleistung bestimmter Betätigungsmittel schließen. Das bedeutsamste historisch gewachsene und vom Verfassungsgeber zugrundegelegte Gestaltungsmittel ist jedoch der Tarifvertrag[83]. Das Grundrecht der Koalitionsfreiheit muß diese Freiheit mit umfassen, um dem ihm immanenten Zweck gerecht zu werden und sinnvoll zu sein. Denn die Verfassungsgarantie der Koalitionsfreiheit ist eine zweckgerichtete Garantie. Die Bildung und der Bestand der Koalitionen sind zur Wahrung und Förderung der Arbeits- und Wirtschaftsbedingungen gewährleistet und damit auf Betätigung angelegt[84].

Dieser spezifische Konnex ist es aber auch, der Inhalt und Umfang der mitgarantierten Betätigungsfreiheit bestimmt. Aus ihm ergeben sich zwei entscheidende Gesichtspunkte. Zunächst ist die Gewährleistung funktional zu begreifen[85], d. h. in Betracht kommen nur Regelungen der Koalitionen, die auf die Erfüllung des Koalitionszwecks gerichtet sind. Der zweite hier wesentliche Gesichtspunkt ist, daß die Gewährleistung sich nur so weit erstreckt, wie eine Betätigung der Koalition verfassungsrechtlich gewährleistet sein muß, um die Erfüllung des Koalitionszwecks zu ermöglichen und damit die Koalition selbst zu gewährleisten und nicht in ihrem Wesen anzutasten. Damit deckt aber der sachliche Regelungsbereich der Verfassungsnorm des Art. 9 III GG nur einen Kernbreich tarifautonomer Regelung. Das bedeutet keine Einschränkung der Regelungszuständigkeit der Koalitionen auf diesen Bereich, sondern nur eine Benennung des Ausschnitts der Zuständigkeit, der verfassungsrechtlich garantiert ist. Jenseits dessen regelt sich die Tätigkeit der Koalitionen allein nach dem TVG.

Die Annahme Biedenkopf's und der ihm folgenden Literatur einer umfassenden Gewährleistung hält einer Verfassungsinterpretation damit nicht stand[86]. Im Ergebnis ist vielmehr der Ansicht Säcker's zuzustimmen, der jedoch nicht ausreichend deutlich auf die Ableitung des

---

[83] Das bedeutet aber nicht, daß allein die Tarifautonomie von Art. 9 III GG gewährleistet ist, es sind dies auch andere Arten der Zweckverfolgung, auf die es hier nicht ankommt. Vgl. BVerfGE 20, 312, 317; *Dietz*, Koalitionsfreiheit, S. 417, 460; *Löwisch*, RdA 69, 129, 130; a. A. *Kunze*, BB 64, 1311, 1313 Tarifautonomie sei selbständig garantiert.

[84] Vgl. zum Begriff der Arbeits- und Wirtschaftsbedingungen *Biedenkopf*, Gutachten, S. 97, 139 ff.

[85] Vgl. *Forsthoff*, BB 65, 381, 386; *Mayer-Maly*, RdA 66, 201, 205; *Rüthers*, Streik, S. 35 ff.; *Säcker*, Grundprobleme, S. 21; *Zöllner / Seiter*, Mitbestimmung, S. 50.

[86] Im Ergebnis wie hier: *Leibholz / Rinck*, Art. 9 Rdn. 7; *Klein* in Schmidt-Bleibtreu / Klein, Art. 9 Rdn. 15; *Säcker*, Grundprobleme, S. 39 ff., 45 ff., 55 ff.; *Zöllner / Seiter*, Mitbestimmung, S. 46 ff.; a. A. neben den bereits oben N. 52 Genannten auch: *v. Münch* in BK, Art. 9 Rdn. 147; *Maunz* in Maunz / Dürig / Herzog, Art. 9 Rdn. 109; *Hamann / Lenz*, Art. 9 Anm. 8 b).

Resultats aus der Bestimmung des Regelungsbereichs der Verfassungsgarantie abstellt, sondern mit Blick auf die Schrankensystematik und dem Ziel, in Art. 9 III GG keinen allgemeinen Gesetzesvorbehalt hinein interpretieren zu müssen, argumentiert und somit die zu trennenden Bereiche vermischt[87].

Die Ansicht des BVerfG zu der vorliegenden Frage ist nicht ganz eindeutig und so wird es von allen Ansichten zur Unterstützung beansprucht. Seine Ausführungen: „Art. 9 III GG schützt nur einen Kernbereich der Koalitionsbetätigungen" und „Ist auch der Bestand der Koalition gewährleistet, so müssen nach Sinn und Zweck der Bestimmung grundsätzlich auch diejenigen Betätigungen geschützt sein, die für die Erhaltung und Sicherung der Existenz der Koalition unerläßlich sind"[88] unterstützen die hier vertretene Ansicht.

cc) Inhalt und Umfang des garantierten Kernbereichs

Es verbleibt die Aufgabe, den Kernbereich näher zu umreißen. Die Garantie des Art. 9 III GG unterliegt keiner Schranke zugunsten des Gesetzgebers. Die abgestufte Schrankensystematik des Grundgesetzes verbietet es, auf die schrankenlose Normierung der Koalitionsfreiheit den Gesetzvorbehalt anderer Grundrechte zu übertragen[89]. Es ist auch keine Verfassungsnorm ersichtlich, die unter dem Gesichtspunkt der gegenseitigen verfassungsimmanenten Begrenzung unterschiedlicher Verfassungsgewährleistungen den Bereich der zur Funktion der Garantie des Art. 9 III GG erforderlichen Koalitionsbetätigung beschränken könnte. Das vom Schrifttum zum Teil herangezogene Sozialstaatsprinzip vermag jenseits der Regelung von Existenzminimen keinen Vorrang einer staatlichen vor einer tarifvertraglichen Normierung zu statuieren,

---

[87] *Säcker*, Grundprobleme, S. 55 ff., 90 f.; zustimmend *Lieb*, RdA 72, 129, 132 f.; *ders.*, SAE 72, 19 f. Die Kritik Säcker's an der von der Gegenmeinung getroffenen Schrankenziehung ist berechtigt, es ist unzulässig, Art. 9 III GG einem allgemeinen Schrankenvorbehalt zu unterstellen, darauf wird noch eingegangen. Die Gegenmeinung muß aber einen Vorbehalt konstruieren, um nicht den Gesetzgeber zum völligen Untätigsein zu verurteilen. Auch die Ansichten, die eine umfassende Gewährleistung annehmen, kommen durch die weitgehende Schrankenziehung zu ähnlichen Ergebnissen in der letztlich entscheidenden Frage des Umfangs der Prärogative.

[88] BVerfGE 28, 295, 304 u. 305; vgl. auch BVerfGE 4, 96, 106 ff.; 18, 18, 20 u. 28; 20, 312, 317; Kritik am Begriff des Kernbereichs bei *Krüger*, Gutachten, S. 7, 64, da der Richter letztlich entscheide, was mit ihm gewährleistet ist.

[89] Wie hier: *Hamann / Lenz*, Art. 9 Anm. B 10; *Säcker*, Grundprobleme, S. 55 ff.; *ders.*, Gruppenautonomie, S. 237; BVerfGE 30, 173, 192; 32, 98, 107; BVerwGE 37, 265, 268; a. A. *Dürig* in Maunz / Dürig / Herzog, Art. 2 I Rdn. 71 ff.; *Hueck / Nipperdey*, ArbR II/1, § 9 V 2; *Kauffmann*, NJW 66, 1681, 1683; *v. Mangoldt / Klein*, Art. 9 Anm. VI 1; *v. Münch* in BK, Art. 9 Rdn. 178.

wie erörtert[90]. In dem gewährleisteten Kernbereich besteht daher eine unbeschränkte Normsetzungsprärogative der Koalitionen. Soweit sie hier eine Regelung treffen, tritt die staatliche dahinter zurück, im übrigen Bereich geht sie dem Tarifvertrag vor, wenn sie nichts anderes bestimmt.

Der Verfassungsgeber hat die in Art. 9 III GG garantierten Zuständigkeiten nicht konkretisiert, diese Aufgabe fällt daher dem Gesetzgeber zu, der jedoch die Konkretisierung nicht zu einer Schmälerung des Kernbereichs ausgestalten darf[91].

Den Umfang des Kernbereichs durch eine Aufzählung der ihm zugehörigen Regelungsgegenstände konkret zu bestimmen, ist nicht möglich, da der Bereich der Arbeits- und Wirtschaftsbedingungen zu komplex und vielfältig ist[92]. Daher ist eine generalklauselartige unbestimmte Umschreibung letztlich nicht zu vermeiden, denn es ist der Einzelfall, der aus einer verfassungsrechtlichen Wertung heraus in seiner Bedeutung für die unmittelbare Koalitionsgarantie Beurteilung und Einordnung verlangt. Es ist nicht zutreffend, den Kernbereich allein auf die Lohnregelung zu begrenzen, dies wird der Verfassungsgarantie nicht gerecht. Den Tarifvertragsparteien muß auch die Regelung wesentlicher anderer Arbeits- und Wirtschaftsbedingungen unangetastet verbleiben, so dürfte ihnen eine Regelung z. B. auf dem Gebiet des Urlaubsrechts und des Arbeitszeitrechts nicht völlig entzogen werden. So wie bei anderen Grundrechten der gewährleistete Freiheitsbereich nicht abschließend konkretisiert werden kann, sondern im Einzelfall ausgelotet werden muß, so auch bei der Gewährleistung der Tarifautonomie. Entscheidend kommt es darauf an, den Schutzgehalt des Bereichs, der unantastbar ist, zu kennzeichnen.

Als Kernbereich der Tarifautonomie muß der Komplex eigenverantwortlicher Regelung geschützt sein, der den Tarifvertragsparteien wesentliche Aufgaben zur sinnvollen Erfüllung ihres Zwecks beläßt[93]. Dabei muß davon ausgegangen werden, daß zwar einzelne Bereiche der vorrangigen Koalitionsregelung ganz entzogen werden können, daß aber grundsätzlich nicht mit dem Argument, es verblieben noch ausreichende andere Bereiche, ein Fragenkomplex vom Staat insgesamt zwingend

---

[90] Siehe oben 3. Kap. § 3 I. 1. d).

[91] Vgl. *Hamann / Lenz*, Art. 9 Anm. B 10; *Säcker*, Grundprobleme, S. 57; *Stein*, Staatsrecht, S. 189.

[92] Mehr oder weniger unbestimmte Grenzziehungen sind auch zu finden bei *Adomeit*, RdA 64, 309, 311 f.; *Lerche*, Arbeitskampf, S. 41; *Preis*, ZfA 72, 271, 297; *Scheuner*, Koalitionsfreiheit, S. 52; *Schnorr*, Rechtsquellen, S. 52; *Scholz*, Koalitionsfreiheit, S. 147 f.; *Wlotzke*, RdA 63, 44, 50; BVerfGE 4, 96, 108 u. die oben 3. Kap. § 3 I. 1. a) bb) in N. 53 Genannten.

[93] Vgl. auch die oben in N. 92 Genannten u. *Säcker*, Grundprobleme, S. 47 f. u. 55.

durchnormiert werden darf. Auf der anderen Seite können auch Teile der wesentlichen Bereiche, wie z. B. des Urlaubsrechts, zwingend geregelt werden[94]. Die Aufspaltung in Unterkernbereiche, wie Säcker sie vornimmt[95], läuft Gefahr, so detailliert und umfangreich zu werden, daß sie einer umfassenden Garantie über den gekennzeichneten Kernbereich hinaus nahe kommt und dann wiederum einer allgemeinen Einschränkung bedarf.

Die bisherige tarifdispositive Schutzrechtsprechung des BAG würde, wenn sie nicht für tarifdispositiv erklärt worden wäre, den Koalitionen keine Regelungsbereiche entziehen, ohne die sie ihre Aufgaben nicht mehr sinnvoll erfüllen könnten[96]. Diese Schutzrechtsprechung fällt nicht in den dargestellten engen Kernbereich tarifvertraglicher Regelungsinhalte, für den sich aus Art. 9 III GG ein Zuständigkeitsvorrang der Tarifpartner ergibt und damit eine Tarifdispositivität des Richterrechts auch ohne ausdrückliche Erklärung des Richters.

Zwischenergebnis

Die Garantie der Koalitionsfreiheit in Art. 9 III GG umfaßt mittelbar die Gewährleistung eines Kernbereichs der Tarifautonomie. Diese Kernbereichsgarantie ist uneinschränkbar, aber durch den einfachen Gesetzgeber konkretisierbar. Der den Tarifvertragsparteien unantastbar garantierte Bereich umfaßt die eigenverantwortliche Regelung wesentlicher Fragen der Arbeits- und Wirtschaftsbedingungen, die zu einer sinnvollen Erfüllung ihrer Aufgaben den Koalitionen belassen werden müssen. Innerhalb dieses Kernbereichs besteht ein Regelungsvorrang der Tarifvertragsparteien vor staatlicher Regelung. Art. 9 III GG verlangt nicht schon von sich aus die Tarifdispositivität in den bisher erörterten Fällen.

2. Weitere Gesichtspunkte richterlicher Entscheidungsbindung

a) Erweiterter Regelungsvorrang der Tarifvertragsparteien gegenüber dem Richterrecht

Besteht außerhalb eines engen Kernbereichs kein Regelungsvorrang der Tarifvertragsparteien gegenüber dem staatlichen Gesetzgeber, so könnte dies auf den parlamentarischen Gesetzgeber beschränkt sein, im Verhältnis zur richterlichen Rechtsfortbildung aber ein weiterer Vor-

---

[94] So auch für Randfragen des Lohnrechts *Canaris*, Gedächtnisschr. Dietz, S. 210; *Hueck / Nipperdey*, ArbR I, § 40 III 3 g); *Nikisch*, ArbR I, § 29 III 9.

[95] Siehe oben 3. Kap. § 3 I. 1. c) bb).

[96] So auch u. a. *Canaris*, Gedächtnisschr. Dietz, S. 208 f.; *Lieb*, RdA 72, 129, 133.

rang der Tarifnormen bestehen. Erörtert wird dieser Gedanke im Hinblick darauf, daß der Richter die Wertungen der Gesamtrechtsordnung beachten muß und in diese Tarifnormen einbegriffen werden könnten[97]. Das verbietet sich aber aus den getroffenen Erörterungen zum Richterrecht. Dieses greift ein, wenn der Gesetzgeber Lücken i. w. S. in der rechtlichen Normierung offen gelassen hat. Da es vervollständigende und neue Teile der positiven Gesamtrechtsordnung ausbildet, erhält es dessen Dignität. Der verfassungsrechtlich begründete Vorrang tarifvertraglicher Regelung besteht auch dem Richterrecht gegenüber nur in den gekennzeichneten Grenzen.

b) Tarifdispositivität und verfassungsrechtliches Gleichbehandlungsgebot

In den Bereich der strikten Entscheidungsbindung des Richters gehört auch, ohne daß es sich um ein Vorrangproblem im bisher gekennzeichneten Sinne handelt, die Frage, ob das verfassungsrechtliche Gleichbehandlungsgebot die richterliche Bewertung von Tarifverträgen und Individualverträgen gleichen Inhalts bindet, sei es, daß der Richter seinen Rechtssatz für allgemein zwingend oder allgemein dispositiv erklären müßte.

Es wurde schon darauf hingewiesen, daß ein sachlicher Grund die zwischen Tarifvertrag und Einzelarbeitsvertrag differenzierenden Entscheidungen tragen muß[98]. Art. 3 I GG erfordert einen Vergleich der fraglichen Personengruppen in den für den Gegenstand der zu erörternden Gleich- oder Ungleichbehandlung wesentlichen Punkten. Sodann wesentlich Gleiches ist gleich zu behandeln. Mit dem BVerfG gesprochen, ist zu erörtern, ob „sich ein vernünftiger, sich aus der Natur der Sache ergebender oder sonstwie sachlich einleuchtender Grund für die ... Differenzierung oder Gleichbehandlung ... finden läßt“[99]. In diesem Zusammenhang ergeben sich für die Tarifdispositivität zwei Fragen. Muß der sachliche Differenzierungsgrund im Inhalt der Vereinbarungen enthalten sein oder kann er auch ihr Zustandekommen betreffen, und liegt ein solcher Grund im Verhältnis Tarif- und Individualvertrag vor?

---

[97] Diesen Gedanken erörtert *Coester*, Vorrangprinzip, S. 101 ff.; Zurückhaltung des Richters bei der Rechtsfortbildung gegenüber Tarifverträgen fordert auch *Herschel*, AuR 72, 129, 133 f.; siehe auch *Wiedemann*, Anm. BAG AP Nr. 35 zu § 620 BGB Befristeter Arbeitsvertr.

[98] Siehe oben 2. Kap. § 1 VI.; zum sachlichen Grund vgl. *Hamann / Lenz*, Art. 3 Anm. B 4 c); *Klein* in Schmidt-Bleibtreu / Klein, Art. 3 Rdn. 13; BVerfGE 1, 14, 16 (LS 18); 18, 38, 46; 20, 31, 33.

[99] BVerfG ebd.; zum „Willkürverbot“ auch *Rinck*, JZ 63, 521 ff.; Richter sind, wenn sie als Normsetzer tätig werden, wie der Gesetzgeber an das Gleichbehandlungsgebot gebunden.

aa) Bezugspunkt des Gleichbehandlungsgebots

Im Schrifttum wird zum Teil darauf abgestellt, daß eine Unterscheidung, ein sachlicher Differenzierungsgrund, nicht im Zustandekommen einer Vereinbarung gesucht werden dürfe, wenn das Verdikt der Nichtigkeit bestimmter Vetragsvereinbarungen gerade auf inhaltliche Gründe gestützt werde, wie bei der fraglichen BAG-Schutzrechtsprechung[100]. Ein sachlicher Unterscheidungsgrund würde dann bei Tarif- und Individualvertrag gleichen Inhalts fehlen. So argumentiert z. B. *Vossen*[101]. Er sieht den sachlichen Differenzierungsgrund dann darin, daß das Richterrecht nur eine von mehreren vertretbaren Konkretisierungen eines unbestimmten Rechtsbegriffs sei. Der Richter müsse beim Tarifvertrag im Gegensatz zum Individualvertrag wegen der Gewähr einer vertretbaren Konkretisierung nicht die eigene, sondern die tarifvertragliche Regelung seiner Entscheidung zugrunde legen. Damit läßt Vossen aber durch die Hintertür gerade wieder das Argument des Zustandekommens der Regelung, nämlich Fragen des Machtgleichgewichts, herein, das er ausschließen will.

Auf die Frage „Inhalt oder Zustandekommen" ist im Sinne der dargestellten Diskussion nicht entscheidend abzustellen. Vergleichsobjekt innerhalb des Art. 3 I GG sind nämlich stets Personen bzw. Personengruppen. Dieses Grundrecht ist wie alle anderen personen- nicht gegenstands- oder begriffsbezogen[102]. Die Frage, wie Tarifverträge und Einzelarbeitsverträge als solche rechtlich zu werten und auszulegen sind, kann daher nicht unter dem Blickwinkel des Art. 3 I GG beurteilt werden. Die betroffenen Personen sind jedoch in einem Relationsfeld äußerer Umstände zu bewerten, es muß sachlich gerechtfertigt sein, sie in Relation zu einer Vertragsbeziehung unterschiedlich zu behandeln. Für unseren Fall stellt sich danach die Frage, ob es sachlich gerechtfertigt ist, den Arbeitnehmer, verpflichtet und berechtigt aus einer einzelvertraglichen Vereinbarung, und den Arbeitnehmer, verpflichtet und berechtigt aus einer tarifvertraglichen Vereinbarung, bezüglich des richterlichen Schutzes vor benachteiligenden Vertragsklauseln unterschiedlich zu behandeln.

bb) Der sachliche Differenzierungsgrund

Es ist erforderlich, beim Vergleich der genannten Gruppen und beim Aufsuchen wesentlicher Übereinstimmungen oder Abweichungen alle

[100] Dazu, daß es auf den Inhalt ankomme vgl. *Canaris*, Anm. BAG AP Nr. 68 zu § 611 BGB Gratifikation; *ders.*, SAE 71, 111, 113; *ders.*, Gedächtinsschr. Dietz, S. 216, 219; *Lieb / Westhoff*, DB 73, 69, 72; *Preis*, ZfA 72, 271, 299; *Richardi*, ZAS 71, 222, 225; *Thiele*, RdA 70, 265 f.; *ders.*, Festschr. Larenz, S. 1047.

[101] Richterrecht, S. 56 ff. u. 97 ff.

[102] Vgl. *Dürig* in Maunz / Dürig / Herzog, Art. 3 I Rdn. 306 ff.

Umstände aus dem Relationsfeld der Arbeitnehmer zur vertraglichen Regelung in ihrer spezifischen Eigenart zu berücksichtigen. Dazu gehört, daß der eine Arbeitnehmer einer Vereinbarung unterfällt, die er mit den Mitteln und Schwächen der Privatautonomie geschlossen hat, der andere jedoch einer solchen, die im Wege der Tarifautonomie entstanden ist, bei der von einer Machtgleichheit der Vertragspartner ausgegangen wird und der von der Rechtsordnung eine besondere Wertigkeit und die Fähigkeit zur Normsetzung beigelegt ist[103]. Unter diesem Blickwinkel ist es allerdings nicht unzulässig, im Rahmen des Art. 3 I GG auf wesentliche Merkmale der zu vergleichenden Arbeitnehmergruppen abzustellen, die zugleich das Zustandekommen der Vereinbarungen betreffen.

Die genannten Unterschiede sind Grund genug, eine Differenzierung zwischen tarifgebunden und nicht tarifgebundenen Arbeitnehmern auch bezüglich der rechtlichen Bewertung ihrer Arbeitsverträge als „vernünftig und sachlich einleuchtend“ erscheinen zu lassen. Der Richter ist daher über Art. 3 I GG grundsätzlich nicht gehindert, seine Rechtsprechung für tarifdispositiv zu erklären.

Das bedeutet aber nicht, daß die genannten Gründe so gewichtig sind, daß sie den Richter zu einer Ungleichbehandlung zwingen, anderenfalls er gegen das „negative Gleichheitsgebot“ verstoßen würde. Ein Verstoß gegen dieses Gebot liegt erst dann vor, wenn die Unterschiede so bedeutsam sind, daß, um eine gerechte Entscheidung zu treffen, eine unterschiedliche Behandlung erfolgen muß[104]. Art. 3 I GG läßt einen breiten Raum, in dem die Staatsgewalt Personen oder Personengruppen gleich behandeln, aber auch differenzieren kann, ohne gegen eines der Gebote des Art. 3 I GG zu verstoßen[105]. Diesen Raum läßt das Grundgesetz auch dem Richter. Art. 3 I GG bindet daher grundsätzlich die Entscheidung des Richters über die Tarifdispositivität in keine Richtung.

c) Allgemeiner Rechtsgrundsatz der Tarifdispositivität

Aufgrund der dargestellten Verpflichtung des Richters gegenüber dem Gesetz ist noch zu untersuchen, ob aus dem positiven Recht, abgesehen von der Verfassung, eine Wertung zu entnehmen ist, die den Richter bindet. Zu denken ist an einen allgemeinen Rechtsgrundsatz aus den tarifdispositiven Gesetzesnormen, der den Richter zumindest für die Schutzrechtsprechung grundsätzlich zu einer Erklärung für tarifdis-

---

[103] Darauf wird im einzelnen noch eingegangen werden, siehe unten 3. Kap. § 3 II. 6.

[104] BVerfGE 1, 208, 247; 9, 130, 146; 9, 334, 337 u. ständige Rspr.; vgl. auch *Rinck*, JZ 63, 521.

[105] Vgl. die in N. 104 Genannten.

positiv zwingen würde. Ein solcher Rechtsgrundsatz kann jedoch nicht gefunden werden[106].

Der einfache Gesetzgeber hat zwar in einer Reihe von Fällen seine Regelungen für tarifdispositiv erklärt — so vor allem: § 7 I und II AZO; § 13 I BUrlG; § 622 III BGB; § 616 II BGB; §§ 19 VIII und 22 Nr. 2 S. 2 JArbSchG; § 101 I und II ArbGG; § 4 IV 2. Vermögensbildungsgesetz und jetzt auch § 17 III Gesetz zur Verbesserung der betrieblichen Altersversorgung[107]. Aus diesen Regelungen ist jedoch kein allgemeiner Rechtsgrundsatz zu entnehmen, der die grundsätzliche Tarifdispositivität aller Schutzrechtssätze fordert und aufgrund dessen zum einen der Richter für zukünftige Regelungen gebunden wäre, zum anderen schon bestehende Schutzrechtssätze, die noch nicht tarifdispositiv sind, als lükkenhaft anzusehen und im Wege der Rechtsanalogie zu vervollständigen wären. Denn den genannten Normen steht der große Komplex von Schutzrechtssätzen gegenüber, der allgemein zwingend ausgestaltet ist, so Gesamt- bzw. Teilbereiche des Mutterschutzgesetzes, Schwerbeschädigtengesetzes, Jugendarbeitsschutzgesetzes, Kündigungsschutzgesetzes, der Gewerbeordnung sowie die Wettbewerbsregeln, Teile des Arbeitszeitrechts und anderes mehr.

d) Dignität der Schutzrechtsprechung

Für die Gegenposition, die grundsätzliche Unzulässigkeit tarifdispositiven Richterrechts, wird von *Lieb* noch das Argument der besonderen Dignität der Schutzrechtsprechung angeführt[108]. Die Dignität kann aber nur im jeweiligen Einzelfall einer Tarifdispositivität entgegenstehen und zur allseits zwingenden Ausgestaltung der richterrechtlichen Regelung zwingen. Der Gesamtbereich des arbeitsrechtlichen Schutzrechts ist nicht von solcher Dignität, daß er in allen Teilen allgemein zwingend sein müßte, dies erweist auch die (tarif-)dispositive Gesetzgebung im Arbeitsschutzrecht[109].

Zwischenergebnis

Außerhalb des Kernbereichs der Tarifautonomie besteht somit weder eine grundsätzliche Bindung des Richters durch höherrangiges Recht, die die Rechtsfigur des tarifpositiven Richterrechts ausschließt, noch eine solche, die sie fordert. Für den Richter besteht grundsätzlich die rechtliche Möglichkeit, zu ihr als Zwischenlösung neben allgemein zwingender oder dispositiver Normierung zu greifen.

---

106 Vgl. *Preis*, ZfA 72, 271, 298 f.

107 Vom 19. 12. 1974, BGBl. I Nr. 139, S. 3610 ff. Vgl. die Aufstellung bei *Nipperdey / Säcker*, AR-Blattei (D) „Tarifvertrag I C", unter III.

108 RdA 72, 129, 145 f.; vgl. auch *Bötticher*, SAE 67, 263.

109 Vgl. *Canaris*, Gedächtnisschr. Dietz, S. 216 f.

II. Richterliche Ermessensentscheidung über die Zulassung abweichender tarifvertraglicher Regelungen

1. Grundsätzliches

Ist festgestellt, daß der Richter in seiner Entscheidung über die Tarifdispositivität seiner Rechtsfortbildung grundsätzlich nicht gebunden ist, so öffnet sich ein Bereich der Ermessensentscheidung für ihn. Es handelt sich hierbei nicht um ein richterliches Urteilsermessen im darunter üblicherweise verstandenen Sinn, also das Ermessen, das dem Richter bei der Ausfüllung unbestimmter oder unscharfer Begriffe zufällt[110], sondern um ein „gesetzgeberisches" Ermessen. Aufgabe und Stellung des Richters sind in der vorliegenden Frage die eines Rechtssetzers. Jedoch ist das dem Richter insoweit zustehende Ermessen nicht dem des parlamentarischen Gesetzgebers gleichzustellen, da der Richter entscheidend engeren und andersartigen Schranken unterworfen ist als jener[111].

Das Problem, das sich in diesem Bereich stellt, zielt auf die Bewertung der richterlichen Entscheidung unter Gesichtspunkten der Wahrung des rechtlichen Wertungssystems, ohne Widersprüche oder Brüche zu provozieren, und unter dem Gerechtigkeitspostulat. Die konstitutive Zulassung abweichender tarifvertraglicher Regelungen und damit die unterschiedliche rechtliche Behandlung organisierter und nicht organisierter Arbeitnehmer muß von einer inneren Berechtigung getragen sein, eine aus den Unterschieden der gekennzeichneten Arbeitnehmergruppen ihren Ursprung und ihre rechtliche Relevanz gewinnende Rechtfertigung finden.

Hier werden bedeutsam alle jene rechtlichen Gesichtspunkte, deren Wertmaßstäbe ohne zwingende Zielrichtung sind, die also nicht allein eine Entscheidung fordern, sondern die eine Entscheidung lediglich unterstützen. In diesen Erörterungsrahmen gehören daher die von Rechtsprechung und Schrifttum zugunsten des tarifdispositiven Richterrechts angeführten Gedanken des Machtgleichgewichts, der Richtigkeitsgewähr und der Schutz- und Ordnungsfunktion des Tarifvertrags. Würde sich aus diesen oder ähnlichen Gedanken eine Rechtfertigung richterlicher Öffnungsklauseln zugunsten des Tarifvertrags ergeben, so wäre der Richter dennoch nicht zu einer durchgängigen Geltungseinschränkung seiner rechtsfortbildenden Entscheidungen verpflichtet, er kann anderen rechtlichen Gesichtspunkten den Vorrang geben und es können im Einzelfall solche Gesichtspunkte den Vorrang durch höherrangiges Recht zugesprochen erhalten.

---

[110] Vgl. *Larenz*, Methodenlehre, S. 268 ff.; *Maunz* in Maunz / Dürig / Herzog, Art. 20 Rdn. 120.

[111] Siehe oben 2. Kap. § 1 V.

Während der parlamentarische Gesetzgeber Wertungen, wie sie soeben angesprochen wurden, die für eine Zulassungsnorm sprechen, unter Gesichtspunkten der Zweckmäßigkeit und politischen Relevanz von vornherein beurteilen und zur Geltung bringen oder zurückdrängen kann, ist der Richter nicht in diesem Maße frei. Er kann, wie erörtert[112], zwar auch Zweckmäßigkeitsgesichtspunkte heranziehen, muß aber zuvor in jedem Falle die genannten Wertungen in seine Entscheidung einbeziehen und in Bezug setzen zu den inhaltlichen Rechtswertungen des konkreten Regelungsgegenstands. Erst wenn danach ein offener Raum verbleibt, kann er auch rechtspolitisch entscheiden.

2. Die Machtverhältnisse im Arbeitsvertrag und der Schutz des Arbeitnehmers

Ein Wertungsgesichtspunkt, der u. a. die Basis für die Argumentation zugunsten des tarifdispositiven Richterrechts bildet, ist der Gedanke des Machtungleichgewichts der Einzelvertragsparteien einerseits und des Machtgleichgewichts der Tarifvertragsparteien andererseits. Hier hat sich eine Argumentation mit rechtlichen Wertungen aus der Veränderung gesellschaftlicher Umstände ergeben. Den Vertragsparteien wurde vom zivilrechtlichen Gesetzgeber Freiraum zur Regelungsvereinbarung gelassen, da eine Durchnormierung der Vertragsverhältnisse nicht erforderlich schien. Es wurde vielmehr Vertrauen gesetzt in das Funktionieren der Privatautonomie, also das Aushandeln der Vertragsbedingungen durch gleich starke Partner, die ihre eigenen Interessen wahren können.

a) Das Machtverhältnis zwischen Arbeitgeber und Arbeitnehmer

Im Arbeitsvertrag wurden die Grenzen der Privatautonomie augenfällig. Die Automatik des Selbstschutzes konnte nicht mehr funktionieren, da ihre essentielle Voraussetzung nicht erfüllt war, nämlich die Gleichgewichtslage der Vertragschließenden, die allein einen „gerechten" Vertrag im Sinne selbstbestimmter Entscheidung jeder Partei ermöglicht[113]. Im Arbeitsvertrag stehen sich ein wirtschaftlich mächtiger Arbeitgeber und ein Arbeitnehmer, der in der Regel nur seine Arbeitskraft anzubieten hat und zur Existenzsicherung ein Arbeitsverhältnis eingehen muß, als Partner gegenüber. Das damit entstehende Ungleichgewicht nimmt dem Arbeitnehmer die Möglichkeit, seine Interessen hin-

---

[112] Siehe oben 2. Kap. § 1 VI. 3.

[113] Zum Einfluß der Stärke der Parteien auf den Vertragsinhalt vgl. *Bötticher*, Waffengleichheit, passim; *Bartholomeyczik*, AcP 166, 30, 64 ff.; *Richardi*, Gedächtnisschr. Dietz, S. 277; *Rüthers*, JurA 70, 85 ff.; *M. Wolf*, ZfA 71, 151 ff.; *Zöllner / Seiter*, Mitbestimmung, S. 52 ff. zum Gegengewichtsprinzip m. w. N.; ausführlich zu diesem Fragenkreis *Zöllner*, AcP 76, 221 ff.

reichend wahrzunehmen, und ermöglicht dem Arbeitgeber, weitgehend — mit gewissen Schwankungen je nach konjunktureller Lage — den Vertragsinhalt einseitig zu bestimmen, sei es in jeweils neu festgelegten oder in sogenannten Einheitsverträgen. Diese Situation zwang den Staat zum Eingreifen, denn er kann nicht unter dem Deckmantel der Privatautonomie die Macht und den Einfluß der einen Seite auf den Vertragsinhalt überhandnehmen lassen. Die Vertragsgerechtigkeit ist ein soziales Ziel unserer Rechtsordnung[114].

Der Staat griff auf die beiden schon gekennzeichneten zur Verfügung stehenden Weisen ein[115]. Er stellte Schutzrechtssätze auf, die die Vereinbarung gewisser als ungerecht angesehener Klauseln ausschließen, und er institutionalisierte die durch Selbsthilfe zuvor schon geschaffenen Organisationen der Arbeitnehmer, die Gewerkschaften[116].

b) Das Machtverhältnis der Tarifvertragsparteien

aa) Die Parität

Die Gewerkschaften setzten dem Arbeitgeber ein Gegengewicht gegenüber, um das Kräfteverhältnis auszugleichen. Die Entwicklung führte schließlich dahin, daß sich die Arbeitgeber zu Verbänden zusammenschlossen, um nicht ihrerseits in eine schwächere Position zu gelangen[117]. Ob das für einen gerechten Vertragsabschluß erforderliche Machtgleichgewicht für die Koalitionen zu bejahen ist, hängt entscheidend davon ab, ob zwischen ihnen Kampfparität besteht[118], denn der unmittelbare Druck durch den Arbeitskampf ist das ausschlaggebende Mittel der Koalitionen zur Interessendurchsetzung. Die Tarifvertragsparteien können sich nicht auf eine Druck erzeugende Wettbewerbssituation der jeweils anderen Seite stützen, da für denselben sachlichen und örtlichen Bereich nur eine Gewerkschaft bzw. ein Arbeitgeberverband oder eine begrenzte Anzahl von Arbeitgebern zum Vertragsschluß zuständig sind

---

[114] Vgl. die oben in N. 113 Genannten u. *Biedenkopf*, Tarifautonomie, S. 122 ff.; *Helm*, JuS 65, 121, 123; *Preis*, ZfA 72, 271, 281 f.; *Schmidt-Rimpler*, AcP 147, 130, 157; *M. Wolf*, Entscheidungsfreiheit, S. 69 ff.

[115] Siehe oben 2. Kap. § 2 II.

[116] Zur geschichtlichen Entwicklung der Gewerkschaften u. Arbeitgeberverbände vgl. *Dietz*, Koalitionsfreiheit, S. 417 ff.; *Hueck / Nipperdey*, ArbR II/2, Nachtrag S. 1636 ff.; im übrigen auch *Bartholomeyczik*, AcP 166, 30, 65 f.; *Bötticher*, Waffengleichheit, S. 5; *Richardi*, RdA 66, 241, 245.

[117] Zum Gegengewichtsprinzip und seiner verfassungsrechtlichen Relevanz *Scheuner*, DöV 65, 577, 580; *ders.*, Koalitionsfreiheit, S. 71; *Zöllner / Seiter*, Mitbestimmung, S. 53 ff.

[118] Hinzu kommen muß eine die Parität gewährleistende innere Organisation der Koalitionen, so Gegnerunabhängigkeit etc.; vgl. im übrigen *Scholz*, Koalitionsfreiheit, S. 262.

und die Parteien des Arbeitsverhältnisses durch den Standort des Betriebs und den Wohnsitz etc. in weitem Maße ortsgebunden sind[119].

Es wird zum Teil bezweifelt, ob von einer Arbeitskampfparität ausgegangen werden kann[120], und es sind vor allem die theoretischen Grundlagen umstritten[121]. Eine Diskussion im einzelnen ist hier nicht erforderlich. Die überwiegende Meinung, die von dem Erfordernis einer formellen Parität ausgeht und im Einzelfall ihr Vorliegen vermutet[122], erscheint zutreffend. Das historisch gewachsene und von der Rechtsprechung anerkannte Arbeitskampfsystem stellt den beiden Seiten Mittel zur Verfügung, die die Möglichkeit der gleichwertigen kampfweisen Interessendurchsetzung schaffen. Somit ist von einem Machtgleichgewicht der Koalitionspartner beruhend auf der Kampfparität auszugehen[123]. Auf einer solchen Annahme der Parität beruht auch das Tarifvertragssystem unserer Rechtsordnung.

bb) Die Schutzfunktion des Tarifvertrags

Die Gleichgewichtslage ermöglicht es jeder Vertragspartei, die Interessen ihrer Mitglieder angemessen zu schützen und somit auf dem Boden frei ausgehandelter Vertragsvereinbarungen dem autonomer Vertragsgestaltung zugrundeliegenden Rechtsgedanken gerecht zu werden[124]. Basierend auf dem Machtgleichgewicht der Koalitionen kann daher die Schutzfunktion des Tarifvertrages bejaht werden und damit eines der Grundargumente des BAG und des Schrifttums für die Tarifdispositivität des Richterrechts[125]. Nicht aber kann die von ihnen aus

---

[119] Dazu *Vossen*, Richterrecht, S. 78.

[120] Vgl. insbesondere *Däubler*, Streik, S. 166 ff. u. 200 ff.; *Evers*, Arbeitskampffreiheit, S. 26 ff. u. 53 ff.; *Lerche*, Arbeitskampf, S. 64 ff. u. 70 ff.; *Ramm*, Koalitions- und Streikrecht, S. 163 ff.; *Stein*, Staatsrecht, S. 188. Es fehlen Untersuchungen über die Arbeitskampffolgen, die Opfer beider Seiten etc.; vgl. *Tomandl*, Streik, S. 41 ff.; dazu auch *Seiter*, Streikrecht, S. 278 ff.

[121] Zu den unterschiedlichen Ansätzen — formell, materiell oder historisch — insbes. *M. Wolf*, ZfA 71, 151 ff.; *Zöllner*, RdA 69, 250, 256.

[122] *Scheuner*, Koalitionsfreiheit, S. 54; *Scholz*, Koalitionsfreiheit, S. 262 ff. u. viele andere; besonders streng vertritt den Gedanken der konkreten Kampfparität *M. Wolf*, ZfA 71, 151, 155 ff.; Entscheidungsfreiheit, S. 198 ff., 218 ff.; so auch *Steindorff*, RdA 65, 253, 258. Klare Beurteilungskriterien können jedoch nicht aufgestellt werden.

[123] Das soll aber nicht heißen, daß Parität nur im Rahmen der historisch entwickelten Arbeitskampfmittel bestehen kann, sie kann sich vielmehr auch in neuen Bahnen entwickeln und muß insbes. Machtverschiebungen folgen. Sie besteht z. Z. jedoch in diesem Rahmen. Wie hier *Richardi*, RdA 71, 334, 336 f.; *Rüthers*, JurA 70, 85 ff.; *Scheuner*, RdA 71, 327, 332 f.; *Scholz*, Koalitionsfreiheit, S. 262 ff.; *Vossen*, Richterrecht, S. 80 f.; BAG AP Nr. 43 zu Art. 9 GG Arbeitskampf.

[124] Zur Schutzfunktion *Adomeit*, Rechtsquellenfragen, S. 160; *Dietz*, DB 74, 1770 ff.; *Krüger*, Gutachten, S. 7, 20.

[125] Zur Rspr. vgl. oben 1. Kap. § 1 I. N. 2; zum Schrifttum statt aller *Gamillscheg*, RdA 68, 407, 409.

der Schutzfunktion gezogene Folgerung, nämlich die Rechtfertigung der Rechtsfigur des tarifdispositiven Richterrechts, unterstützt werden.

Die Schutzfunktion ist zwar ein Faktor, der den Tarifvertrag von dem Individualvertrag sachlich unterscheidet, aber die Differenzierung in der rechtlichen Beurteilung nicht tragen kann. Auch und gerade die richterrechtliche Norm verfolgt den Schutz des Arbeitnehmers und wird ihm gerecht. Daß auch der Tarifvertrag eine Schutzfunktion erfüllt, kann nicht die Regelungskonkurrenz zwischen staatlicher und tarifvertraglicher Normsetzung zugunsten letzterer entscheiden[126]. Daß auch der Tarifvertrag eine Schutzfunktion erfüllt, vermag ebensowenig zu erklären, wieso der Tarifvertrag von dem staatlichen Schutz zum Nachteil des Arbeitnehmers abweichen kann.

3. Die Ordnungsfunktion des Tarifvertrags

Zur Rechtfertigung der Rechtsfigur des tarifdispositiven Richterrechts wird weiterhin die Ordnungsfunktion des Tarifvertrags herangezogen[127]. Da der Tarifvertrag selbst eine einheitliche Ordnung und damit Rechtssicherheit schaffe, entfällt nach dieser Ansicht ein wesentliches Erfordernis für die richterliche Rechtsfortbildung.

Es ist im Rahmen dieser Arbeit nicht erforderlich, zu dem Stellenwert der Ordnungsfunktion des Tarifvertrags und ihrem Verhältnis zum Schutzzweck in dem breiten Feld der Meinungen, das von der Wertung des Ordnungszwecks als „ancillarischer Ordnungsnorm" ohne eigenständige Funktion bis zum Ordnungszweck als „allgemeinem Nenner aller Aufgaben der Koalitionen" reicht[128], Stellung zu nehmen. Hier ist allein entscheidend, ob sich aus der Ordnungsfunktion ein Wertungsgesichtspunkt für die Rechtfertigung der Tarifdispositivität ergibt. Das ist abzulehnen, die Ordnungsfunktion enthält keinen entscheidenden Wertmaßstab. Auch die richterliche Entscheidung schafft eine einheitliche Ordnung — sogar eine weitergehende. Es bleibt auch hier die Lösung des Konkurrenzverhältnisses beider Ordnungssysteme offen. Des weiteren begründet auch der Arbeitgeber bei vertraglichen Einheits-

---

[126] So auch *Thiele*, Festschr. Larenz, S. 1047.

[127] BAG AP Nr. 54 u. 57 zu § 611 BGB Gratifikation; BAG AP Nr. 32 zu § 620 BGB Befristeter Arbeitsvertr.; vgl. auch *Richardi*, Gedächtnisschr. Dietz, S. 289.

[128] Zu ersterem *Biedenkopf*, Gutachten, S. 97, 113; kritisch *Säcker*, RdA 69, 291, 302; zu letzterem *Herschel*, Referat D 11 f.; *Krüger*, Gutachten, S. 43 f. nimmt eine mittlere Position ein. Zur Ordnungsfunktion weiterhin *Biedenkopf*, Tarifautonomie, S. 77 ff.; *ders.*, Festgabe Kronstein, S. 90 f., 97; *Reuß*, RdA 68, 410 ff.; *Heß*, DB 75, 548, der meint, Ordnung sei lediglich Wirkung nicht Zweck des Tarifvertrags. Zutreffend ist es, der Ordnungsfunktion eine gegenüber der Schutzfunktion untergeordnete, wenn auch nicht ganz unbedeutende Stellung beizumessen.

regelungen eine gewisse Ordnung[129], ebensowenig wie bei ihm kann bei einem Tarifvertrag eine von der richterlichen Schutzwertung zuungunsten des Arbeitnehmers abweichende Regelung dadurch gerechtfertigt werden, daß sie für eine Vielzahl von Arbeitnehmern einheitlich nachteilige Bedingungen enthält.

Das Machtgleichgewicht der Tarifvertragsparteien und die Schutz- und Ordnungsfunktion des Tarifvertrags enthalten somit als solche keine Rechtfertigung der Geltungseinschränkung richterlicher Rechtsfortbildung zugunsten des Tarifvertrages durch Erklärung für tarifdispositiv. Dafür müßte vielmehr die Rechtsordnung Wertungen oder Prinzipien enthalten, die eine Relevanz der bisher erörterten Faktoren für die Regelungsinhalte der abweichenden tarifvertraglichen Vereinbarungen herstellen können. Erforderlich sind Prinzipien, die sowohl rechtfertigen, daß eine tarifvertragliche Regelung von dem Urteil des Richters über die rechtliche Zulässigkeit vertraglicher Regelungsinhalte zuungunsten des Arbeitnehmers abweichen kann und damit eine eigene Wertung an die Stelle derjenigen des Richters setzt, als auch daß die Regelungskonkurrenz zwischen Staat und Koalitionen auch jenseits des Kernbereichs der Tarifautonomie zugunsten der letzteren entschieden wird.

4. Die Richtigkeitsgewähr tarifvertraglicher Vereinbarungen

a) Stellenwert des Gedankens der Richtigkeitsgewähr

Als solches Bindeglied zwischen Machtgleichgewicht und den Regelungsinhalten wird häufig der Gedanke einer dem Tarifvertrag immanenten Richtigkeitsgewähr angeführt[130].

Der Gedanke der Richtigkeitsgewähr, entwickelt von *Schmidt-Rimpler*[131], findet seinen Standort dort, wo innerhalb eines Bereichs von Regelungsinhalten den Parteien zu autonomer Vereinbarung von der staatlichen Normierung ein Freiraum gelassen ist. Die Richtigkeitsgewähr besagt, daß in diesem Raum keine richterliche Kontrolle der Verein-

---

[129] Vgl. *M. Wolf*, ZfA 71, 151, 155.

[130] Zur Richtigkeitsgewähr vgl. *Lieb*, RdA 72, 129, 134; *Richardi*, Gedächtnisschr. Dietz, S. 289 u. 293 f.; *ders.*, Kollektivgewalt, insbes. S. 183 f.; *Rüthers*, JurA 70, 85, 102 ff.; *Säcker*, Grundprobleme, S. 29 f.; *Scholz*, Koalitionsfreiheit, S. 262 ff.; *Söllner*, ArbR, S. 67 ff.; *M. Wolf*, ZfA 71, 151, 155 ff.; *Zöllner / Seiter*, Mitbestimmung, S. 34 f. Zum Gegengewichtsprinzip als Voraussetzung der Richtigkeitsgewähr siehe oben die in 3. Kap. § 3 II. 2. b) N. 117 Genannten.

[131] AcP 147, 130, 132 f., 151 ff., 156 f.; *ders.*, Festschr. Nipperdey, S. 1 ff., 5, 8 f.; ihm folgen *Bartholomeyczik* AcP 166, 30, 54 ff.; *Bydlinsky*, Privatautonomie, S. 62 ff.; *Henckel*, AcP 159, 106, 114 ff.; *Rüthers*, JurA 70, 85, 106 f.; siehe auch BAG BB 72, 1005, 1007; den Gedanken der Richtigkeitsgewähr lehnt ab *Roscher*, ZRP 72, 111, 112 f.; *ders.*, RdA 72, 279, 280; kritisch auch *Thiele*, Festschr. Larenz, S. 1052 ff.

barungsinhalte erfolgen muß, da aufgrund des Machtgleichgewichts davon ausgegangen werden kann, daß die Parteien jeweils ihre eigenen Interessen wahrgenommen, die Vertragsgerechtigkeit herbeigeführt und damit für einen richtigen im Sinn von interessengerechten, billigen Vertrag gesorgt haben. Sind aber die Voraussetzungen für die Interessenwahrung durch jeden der Partner und damit die Richtigkeitsgewähr selbst in Gefahr, so wird die Zulässigkeit der gerichtlichen Kontrolle des Vertrags auf seine innere Gerechtigkeit, also die Billigkeitskontrolle, bejaht[132].

Bei den Vereinbarungen durch Individualvertrag einerseits und Tarifvertrag andererseits wird nun mit den gleichen Argumenten und den sie stützenden Vermutungen über die immanente Balance der Vereinbarungen gearbeitet. Die Billigkeitskontrolle im Einzelfall wird darüberhinaus dadurch ersetzt, daß beim Einzelarbeitsvertrag aufgrund des Machtungleichgewichts der Parteien vermutet wird, die als nachteilig angesehene Klausel sei dem Arbeitnehmer ohne Äquivalent aufgezwungen worden, beim Tarifvertrag dagegen, daß sie frei vereinbart wurde und aufgrund des Machtgleichgewichts der entsprechenden nachteiligen Regelung an anderer Stelle des Vertrags kompensierende Vorteile gegenüberstehen[133]. Dem entsprechend wird die vertragliche Regelung in einem Fall als ungültig, im anderen aber als wirksam angesehen.

Versteht man den Gedanken der Richtigkeitsgewähr zutreffend, so können aus ihm so weitreichende Folgerungen nicht gezogen werden. Die Richtigkeitsgewähr kann nur bedeuten, daß bei einem Vertrag zwischen gleichgewichtigen Parteien davon ausgegangen werden kann, daß jede Partei eine selbstbestimmte Entscheidung in den rechtlichen Grenzen ihrer Vertragsfreiheit über Abschluß und Inhalt des Vertrags getroffen hat[134]. Denn dafür, daß tatsächlich der Vertrag nach Maßstäben des objektiven Rechts „richtig" ist, kann der Umstand, daß sich gleichstarke Parteien gegenüberstehen, nichts aussagen. Auch ohne Gegendruck kann sich der Vertragschließende an ihn ungerecht belastende Vereinbarungen binden. Das ist gerade der Grundgedanke der Vertragsfreiheit, ebenso, daß für einen Nachteil an anderer Stelle des Vertrags kein tatsächlicher Ausgleich vereinbart werden muß. Das Institut der Dispositivität, auch in gesetzlichen Fällen, stellt nicht darauf ab, ob beim Abweichen von der gesetzlichen Regelung ein ausgleichender Vorteil vereinbart wird[135]. Es kann jede Partei, aus welchen Gründen auch

---

[132] Vgl. die in N. 131 Genannten.

[133] So insbes. *Preis*, ZfA 72, 271, 299 ff.; kritisch *Lieb*, RdA 72, 129, 138.

[134] So auch *Thiele*, Festschr. Larenz, S. 1052 ff.

[135] Das verkennt *Lieb*. Er geht davon aus, daß Nachteile mit Vorteilen gekoppelt werden sollen; vgl. RdA 72, 129, 138 f.; wie hier *Vossen*, Richterrecht, S. 84 ff.

immer, ihre gleichwertige Machtstellung gar nicht nutzen, sondern den Vertrag der Gegenseite akzeptieren. Sie kann auch für einen Ausgleich ansehen, was unter rechtlicher Würdigung sich nicht als ein solcher darstellt. Die Reihe der objektiv „unrichtigen" Entscheidungen im Rahmen der Vertragsfreiheit ließe sich fortsetzen.

Eine Gewähr für einen gerechten Inhalt und einen Nachteilsausgleich ist daher auch bei gleich starken Parteien nicht gegeben. Die einzige Gewähr ist die, daß die Parteien in diesem Fall die Möglichkeit der Selbstbestimmung haben und nicht einer Fremdbestimmung ausgesetzt sind. Dies führt zu einer gewissen subjektiven Richtigkeit des Vertrags[136]. Dieser Gedanke trifft auch für die Tarifvertragsparteien zu. Hier kommt noch ein verstärktes Vertrauen gegenüber den Koalitionen hinzu, es beruht auf der Flexibilität und Sachnähe der Tarifpartner, die angemessene Verhandlungsergebnisse erwarten lassen[137].

Ist aber die Richtigkeitsgewähr nur von der dargestellten Aussagekraft, so kann sie die Tarifdispositivität des Richterrechts nicht rechtfertigen.

b) Richtigkeitsgewähr und Tarifdispositivität

Die BAG-Schutzrechtsprechung hat die fraglichen Vertragsklauseln nicht bzw. nicht allein und entscheidend deshalb für rechtlich unzulässig erklärt, weil sie nicht im Wege der Selbstbestimmung zustande gekommen sind, sondern weil ihr Inhalt als mit materiellrechtlichen Wertungen unvereinbar angesehen wird, mit Wertungen, die zwischen unterschiedlichen widerstreitenden Interessen einen Ausgleich schaffen und eines der rechtlich geschützten Interessen durch das Verbot gewisser vertraglicher Beschränkungen sichern[138], so die Freiheit der Wahl des Arbeitsplatzes und den Bestandsschutz des Arbeitsverhältnisses. Mit diesem Richterrecht bestimmt der Richter somit den Umfang und die Grenzen der Vertragsfreiheit, dazu ist er unter den Voraussetzungen und in den Grenzen zulässiger Rechtsfortbildung befugt[139]. Legt der Richter durch Rechtsfortbildung die Grenzen einer vertraglichen Vereinbarung fest, so kann er nicht mit dem Argument, im Tarifvertrag werde gegen diese Grenzen in freier Selbstbestimmung verstoßen, dessen abweichende Regelung als wirksam anerkennen.

---

[136] Besonders kritisch gegenüber dem Gedanken der Richtigkeitsgewähr *Roscher*, ZRP 72, 111, 112 f.

[137] Dazu *Dietz*, DB 74, 1770 ff.; *Gamillscheg*, Differenzierung, S. 36; *Kunze*, AuR 65, 170, 175; *Nipperdey / Säcker*, AR-Blattei (D) „Tarifvertrag I C" unter III; *Scheuner*, Koalitionsfreiheit, S. 66 f.; *Söllner*, AuR 66, 257, 258; *Zöllner / Seiter*, Mitbestimmung, S. 53 u. 60.

[138] Dies wurde unter anderem Aspekt bereits dargestellt, siehe oben 3. Kap. § 2 II.; dazu auch *Thiele*, Festschr. Larenz, S. 1052 ff.; *Vossen*, Richterrecht, S. 86.

[139] Zu den Voraussetzungen und Grenzen siehe oben 2. Kap. § 1 V.

Der Gedanke der Richtigkeitsgewähr liefert Wertungsgesichtspunkte nur für den durch das Recht abgegrenzten Bereich inhaltlicher autonomer Vereinbarungsfreiheit, indem er in diesem Bereich selbstbestimmte Vereinbarungen von einer Billigkeitskontrolle ausnimmt[140]. Für die Frage, wie dieser Bereich abzustecken ist, enthält er keine Gesichtspunkte. Die Richtigkeitsgewähr des Tarifvertrags vermag somit die Tarifdispositivität richterlicher Rechtsfortbildung nicht zu rechtfertigen.

c) Exkurs: Richtigkeitsgewähr und Verzichtbarkeit der Schutzpositionen

Nicht gefolgt werden kann jedoch einer Kritik, die *Lieb* an der Begründung der Tarifdispositivität mit dem Gedanken der Richtigkeitsgewähr übt[141]. Er meint, durch die dargestellten Erwägungen über den Nachteilsausgleich und die Richtigkeitsgewähr werde das Problem der Tarifdispositivität verschoben, nämlich zu der Frage, ob die durch die Rechtsprechung eingeräumten Schutzpositionen verzichtbar sind. Wenn eine Verzichtbarkeit zu bejahen sei, dann ergebe sich tatsächlich die Frage, ob das Vorliegen eines Nachteilsausgleichs im Einzelfall überprüft werden dürfe.

Diese Ansicht verkennt die Problematik der Tarifdispositivität. Die Frage, ob eine Schutzposition verzichtbar ist, ist die Frage nach der Dignität einer Rechtsposition, die im Einzelfall eine allgemein zwingende Durchsetzung verlangen kann, ist also eine Vorfrage jeder Dispositivität. Die Möglichkeit einer den Schutz einschränkenden vertraglichen Vereinbarung setzt stets voraus, daß auf die Position verzichtet werden kann. Wenn aber der Richter bei der Rechtsfortbildung nicht an zwingende unverzichtbare rechtliche Wertungen gebunden ist, also seine Rechtsfortbildung allgemein zwingend oder auch dispositiv ausgestalten könnte, wie ist es dann zu rechtfertigen, daß er zwischen Tarifvertrag und Individualvertrag unterscheidet? Das ist das eigentliche

---

[140] Diesen Unterscheid macht ein Beispiel aus dem Schuldrecht deutlich. Ein Ausschluß der kaufvertraglichen Gewährleistungsansprüche aufgrund vertraglicher Vereinbarung ist zulässig, hier besteht Vertragsfreiheit. Wenn gleichgewichtige Parteien den Ausschluß vereinbaren, erfolgt keine Billigkeitskontrolle, da sie die Möglichkeit haben, die Vereinbarung in Selbstbestimmung zu treffen. Regeln AGB den Ausschluß, halten diese sich zwar auch in den rechtlichen Grenzen der Vertragsfreiheit, aber wegen der Machtungleichheit der Parteien kann nicht von einer Richtigkeitsgewähr ausgegangen werden, es kann eine Billigkeitskontrolle erfolgen, aufgrund derer möglicherweise die Regelung für unzulässig erklärt wird. Parallel dazu könnte innerhalb der vom BAG aufgestellten Grenzen der Vertragsfreiheit bei Gratifikationsrückzahlungsklauseln (zw. 100,— DM u. Monatsgehalt Bindung bis zum 31. 3. z. B.) beim Individualvertrag eine Billigkeitskontrolle erfolgen, nicht beim TV. Nur in diesen Fällen erlangt die Richtigkeitsgewähr Bedeutung.

[141] RdA 72, 129, 139.

Problem der Tarifdispositivität! Außerdem kommt es für die Richtigkeitsgewähr auf einen konkreten Ausgleich nicht an[142], und eine Nachprüfung erfolgt insoweit nicht.

5. *Machtgleichgewicht und Rechtsnormkonkretisierung*

Vossen versucht noch einen anderen Weg zu finden, um die Divergenz in der rechtlichen Beurteilung einzelarbeitsvertraglicher und tarifvertraglicher Regelungen zu begründen[143]. Er geht davon aus, daß der Richter, wenn er die Regelung eines Vertrags auf ihre Zulässigkeit überprüft, in den hier entscheidenden Fällen unbestimmte Rechtsnormen konkretisiere. Diese Konkretisierung dürfe er aber nur an die Stelle der autonomen Vertragskonkretisierung setzen, wenn von der Autonomie kein vertretbares Ergebnis zu erwarten sei, da die richterliche Entscheidung nicht die allein richtige, sondern nur eine vertretbare sei. Wegen des Machtgleichgewichts der Tarifpartner sei von ihnen eine vertretbare Konkretisierung zu erwarten[144].

Davon abgesehen, daß die richterliche Rechtsfortbildung nicht auf die Konkretisierung unbestimmter Rechtsnormen beschränkt ist, kann diesem Lösungsversuch aus grundsätzlichen Erwägungen nicht gefolgt werden. Die richterrechtliche Entscheidung, die die autonome Regelungsbefugnis einschränkt, indem sie bezüglich eines bestimmten Regelungsinhalts der Vereinbarung eine zumindest untere Grenze setzt, wird bei der Erklärung für tarifdispositiv in ihrer Geltung beschränkt. Diese Einschränkung bzw. von der entgegengesetzten Warte aus das Erstrekken der Regelung auch auf den Tarifvertrag muß Berechtigung finden. Stellt man darauf ab, daß die richterrechtliche Norm nur eine vertretbare Lösung der offenen Rechtsfrage ist, so berechtigt das gerade nicht zur Differenzierung zwischen Tarifvertrag und Individualvertrag. In den Fällen, die die entscheidenden sind, wenn Tarif- und Einzelvertragsregelung in den für die jeweilige Rechtsfrage ausschlaggebenden Punkten übereinstimmend zum Nachteil des Arbeitnehmers von der Rechtsprechung abweichen, wäre auch die einzelvertragliche Lösung eine vertretbare. Es ist aus den Begründungen Vossen's nicht einsichtig, warum diese Lösung dann anders behandelt werden soll. Daß die Regelung, die als vertretbar angesehen wird, das eine Mal aufgrund Machtgleichgewichts der Parteien, das andere Mal trotz Ungleichgewicht zustande kam, kann für die rechtliche Beurteilung keinen Unterschied machen. Wollte man daher diesen Punkt als entscheidend ansehen, so

---

[142] Siehe oben 3. Kap. § 3 II. 4. a).

[143] Richterrecht, S. 97 ff.

[144] Ebd., S. 97 f.

würde der Tarifdispositivität die innere Berechtigung fehlen. Das Machtgleichgewicht als solches wurde schon als nicht ausschlaggebend angesehen[145], es kann somit auch nicht über den Gedanken der mehreren vertretbaren Entscheidungen bedeutsam werden.

6. *Allgemeines Rechtsprinzip der Tarifautonomie*

Kann somit auch der Gedanke der Richtigkeitsgewähr im Sinne der Möglichkeit selbstbestimmter Entscheidung die Rechtsfigur des tarifdispositiven Richterrechts nicht tragen, so ist er doch wie auch das Machtgleichgewicht der Tarifpartner und die auf ihm beruhende Schutzfunktion des Tarifvertrages sowie seine Ordnungsfunktion prägender Faktor im Umfeld des entscheidenden Rechtsgedankens.

Die Rechtfertigung der Geltungseinschränkung einer Richterrechtsnorm zugunsten eines Tarifvertrags, die zugleich der unterschiedlichen rechtlichen Bewertung vertraglicher Regelungsinhalte Berechtigung verleiht und auch den entscheidenden Gesichtspunkt für die Lösung der Regelungskonkurrenz zwischen Staat und Tarifvertragsparteien liefert, ist im allgemeinen Rechtsprinzip der Tarifautonomie zu finden.

a) Rechtsprinzipien als Wertungsmaßstab bei der richterlichen Rechtsfortbildung

Unter einem Rechtsprinzip ist ein Rechtsgedanke zu verstehen, der bereits ein gewisses Maß an Aktualisierung und Konkretisierung erfahren hat und damit für ein geschlossenes Rechtsgebiet, für das er konstitutiven Charakter trägt, zwar keine im Einzelfall anwendbare Norm darstellt, jedoch Leitgedanke und Wertmaßstab für die richterliche Rechtsfortbildung im weitesten Sinne bildet[146]. Ein solches materiales Rechtsprinzip ist dann als Bestandteil der Rechtsordnung anzuerkennen, wenn der ihm immanente Wertungsgedanke bereits in der positiven Rechtsordnung Ausdruck gefunden hat, ohne daß diese das Rechtsprinzip allein und abschließend in ihrer Positivierung anerkennen will. Auf die grundsätzliche Problematik der Entwicklung allgemeiner Rechtsprinzipien aus dem positiven Recht, der allgemeinen Rechtsidee etc. ist hier nicht im einzelnen einzugehen[147].

---

[145] Siehe oben 3. Kap. § 3 II. 2. b).

[146] Vgl. *Canaris*, Lücken, S. 93 ff.; *Esser*, Grundsatz, S. 39 ff. u. 132 ff.; *Larenz*, Methodenlehre, S. 460 ff.; *ders.*, Festschr. Nikisch, S. 299 ff.

[147] Dazu und zu der Gesamtproblematik der allgemeinen Rechtsprinzipien vgl. die in N. 146 Genannten, insbes. *Canaris*, Lücken, S. 93 ff. sowie *Larenz*, Methodenlehre, S. 460 ff.

b) Allgemeines Rechtsprinzip der Tarifautonomie jenseits der verfassungsrechtlichen Gewährleistung und die Tarifdispositivität

Ein grundlegendes materiales Rechtsprinzip des kollektiven Arbeitsrechts ist die Tarifautonomie, d. h. die eigenverantwortliche normative Regelung von Arbeits- und Wirtschaftsbedingungen durch die Koalitionen[148]. Eigenverantwortlichkeit bedeutet, daß die entsprechende Regelung für den Bereich, den die Autonomie personell und sachlich abdeckt, vorrangig gilt vor der staatlichen. Sie bedeutet, daß die eigenen Wertungen der Autonomieträger als ihre verantwortliche Entscheidung rechtlich anerkannt werden, auch eigene inhaltliche Wertungen, die von denen des staatlichen Normsetzers nach oben oder unten abweichen. Dies umfaßt z. B. auch den Verzicht auf Positionen oder die Einschränkung von Positionen der Arbeitnehmer, deren Angelegenheiten die Gewerkschaften regeln, aufgrund selbstverantwortlicher Entscheidung.

Diese Befugnis steht den Koalitionen auch bei der Regelung von Angelegenheiten zu, die nur eine Minderheit ihrer Mitglieder betreffen. Dies erlangt Bedeutung insbesondere bei der Vereinbarung befristeter Arbeitsverträge für Rentenauszahlhilfen. Der Gedanke des Minderheitenschutzes[149] beschneidet nicht die Regelungsbefugnis der Tarifvertragsparteien auch zuungunsten organisierter Arbeitnehmer. Die den Gewerkschaften überantwortete eigenverantwortliche Regelungsbefugnis muß durch eine interne demokratische Organisation und Willensbildung abgesichert sein. Der dann unter Beachtung der Minderheitsinteressen gebildete Mehrheitswille ist aber der für die tarifvertragliche Regelung entscheidende verantwortliche Wille[150].

Die damit gekennzeichnete Wertung für die Einräumung vorrangiger und eigenverantwortlicher Regelungsbefugnis zugunsten der Koalitionen ist in der Gesamtrechtsordnung bereits in Teilen verfestigt. Ihre höchstrangige Regelung findet sie in Art. 9 III GG, in der verfassungsrechtlichen Gewährleistung eines Kernbereichs des tarifvertraglichen Vorrangs vor staatlicher Regelung. Aber diese Gewährleistung erschöpft das Prinzip nicht. Jenseits von ihr bedeutet es für den Rechtssetzer einen Wertmaßstab zugunsten der Kompetenzübertragung auf die Koalitionen im Vertrauen auf ihr Machtgleichgewicht, ihre Schutz- und Ordnungsfunktion und eine interessengerechte Regelsetzung.

---

148 So im Ergebnis auch *Adomeit*, Rechtsquellenfragen, S. 90 u. 138; *Canaris*, Gedächtnisschr. Dietz, S. 210 f.; *Lerche*, Arbeitskampf, S. 27; *Weber*, Koalitionsfreiheit, S. 24 f.

149 Dazu insbes. *Seiter*, SAE 70, 206, 208; *M. Wolf*, ZfA 71, 151, 166.

150 Eingehend zu diesen Fragen und im Ergebnis wie hier *Vossen*, Richterrecht, S. 110 ff.

Das Prinzip wird vom parlamentarischen Gesetzgeber in all jenen Gesetzen, in denen er Öffnungsklauseln für abweichende tarifvertragliche Regelungen aufstellt, konkretisiert und aktualisiert. Es rechtfertigt auch eine Öffnung der richterrechtlichen Regelung, ohne daß — wie erörtert — ein automatischer Vorrang des Tarifvertrags oder eine zwingende Bindung des Richters besteht. Das Prinzip der Tarifautonomie ist ein offenes Rechtsprinzip, das der Normsetzer näher bestimmt, indem er den Bereich der Regelungs- und Verantwortungsübertragung für konkrete Fälle festsetzt.

Für den Gesetzgeber ist es allein in seiner verfassungsrechtlichen Ausgestaltung bindend, im übrigen kann er ihm auch nach rechtspolitischen Zweckmäßigkeitsgesichtspunkten zur Geltung verhelfen oder es zurückdrängen. Für den Richter besteht eine engere Bindung an die dargestellten Wertungsmaßstäbe. Aber auch bei seiner Rechtsfortbildung ist zu beachten, daß im Einzelfall das Rechtsprinzp der Tarifautonomie nicht die einzige Wertung ist, die seine Entscheidung beeinflußt. Es wird mit anderen materiellen, die Fragen der konkreten Arbeits- und Wirtschaftsbedingungen betreffenden Wertungen konfrontiert. Hier ist der Richter dann an zwingende Wertungen der Gesamtrechtsordnung, die die Präferenz der tarifvertraglichen Regelung gerade verdrängen wollen, gebunden. Im übrigen muß er ein eigenes Werturteil fällen, das dann auch eine innere Berechtigung erhält, wenn es sich auf den Wertungsmaßstab der Tarifautonomie stützt[151].

c) Die Koalitionen als Träger sozialer Selbstverwaltung und die Wahrnehmung öffentlicher Aufgaben

In den vorliegenden Bereich gehört auch die Erörterung der Stellung der Koalitionen zwischen Gesellschaft und Staat. Die Koalitionen sind als Träger einer sozialen Selbstverwaltung anzuerkennen. Diese ist nicht im klassischen Sinn der Selbstverwaltung zu verstehen, der mit Staatsaufsicht verbunden ist und dessen Träger juristische Personen des öffentlichen Rechts sind, sondern als eine Selbstverwaltung im sozialen Bereich auf privatrechtlicher Ebene[152], die durch Auflösung der

[151] Zum Ergebnis vgl. auch *Herschel,* DB 67, 245, 247; *Zöllner,* DB 70, 54, 61; *Zöllner / Seiter,* Mitbestimmung, S. 53; a. A., die Tarifdispositivität von Richterrecht ganz ablehnend, *Bötticher,* SAE 67, 263.

[152] Zur sozialen Selbstverwaltung vgl. *Bulla,* Festschr. Nipperdey II, S. 79 ff.; *Herschel,* DB 59, 1440, 1443; *Hueck / Nipperdey,* ArbR II/1, § 11 V 2 insbes. N. 48; *Huber,* Wirtschaftsverwaltungsrecht, Bd. 2, S. 380 f.: sondergesetzliche Kombination, keine Selbstverwaltung, aber öffentlich-rechtliche Befugnisse; *Nikisch,* ArbR II, § 60; *Peters / Ossenbühl,* Übertragung, S. 2; *Preuß,* Begriff, S. 197 ff., 211 ff.; *Rüthers,* Streik, S. 41 ff., 65 ff.; *Salzwedel,* VVdStL 22, 206, 222 ff.; *Scheuner,* DöV 52, 609, 611; ablehnend insbes. *Scholz,* Koalitionsfreiheit, S. 159 ff.

strengen Trennung zwischen Staat und Gesellschaft und die Ausbildung vielfältiger Zwischenbeziehungen entsteht und deren Träger eigenverantwortlich tätig werden.

Der Status der Koalitionen, öffentlich-rechtlich, öffentlich oder rein privatrechtlich, ist heftig umstritten[153]. Die Koalitionen befinden sich zwar auf einer Zwischenebene zwischen Staat und Gesellschaft, sie sind aber keine juristischen Personen des öffentlichen Rechts und können daher keine öffentlich-rechtlichen Aufgaben wahrnehmen. Die Einordnung auf einer „öffentlichen" Ebene hat keine rechtliche Aussagekraft, ändert nicht die rechtliche Qualifikation und Einbindung der Koalitionstätigkeit in das Privatrecht. Der besondere Status beinhaltet lediglich eine „tatsächliche Öffentlichkeit", d. h. die Wahrnehmung von Aufgaben, die zum Teil im öffentlichen Interesse sind, insbesondere bei der Regelung sozialer und wirtschaftlicher Angelegenheiten. Ob die Koalitionen damit einer Verpflichtung für das Gemeinwohl unterliegen, wird an späterer Stelle erörtert[154].

Einem solchen Verständnis der sozialen Selbstverwaltung gehört es an, daß die Träger die Aufgaben eigenverantwortlich erfüllen und daher auch selbst rechtliche Regelungen treffen können. Die Kompetenz dazu erhalten sie jedoch nicht durch die Anerkennung als soziale Selbstverwaltungsträger, sondern sie muß aus außerhalb liegenden Wertungen erfolgen, wie sie für die Tarifvertragsparteien bestehen und gekennzeichnet wurden. Soziale Selbstverwaltung ist ein primär soziologisch politischer Begriff, der keine eigene rechtliche Zuständigkeitsregel enthält. Es muß hier nicht weiter auf die mit der sozialen Selbstverwaltung verbundenen vielfältigen noch ungeklärten Fragen eingegangen werden[155]. Selbständige rechtliche Gesichtspunkte für die vorliegende Problematik ergeben sich aus ihr jedenfalls nicht.

Zusammenfassung

Jenseits des verfassungsrechtlich gewährleisteten engen Kernbereichs der Tarifautonomie, der die eigenverantwortliche und vorrangige Regelung wesentlicher Fragen der Arbeits- und Wirtschaftsbedingungen umfaßt und den Koalitionen eine sinnvolle Erfüllung ihrer Aufgaben ga-

---

[153] Für öffentlich-rechtlichen Status *Lerche*, Arbeitskampf, S. 26 ff.; *Peters / Ossenbühl*, Übertragung, S. 53; *Weber*, DVBl 69, 413, 417; für nur tatsächlich öffentliche Funktion *Biedenkopf*, Gutachten, S. 108; *Krüger*, Gutachten, S. 66; rein privatrechtlich *Herschel*, Referat, D 16 f.; vgl. insgesamt *Säcker*, Grundprobleme, S. 26; *Scholz*, Koalitionsfreiheit, S. 159 ff.

[154] Siehe unten 4. Kap. § 5 I.

[155] Dazu vgl. *Säcker*, Grundprobleme, S. 27 f.; *Scholz*, Koalitionsfreiheit, S. 159, die solche Fragen besonders kritisch sehen, sowie auch die oben in N. 152 Genannten.

rantiert, ist der Richter in seiner Entscheidung für oder gegen die Tarifdispositiverklärung seiner Rechtsfortbildung grundsätzlich nicht gebunden. Ihm ist vielmehr ein „gesetzgeberisches“ Ermessen eingeräumt. Dabei ist der entscheidende ihn beeinflussende Wertungsgesichtspunkt das jenseits der Verfassungsgarantie anzuerkennende allgemeine Rechtsprinzip der Tarifautonomie, das die Übertragung vorrangiger und eigenverantwortlicher Regelungsbefugnis auf die Tarifvertragsparteien umfaßt und, wenn keine anderen Wertungen der Gesamtrechtsordnung entgegenstehen, die Tarifdispositivität rechtfertigt. Die Schutz- und Ordnungsfunktion sowie die Richtigkeitsgewähr des Tarifvertrags und das Machtgleichgewicht der Tarifvertragsparteien sind lediglich unterstützende Faktoren dieses entscheidenden Rechtsgedankens.

4. Kapitel

Einzelvoraussetzungen und -grenzen tarifdispositiven Richterrechts

§ 1 Grundsätzliches

Die bisherigen Erörterungen haben ergeben, daß der Richter grundsätzlich berechtigt ist, die Rechtsfigur der Tarifdispositivität anzuwenden. Daraus darf aber nicht der voreilige und undifferenzierte Schluß gezogen werden, er wäre auch in jedem Einzelfall berechtigt, frei zu entscheiden, ob er der Tarifautonomie Vorrang vor der richterlichen Rechtsfortbildung einräumt. Das hieße, den Richter in seiner Entscheidungsfreiheit dem Gesetzgeber gleichzustellen, ihm in der Frage der Tarifdispositivität ein grenzenloses Ermessen zuzugestehen[1].

Die Erklärung für tarifdispositiv ist selbst ein rechtsfortbildender Akt, sie regelt den Geltungsumfang, der einer richterrechtlichen Regelung zukommen soll. Stellt der Richter von Anfang an einen tarifdispositiven Rechtssatz auf, so ist die Geltungseinschränkung Teil des rechtsfortbildenden Aktes. Erfolgt die Einschränkung erst nachträglich, ist sie eine selbständige, eine bereits bestehende Norm modifizierende Regelung[2]. Damit unterfällt die Erklärung für tarifdispositiv auch den Voraussetzungen und Grenzen jeder richterlichen Rechtsfortbildung, wie sie bereits erörtert wurden[3]. Erst wenn keine höherrangige rechtliche Wertung vorliegt, die für den Geltungsumfang eine konkrete Aussage trifft, kann der Richter, wenn das Recht es erfordert, diesen aufgrund autonomer Wertung unter Berücksichtigung der soeben erörterten Prinzipien und Maßstäbe bestimmen. Der Gesetzgeber dagegen ist grundsätzlich nur durch Art. 1 III GG und Art. 20 III GG gebunden. Innerhalb dieser Grenzen hat er bezüglich des Ob und Wie einer Regelung freies gesetzgeberisches Ermessen. Gesetze kann er jederzeit durch den Erlaß neuer ändern[4]. In der Entscheidungsbindung des Richters ist der bedeutsamste Unterschied zwischen tarifdispositivem Gesetzes- und

---

[1] So aber *Herschel*, RdA 73, 147, 149.

[2] So auch *Canaris*, Gedächtnisschr. Dietz, S. 206.

[3] Siehe oben 2. Kap. § 1 V.

[4] Vgl. *Dürig* in Maunz / Dürig / Herzog, Art. 1 III Rdn. 103 ff., Art. 20 Rdn. 117 ff.

tarifdispositivem Richterrecht begründet, der häufig verneint oder übergangen wird[5].

Die Grenzen richterlicher Entscheidung, soweit sie die Tarifdispositivität selbst und nicht allein die Entwicklung arbeitsrechtlicher Rechtssätze betreffen, werden im folgenden Erörterung finden. Dabei stellen sich die Tatbestände und ihre rechtliche Bewertung, bei denen die Frage der Tarifdispositivität in Betracht zu ziehen ist, als äußerst komplex und in ihrem tatsächlichen und rechtlichen Erscheinungsbild sehr vielfältig dar, so daß nur eine Differenzierung zu zutreffenden Ergebnissen führen kann. Allein im Beziehungsfeld eines Katalogs von Voraussetzungen und Grenzen wird die Rechtsfigur des tarifdispositiven Richterrechts praktikabel. Bei der Aufstellung eines Katalogs der Voraussetzungen und Grenzen kann nicht jeder denkbare Einzelfall in seiner eigenständigen Struktur und damit einmaligen Problematik untersucht werden. Es sollen vielmehr Problemkomplexe herausgestellt und anhand von entsprechenden Beispielen veranschaulicht werden. Es ist nicht ausreichend, sich dabei auf die bisherige BAG-Rechtsprechung zu beschränken. Die Rechtsfigur der Tarifdispositivität ist für eine weitere Entwicklung offen. Die Frage nach der Tarifdispositivität ist auch nicht auf das Gebiet der Schutzrechtsprechung zu beschränken. Sie kann in anderen Rechtsgebieten auftreten und hat sich bereits im Rahmen der Arbeitskampf-Rechtsprechung gestellt.

Es bleibt noch darauf hinzuweisen, daß der zu entwickelnde Katalog keinerlei Anspruch auf Vollständigkeit erheben kann noch will. Dies ist schon allein wegen des häufigen Wandels in der Rechtsentwicklung auf dem Gebiet des Arbeitsrechts nicht möglich.

§ 2 Die Regelungsbefugnis der Tarifvertragsparteien

Eine allgemeine Voraussetzung für die Dispositivität eines Rechtssatzes ergibt sich daraus, daß die Öffnungsklausel einer konkurrierenden autonomen Regelung Entfaltungsraum schaffen will. Daher muß dem autonomen Rechtssetzer, hier den Koalitionen, für den fraglichen Regelungsgegenstand Regelungsmacht zustehen. Diese Befugnis kann entweder bereits bestehen oder durch die dispositive Norm selbst verschafft werden[6], so häufig bei dispositiven Gesetzen. Wenn der Richter Regelungsmacht verleihen will, ist er wiederum an die Wertungen der Gesamtrechtsordnung gebunden, er darf nicht gegen höherrangiges Recht verstoßen, das der tarifvertraglichen Regelungsmacht für die entsprechende Frage eine Schranke setzt.

---

[5] So insbes. *Herschel,* DB 67, 245, 247; *ders.,* RdA 73, 147, 150.

[6] Vgl. *Herschel,* DB 71, 2114, 2115; allgemein zu dispositivem Recht *Larenz,* BGB AT, § 1 V.

I. Tarifdispositivität und schuldrechtlicher Teil des Tarifvertrags

Vorauszuschicken ist ein Gedanke, der im Schrifttum erwogen wird. Danach soll die Tarifdispositivität auf den normativen Teil des Tarifvertrags beschränkt sein[7]. *Lieb* ist der Ansicht, eine konkurrierende Regelungsbefugnis bestehe nur außerhalb des Bereichs, der von den Koalitionen selbst unmittelbar gebildet wird, d. h. eine gleiche Regelungskompetenz von Staat und Tarifvertragsparteien als Voraussetzung der Tarifdispositivität könne ausschließlich vorliegen, wenn ein Verhältnis von Regelungssubjekt und -objekt zwischen den Koalitionen und dem zu regelnden Gegenstand besteht, so vor allem im normativen Teil bei den Fragen des Rechtsverhältnisses der Arbeitsvertragsparteien[8].

Dem kann nicht zugestimmt werden. Davon abgesehen, daß bei einem Tarifvertrag mit einem einzelnen Arbeitgeber dieser auch seinen eigenen Bereich regelt, sind allgemein im Zivilrecht Regelungen dispositiv, die unmittelbar Fragen der Parteien selbst, ihrer gegenseitigen Rechte und Pflichten, regeln, so im Kernbereich der Dispositivität, dem Schuldrecht. Auch das Argument, es fehle ein Essentiale der Tarifdispositivität, die Normsetzungskonkurrenz[9], hat nicht den ihm beigemessenen Aussagegehalt. Dem Institut der Tarifdispositivität ist nicht bereits wesensmäßig die Beschränkung auf den normativen Teil des Tarifvertrags immanent, und sie wird es auch nicht dadurch, daß die Fragen des vorliegenden Problemkreises fast ausschließlich am normativen Teil entwickelt wurden. Tarifdispositivität bedeutet, daß eine Regelung des staatlichen Rechts hinter einer solchen im Tarifvertrag zurückweicht, ist also eine Dispositivität mit einem begrenzten Adressatenkreis. Die erforderliche Konkurrenz bezieht sich auf den Regelungsgegenstand, dieser muß gleich und auch von den Koalitionen regelbar sein. Es kommt nicht darauf an, daß die Vereinbarung eine über die schuldrechtliche Abrede hinausgehende Normativität besitzt[10]. Die erforderliche Regelungskonkurrenz ist daher auch bei Fragen des schuldrechtlichen Teils des Tarifvertrags gegeben, ohne daß zu erörtern ist, ob Grundlage dieses Teils auch die Tarifautonomie ist[11]. Grundsätzlich

---

[7] So *Lieb*, RdA 72, 129, 141; *Löwisch*, ZfA 71, 319, 338 weist auf das Problem hin.

[8] *Lieb* ebd.; im schuldrechtl. Teil können auch Fragen Dritter geregelt werden, z. B. in Differenzierungsklauseln.

[9] *Lieb* ebd.

[10] Ein schuldrechtlicher Vertrag setzt keine Normen, sondern Einzelregelungen zwischen den Parteien ohne gleiche Bedeutung für Dritte, sog. Vertragsnormen.

[11] Vgl. zu der Diskussion um diese Frage *Coester*, Vorrangprinzip, S. 115 ff. m. w. N.

kann der Richter somit in diesem Bereich eine abweichende kollektivvertragliche Vereinbarung zulassen[12].

Ein anderer Gesichtspunkt muß jedoch erkannt werden. Wird die Problematik der Tarifdispositivität zugrunde gelegt, wie sie bisher im Zentrum der Erörterungen stand, nämlich die Begründung und Rechtfertigung einer unterschiedlichen Beurteilung gleicher Vertragsklauseln in Tarif- und Individualvereinbarungen, könnte die Rechtsfigur der Tarifdispositivität auf Regelungsinhalte zu beschränken sein, die in beiden Verträgen behandelt werden können. Dann würde schon aus diesem Grund eine Erörterung z. B. des Arbeitskampfrechts unter den Aspekten der vorliegenden Arbeit ausscheiden.

Rechtlich ist zwischen den dargestellten Komplexen eine Grenze zu ziehen. Bei Fragen des schuldrechtlichen Teils, die nicht im Einzelarbeitsvertrag geregelt werden können, konzentriert sich die Problematik auf das Verhältnis von Tarifvertrag und staatlichem Recht, ohne daß in die Erwägungen noch der dritte wesentliche Faktor, die divergierende Beurteilung des Individualvertrags, einbezogen werden müßte. Ein Problem der Tarifdispositivität im engeren Sinne liegt daher nicht vor. Dennoch sollten auch diese Fälle in den Gesamtfragenkreis und den Begriff der Tarifdispositivität im weiteren Sinne einbezogen werden. Der Konnex der Fragen ist eng. Angelpunkt der Überlegungen ist stets, ob der Richterrechtssatz aus seiner Einbettung in Gesetz und Recht tarifvertragliche Abweichungen zulassen kann.

II. Arbeitskampfrechtsprechung und Regelungsbefugnis der Tarifvertragsparteien

Nun ist zurückzukommen auf die allgemeinen Voraussetzungen der Regelungsbefugnis. Ein größerer Fragenkomplex, bei dem das Vorliegen der Regelungsbefugnis der Koalitionen fraglich erscheint, ist der Bereich des Arbeitskampfrechts. Vereinbarungen über die Durchführung eines Arbeitskampfs können nicht im normativen, sondern nur im schuldrechtlichen Teil des Tarifvertrags getroffen werden[13].

In seiner Entscheidung vom 21. 4. 1971 nennt der GS des BAG als obersten Grundsatz, an dem sich das Arbeitskampfrecht und die entsprechenden Kampfmaßnahmen ausrichten müssen, das Gebot der Ver-

---

[12] Zur Frage des tarifvertraglichen Regelungsvorrangs in diesem Bereich *Coester* ebd., S. 125 ff.

[13] Darüber hinaus können sie z. B. in den Satzungen der Koalitionen festgelegt werden. Hier soll nur auf die inhaltliche Bewertung abgestellt werden, nicht auf die Vereinbarungsform.

hältnismäßigkeit[14]. Daraus entwickelt er allgemeine Grundsätze für den Arbeitskampf, und zwar den der Geeignetheit und sachlichen Erforderlichkeit zur Erreichung rechtmäßiger Kampfziele und des Arbeitsfriedens, der Ausschöpfung aller Verständigungsmöglichkeiten (ultima ratio), das Erfordernis der Verhältnismäßigkeit der Durchführung des Kampfes (bezüglich Zeitpunkt, Ziel, Art und Intensität) und den Grundsatz der schnellstmöglichen Wiederherstellung des Arbeitsfriedens nach dem Arbeitskampf[15]. Neben diesen Grundsätzen liegt die wesentliche Bedeutung der Entscheidung in der geänderten Beurteilung der Wirkungen einer Abwehraussperrung. Nach dem Prinzip der Verhältnismäßigkeit soll auch die Aussperrung grundsätzlich nur zu einer Suspendierung des Arbeitsverhältnisses führen. Nur unter besonderen Umständen — besondere Intensität des Streiks, Wegfall von Arbeitsplätzen durch Rationalisierung — und grundsätzlich bei einem rechtswidrigen Streik — ausgenommen bestimmte Arbeitnehmergruppen, Betriebsratsmitglieder etc. — kann der Aussperrung lösende Wirkung zukommen[16].

In den für die Frage der Tarifdispositivität entscheidenden Teilen des Urteils hat der GS ausgeführt, Fragen der Arbeitskampfführung und der Austragung von Interessengrundsätzen könnten in Satzungen der Koalitionen und Vereinbarungen zwischen den Tarifvertragsparteien festgelegt werden. „Solche Regelungen und Vereinbarungen sind grundsätzlich ähnlich dem Vorrangprinzip des Tarifvertrags gegenüber gesetzlichen Regelungen anzuerkennen ... Wenn und solange derartige Regelungen und Vereinbarungen noch nicht bestehen, ist nach dem Grundsatz der Verhältnismäßigkeit zu prüfen, ob ein Arbeitskampf nach Anlaß ... rechtlich zulässig ist[17].“ Daraus wurde zum Teil entnommen, das BAG habe seine Rechtsprechung zum Verhältnismäßigkeitsgrundsatz für tarifdispositiv erklären wollen, andererseits, dies sei lediglich ein Mißverständnis[18].

Für die Anwendung der Rechtsfigur der Tarifdispositivität ist schon die erste entscheidende Voraussetzung fraglich, nämlich die Regelungsbefugnis der Tarifvertragsparteien. Wollte das BAG seine Rechtsprechung für tarifdispositiv erklären, so würde das in der Tat bedeuten,

---

[14] BAG AP Nr. 43 zu Art. 9 GG Arbeitskampf, Teil III A; zu dieser Rspr. vgl. *Buchner*, ZfA 72, 345, 351 ff.; *v. Gelder*, AuR 72, 97 ff.; *Löwisch*, ZfA 71, 319, 322; *Müller*, RdA 71, 321 ff.; *Richardi*, SAE 72, 10 ff.

[15] BAG ebd.

[16] BAG AP Nr. 43 zu Art. 9 GG Arbeitskampf, Teil III C; dazu *Löwisch*, ZfA 71, 319, 331 ff.; *Müller*, RdA 71, 321 ff.; *Richardi*, RdA 71, 334 ff.

[17] BAG AP Nr. 43 zu Art. 9 GG Arbeitskampf.

[18] *Coester*, DB 72, 239 f.; *Lieb*, RdA 72, 129, 141 f.; *Müller*, RdA 71, 321, 324; *Reuß*, AuR 71, 353, 359; „Mißverständnis“: *Heckelmann*, ZfA 73, 425, 429; *Löwisch*, ZfA 71, 319, 338; *Richardi*, Gedächtnisschr. Dietz, S. 275; *ders.*, SAE 72, 10, 14.

daß die Tarifvertragsparteien Arbeitskampfmaßnahmen an anderen Gesichtspunkten als dem der Verhältnismäßigkeit ausrichten können. Sie könnten dann z. B. das ultima ratio-Prinzip ausschalten oder der Aussperrung in weiterem Maße lösende Wirkung beimessen.

1. Voraussetzungen der Autonomie und ihrer Ausübung

a) Befugnis zur Regelung der Rechtsfragen

Schon mit einem gedanklichen Schritt vor der verfassungsrechtlichen Frage stößt man auf Grenzen der Regelungsbefugnis der Koalitionen. Die vom BAG aufgestellten Rechtsgrundsätze zum Arbeitskampf stellen den Koalitionen die Instrumente zur Verfügung, die diese benötigen, um die durch Art. 9 III GG mitgewährleistete Betätigungsfreiheit, die Tarifautonomie auszuüben[19]. Wie bereits erörtert, ermöglicht erst das Druckmittel des Arbeitskampfs eine ausreichende Interessenwahrung durch die jeweilige Koalition und damit ein funktionierendes Tarifvertragssystem[20]. Die rechtliche Regelung, die die instrumentellen und funktionellen Voraussetzungen der Autonomieausübung betrifft, der jeweiligen Autonomie selbst zu überlassen, ist unzulässig.

Damit ist ein entscheidender Bereich gekennzeichnet, in dem ganz allgemein in jedem Rechtsgebiet eine Regelungsbefugnis des Autonomieträgers fehlt. Die Dispositivität einer staatlichen Norm setzt das Bestehen und die rechtlich anzuerkennende Ausübung einer Autonomie, der Entfaltungsraum eröffnet werden soll, voraus. Wann die Rechtsordnung einer Autonomie und ihrer Ausübung als solcher Anerkennung entgegenbringen kann oder muß, kann nicht von der Autonomie selbst, sondern nur von einem staatlichen Normsetzer entschieden und geregelt werden[21]. Damit ist es unzulässig, Normen, die die Voraussetzung der Autonomie selbst und ihrer Ausübung betreffen, für dispositiv zu erklären[22]. Darunter fallen, wie soeben erörtert, auch die Fragen der rechtlichen Ausgestaltung des Arbeitskampfsystems.

b) Konkretisierungsbefugnis

Das besagt jedoch nur, daß die Rechtsfragen von den Tarifvertragsparteien nicht endgültig entschieden werden können. Unzulässig ist es

---

[19] Vgl. dazu *Lieb*, RdA 72, 129, 141 f.; *Lerche*, Arbeitskampf, S. 49 ff.; *Richardi*, Gedächtnisschr. Dietz, S. 275 f.; *Säcker*, Grundprobleme, S. 69 ff., 81 ff.

[20] Siehe oben 3. Kap. § 3 II. 2. b) aa); der Arbeitskampf ist als Rechtsinstitut über die Koalitionsmittelgarantie mitgarantiert.

[21] Vgl. mit Beispielen für die Privatautonomie *Larenz*, BGB AT, S. 25 ff.; die Verfassungsgewährleistung ist in Art. 2 I bzw. 9 III GG enthalten, Gesetzgeber und Richter füllen sie mit konkreten Voraussetzungen aus.

[22] So z. B. Voraussetzungen der TA, Geschäftsfähigkeit etc.; zum SchuldR *M. Wolf*, Grundlagen, § 3 III 1.

dagegen nicht, wenn sie Regelungen treffen, die die Grundsätze der Rechtsprechung konkretisieren, so z. B. über das Verfahren bei Einleitung und Durchführung des Arbeitskampfs im einzelnen oder über Fragen der Zweckmäßigkeit. Es bleibt den Koalitionen vor allem auch zu entscheiden, ob und wann ein Arbeitskampf geführt werden soll. Aber die Kontrolle an den Rechtsgrundsätzen darf auch bei dieser Konkretisierung nicht ausgeschlossen werden. Die Möglichkeit der Ausgestaltung durch die Tarifpartner schränkt die Geltung des Verhältnismäßigkeitsgrundsatzes nicht ein, und es stellt sich somit kein eigentliches Problem der Tarifdispositivität. Die Fragen, die die Konkretisierungsmöglichkeit allgemeiner Richterrechtssätze durch die Koalitionen aufwirft, sollen an späterer Stelle im einzelnen behandelt werden[23].

2. *Die Beeinträchtigung Dritter*

Die Arbeitskampfrechtsprechung ist aber auch geeignet, einen weiteren wesentlichen Bereich aufzuzeigen, in dem der Regelungsmacht der Tarifvertragsparteien eine Grenze gesetzt ist. Der Arbeitskampf kann auf Rechte und Interessen Dritter und der Allgemeinheit ausstrahlen. Gerade darauf hat die BAG-Rechtsprechung die Anwendung des Verhältnismäßigkeitsgrundsatzes entscheidend gestützt[24].

Es ist unzulässig, einer Autonomie die Regelung von Umfang und Intensität einer Beeinträchtigung der Rechts- und Interessensphäre autonomiefremder Dritter zu überlassen, da die Betroffenen keine Möglichkeit zur Einflußnahme haben. Rechtliche Maßstäbe, die zumindest auch den Schutz Dritter bezwecken, können nicht zur Disposition gestellt werden[25]. Daher wäre es in der Tat ein „Mißgriff"[26], hätte das BAG seine aufgestellten Rechtsgrundsätze für tarifdispositiv erklären wollen. Richtig verstanden scheint die Rechtsprechung jedoch eine Konkretisierungsbefugnis im gekennzeichneten Sinn beabsichtigt zu haben[27].

3. *Rechtswidrigkeitsfragen*

Im Zusammenhang mit den Grenzen der Regelungsmacht im Arbeitskampfrecht weist *Lieb*[28] darauf hin, daß den Autonomieträgern allgemein keine Befugnis zur Bestimmung der Rechtmäßigkeit bzw. Rechts-

---

[23] Siehe unten 4. Kap. § 7.

[24] BAG AP Nr. 43 zu Art. 9 GG Arbeitskampf, Teil III A; dazu auch *Richardi*, Gedächtnisschr. Dietz, S. 295; a. A. *Löwisch*, ZfA 71, 319, 322.

[25] Auf eine mögliche Grenze am Gemeinwohl wird später eingegangen, siehe unten 4. Kap. § 5 I.

[26] *Lieb*, RdA 72, 129, 141.

[27] Siehe oben 4. Kap. § 2 II. 1. b); so auch *Richardi*, Gedächtnisschr. Dietz, S. 295 ff.

[28] RdA 72, 129, 141.

widrigkeit ihres eigenen Verhaltens zusteht. Das ist grundsätzlich zutreffend. Das Verdikt der Rechtswidrigkeit, also der Erfüllung eines „Unrechtstatbestands" durch ein menschliches Verhalten mit einer Haftungsfolge[29], enthält eine Wertung dieses Verhaltens durch die Rechtsordnung, die dem Betroffenen nicht selbst überlassen werden kann. Die Rechtsordnung schafft hier jedoch besondere Möglichkeiten der Einschränkung durch Vereinbarung der Betroffenen. So kann bei disponiblen Rechtsgütern die Rechtswidrigkeit durch die Einwilligung des Berechtigten ausgeschlossen werden, so z. B. bei Eigentumsverletzungen und Eingriffen in den Gewerbebetrieb, die auch bei Streikmaßnahmen eine Rolle spielen. Im übrigen können die Autonomieträger im gesetzlich festgelegten Rahmen (§ 276 BGB) die Haftungsfolge ausschließen und sie können auch auf eine Geltendmachung des Schadens verzichten. Bei nicht disponiblen Rechtsgütern jedoch liegt die Rechtswidrigkeit nicht im Einflußbereich der Parteien.

Für die Regelung von Arbeitskampfmaßnahmen fehlt den Koalitionen, soweit der Verhältnismäßigkeitsgrundsatz die untere Grenze der Rechtmäßigkeit festlegt, daher aus mehreren Gesichtspunkten die Regelungsbefugnis. Diese kann die Rechtsprechung auch nicht selbst einräumen, da allgemeine rechtliche Gesichtspunkte sie ausschließen.. Somit kann das BAG seine Rechtsfortbildung auf diesem Gebiet nicht für tarifdispositiv erklären. Eine Verschärfung der Rechtmäßigkeitsvoraussetzungen steht den Koalitionen dagegen frei, dadurch wird der zwingende Grundsatz der Verhältnismäßigkeit nicht tangiert.

III. Regelungsbefugnis in Bereichen außerhalb des Arbeitskampfrechts

Die soeben entwickelten Grenzen sind selbstverständlich nicht auf den Bereich des Arbeitskampfrechts beschränkt. Sie werden in anderen Fällen sogar deutlicher. So fehlt die Regelungsbefugnis der Tarifvertragsparteien für den gesamten Bereich der richterrechtlich entwickelten Voraussetzungen einer durch Art. 9 III GG geschützten Koalition und der Tariffähigkeit. Das BAG hat als Voraussetzung der Tariffähigkeit, nachdem das BVerfG die Arbeitskampfbereitschaft als Voraussetzung abgelehnt hat[30], gefordert, daß die Vereinigung in der Lage sein müsse, zur Erreichung ihrer Ziele Druck auszuüben[31]. Man mag zu den Fragen

---

[29] *Esser*, SchuR I, § 9 II 1.

[30] BVerfGE 18, 18, 28; vgl. dazu *Badura*, RdA 74, 129, 136; *Herschel*, JZ 65, 81, 84; *Nipperdey*, RdA 64, 361; BAG AP Nr. 13 zu § 2 TVG.

[31] BAG AP Nr. 25 zu § 2 TVG; vgl. *Dütz*, AuR 76, 65 ff.; *Herschel*, AuR 76, 225 ff.; *Hueck / Nipperdey*, ArbR Bd. II/1, S. 426; *Löwisch*, ZfA 70, 295, 309 f.; *Mayer-Maly*, RdA 66, 201, 204; *Nipperdey / Säcker*, AR-Blattei „Tarifvertrag II A", unter I 2 a); *Reichel*, RdA 72, 143, 148 ff.; *Stahlhacke*, das ArbR der Gegenwart Bd. 11, 21, 30 ff.; *Walloth*, Das ArbR der Gegenwart Bd. 11, 73, 78.

der Arbeitskampfbereitschaft und der Druckausübung anderer Ansicht sein, hier ist lediglich zu untersuchen, ob das BAG seine Rechtsprechung für tarifdispositiv erklären könnte, so daß die Koalitionen z. B. gegenseitig auf jede Druckausübung verzichten könnten.

Hierher gehört auch die Rechtsprechung zur Gegnerfreiheit und Gegnerunabhängigkeit einer Vereinigung als Voraussetzung für die Anerkennung als Koalition[32], da ohne diese Faktoren ein uneingeschränktes selbstbestimmtes Eintreten für die Interessen der jeweiligen Seite nicht gewährleistet ist. Eine Tarifdispositivität dieser Rechtsgrundsätze würde bedeuten, daß die Koalitionen z. B. die gegenseitige Gewährung finanzieller Mittel vereinbaren könnten.

Schon an diesen Fällen aus dem Gesamtbereich der Voraussetzungen wird offenkundig, daß die Tarifvertragsparteien in diesem Komplex keine Regelungsbefugnis haben und ihnen eine solche auch nicht eingeräumt werden könnte. Es geht bei der genannten richterlichen Rechtsfortbildung um die Voraussetzungen, die eine Vereinigung von Arbeitnehmern bzw. Arbeitgebern sowie ihre gemeinsamen Vereinbarungen erfüllen müssen, damit letztere als tarifautonome Regelungen anerkannt werden können. Darüber muß der staatliche Normsetzer bindend entscheiden. Auch ein Individualvertrag kann über die Voraussetzungen und Grenzen der Privatautonomie nicht selbst Regelungen treffen.

IV. Die zulässigen Regelungsgegenstände eines Tarifvertrags

Die Regelungsbefugnis der Tarifvertragsparteien als Voraussetzung der Tarifdispositivität fehlt auch dann, wenn die entsprechenden Fragen sich außerhalb der zulässigen Thematik des Tarifvertrages befinden[33]. Dies ist vor allem bedeutsam für den normativen Teil des Tarifvertrages[34]. Art. 9 III GG umschreibt die den Koalitionen zugewiesenen Regelungsmaterien mit den Begriffen „Wahrung und Förderung der Arbeits- und Wirtschaftsbedingungen", ohne daß sich daraus konkrete

[32] BVerfGE 4, 96, 106; BAG AP Nr. 14 zu § 2 TVG; vgl. dazu *Walloth*, Das ArbR der Gegenwart Bd. 11, 73, 83; *Zöllner / Seiter*, Mitbestimmung, S. 24 ff., 30 ff.

[33] Zum Umfang des Bereichs *Badura*, RdA 74, 133; *Biedenkopf*, Gutachten, S. 97 ff.; *Krüger*, Gutachten, S. 34 ff.; *Säcker*, Grundprobleme, S. 40 ff.

[34] Die Grenzen des schuldrechtlichen Teils spielen für die vorliegende Arbeit neben dem oben 4. Kap. § 2 II. Erörterten keine Rolle, z. B. Außenseiterklauseln etc. Es ist in dieser Frage nicht der strengen Trennung zwischen schuldrechtlichem und normativem Teil zu folgen, nach der der erstere ausschließlich unter Gesichtspunkten der Privatautonomie zu beurteilen ist. In jedem Fall dürfen die Grenzen des normativen Teils nicht durch obligatorische Vereinbarungen umgangen werden. Zur Problematik vgl. *Coester*, Vorrangprinzip, S. 109 ff.; *Hölters*, Harmonie, passim; *Hueck / Nipperdey*, ArbR II/1, § 17 III; *Krüger*, Gutachten S. 34 ff.

Grenzen gewinnen ließen. Auf die daher äußerst umstrittene Problematik des Umfangs und Inhalts der tarifvertraglichen Normsetzungsbefugnis muß hier nicht näher eingegangen werden. Nicht einzelne regelbare Fälle sollen aufgezählt, sondern nur einige Beispiele genannt werden, in denen keine Regelungskompetenz besteht. So sind z. B. Fragen der Behörden- oder Verwaltungsorganisation sowie der Änderung der Unternehmensverfassung jenseits von § 3 BetrVerfG und vor allem auch Fragen der Individualsphäre des Arbeitnehmers nicht regelbar[35].

Dieser letzte Bereich ist der problematischste. Er soll nicht im einzelnen diskutiert werden, da sich daraus keine weiteren neuen Gesichtspunkte für die Voraussetzungen und Grenzen der Tarifdispositivität ergeben können. In jedem Falle ist die Verwendung des in den individuellen wirtschaftlichen Bereich des Arbeitnehmers gelangten Lohnes oder z. B. auch die individuelle Vermögensbildung nicht regelbar[36].

In den vorliegenden Komplex gehört auch die Frage, wieweit eine Schranke tarifvertraglicher Regelungsmacht bei der Regelung von sogenannten wohlerworbenen Rechten besteht. Dies ist ebenfalls heftig umstritten, jedoch mehr in der methodischen Begründung als im Ergebnis[37]. Es ist von folgendem auszugehen. Ein Tarifvertrag kann die Grundlagen für einen künftigen Rechtsanspruch ändern oder beseitigen, so für die Zukunft Leistungen kürzen oder ganz entfallen lassen. Entstandene und abgewickelte Forderungen darf er nicht nachträglich abändern. In entstandene, aber noch nicht abgewickelte Ansprüche kann er nicht nur dann nicht eingreifen, wenn er ausschließlich einen Verzicht enthält, sondern auch dann nicht, wenn er das Recht nur ändern will. Der Arbeitnehmer hat eine Leistung auf Vertragsgrundlagen erbracht, nach denen er eine bestimmte Gegenleistung erhalten sollte. Sein Vertrauen darauf und die Disposition mit diesem Anspruch sind zu schützen. Geändert werden können nur die Umstände der Leistung und ihre Geltendmachung, z. B. Ausschlußfristen. Das gilt jedoch nicht für Anwartschaftsrechte, die noch nicht zu Ansprüchen erstarkt sind. Hier kann der Tarifvertrag durch Änderung der Vereinbarungsgrundlagen ein Entstehen des Rechts verhindern oder seinen Inhalt ändern[38].

Dort, wo nach dem Ausgeführten der Regelungsmacht der Tarifvertragsparteien Grenzen gezogen sind, ist eine Tarifdispositivität richterlicher Rechtsfortbildung rechtlich unzulässig, dabei ist im zuletzt genannten Bereich die Rechtsfortbildung selbst nur sehr begrenzt zulässig

---

[35] Vgl. *Nikisch*, ArbR II, § 73 II 6.; *Schaub*, ArbR, § 200 I.

[36] *Biedenkopf*, Gutachten, S. 144 f.; regelbar z. B. Urlaubskassen, Ausschl. v. Lohnanspruchs-Pfändbarkeit.

[37] Zu den unterschiedlichen Ansichten *Säcker*, AR-Blattei D „Tarifvertrag I D" m. w. N.

[38] Dazu *Säcker*, AR-Blattei D „Tarifvertrag I D" statt aller.

(Art. 14 GG). Inhalt und Grenzen ihrer Zuständigkeit können die Koalitionen nicht selbst bestimmen.

V. Einzelfälle

Es sei noch ein kurzer Blick auf andere allgemeine Fragen geworfen, für die kein Autonomieträger Regelungsbefugnis hat. So ist es für den Richter unzulässig, Autonomieträgern die Möglichkeit einzuräumen, Rechtsinstituten oder -begriffen einen eigenen abweichenden Inhalt zu verleihen[39]. Eine Vereinbarung, daß ein Verdienstausfall unter keinen Umständen ein Schaden sei, kann daher nicht zugelassen werden. Es besteht allein die Möglichkeit, den Schaden nicht geltend zu machen.

Ebensowenig könnte die rechtliche Wertung einer Position als absolutes Recht (z. B. Recht des Arbeitnehmers an dem Arbeitsplatz) zur Disposition gestellt werden. Diese rechtlichen Beurteilungen und Wertungen haben allgemeine Bedeutung für die Rechtsordnung und müssen durch staatliche Normen festgelegt werden. Es kann auch dem Autonomieträger nicht freigestellt werden, sich selbst Rechte zu verleihen, z. B. neue Gestaltungsrechte jenseite der rechtlich bereits vorgesehenen[40].

Von Interesse ist noch folgender Fall. Den Tarifvertragsparteien können nicht essentielle Bestandteile des Tarifvertrags zur Disposition gestellt werden. Ein solcher Bestandteil ist die relative Friedenspflicht. Sie ist dem Tarifvertrag immanent, sie erwächst aus Wesen, Sinn und Zweck des Vertrags. Dieser soll während seiner Dauer die Arbeitsbedingungen ordnen und sozusagen stillegen, worauf sich die Parteien einrichten können müssen[41]. Es liegt die Frage nach dem wesensmäßigen Inhalt eines Rechtsverhältnisses vor. Zu seiner Bestimmung, d. h. zur Festlegung der den entsprechenden Vertrag prägenden Grundpflichten, fehlt den Parteien, die das Rechtsverhältnis begründen, die Regelungsmacht. Sie können aber die Ausgestaltung beeinflussen. Wird die relative Friedenspflicht ausgeschlossen, liegt kein wirksames Tarifvertragsverhältnis vor[42].

---

[39] Allgemein zur Vertragsfreiheit *Raiser*, JZ 58, 1 ff.

[40] Vgl. *M. Wolf*, Grundlagen, § 3 II 3.

[41] Zur Friedenspflicht allgemein *Hueck / Nipperdey*, ArbR II/1, § 16 II u. Bd. II/2, Nachtrag, S. 1648; *Stahlhacke*, Das ArbR der Gegenwart, Bd. 11, 21, 33.

[42] Zur Unabdingbarkeit *Müller*, DB 59, 515 ff.; *Nikisch*, ArbR II, § 75 I 1.; *Stahlhacke* ebd. meint, ebenso dürfte die Friedenspflicht nicht dadurch umgangen werden, daß die Parteien die tarifvertraglichen Vereinbarungen sofort an der Nachwirkung teilnehmen lassen. Dem ist zuzustimmen, die Parteien können jedoch die Friedenspflicht erweitern und konkret abgrenzen. *Strasser*, RdA 65, 401 ff. ist a. A., Friedenspflicht liege nicht im Wesen des Tarifvertrags, sondern werde konkludent vereinbart u. könne ausgeschlossen werden.

Zusammenfassung

Grundvoraussetzung der Tarifdispositivität eines Richterrechtssatzes ist die Regelungsmacht der Tarifvertragsparteien für den fraglichen Bereich. Der Richter kann diese Befugnis selbst nur in den Grenzen der Gesamtrechtsordnung verleihen. Zu den wesentlichsten Grenzen gehört, daß den Koalitionen nicht Regelungsbefugnis eingeräumt werden kann für die Voraussetzungen der Tarifautonomie selbst und ihrer Ausübung, Teil davon sind die Rechtsgrundsätze des Arbeitskampfrechts, das den Tarifpartnern erst die Mittel zur effektiven Ausübung der Tarifautonomie bereitstellt. Die Regelungsbefugnis fehlt weiterhin bei Normen, die auch die Rechte oder Interessen außenstehender Dritter schützen. Die tarifvertraglich regelbaren Vereinbarungsinhalte werden durch Art. 9 III GG mit dem Begriffspaar „Arbeits- und Wirtschaftsbedingungen" umschrieben. Die Regelung von Inhalt und Grenzen ihrer Kompetenz kann den Koalitionen nicht selbst überlassen werden.

§ 3 Tarifdispositives Richterrecht und Verfassungsrecht

Die bedeutsamsten Grenzen für die Anwendung der Rechtsfigur der Tarifdispositivität durch den Richter ergeben sich aus seiner Bindung an die Vorschriften und Wertungen der Gesamtrechtsordnung. Zunächst bedarf die höchstrangige Bindung der Erörterung. Es sind die Grenzen der Tarifdispositivität auszuloten, die sich ergeben, wenn der Richter sich bei seiner Rechtsfortbildung auf Verfassungsgrundsätze, insbesondere Grundrechte, stützt.

I. Verfassungswidrigkeit einer Gesetzesnorm und verfassungskonforme Auslegung

Ein Bereich, der keine besonderen Schwierigkeiten in sich birgt, soll zur Vervollständigung kurz dargestellt werden. Es sind die Fälle, in denen positive Rechtssätze durch die Rechtsprechung — bei vorkonstitutionellem Recht das BAG — für verfassungswidrig erklärt oder verfassungskonform ausgelegt worden sind. So hat das BAG § 75 b Satz 2 HGB, der für „Hochbesoldete" ein entschädigungsloses Wettbewerbsverbot zuläßt, zunächst für „jedenfalls mit der bisher als maßgeblich erachteten Verdienstgrenze" und in jüngster Zeit dann für insgesamt verfassungswidrig erklärt[43]. Es hat einen Verstoß gegen den aus dem Rechtsstaatsprinzip erwachsenden Grundsatz der Rechtsklarheit und -überschaubarkeit angenommen. Hierher gehört auch die verfassungs-

---

[43] BAG AP Nr. 10 zu § 75 b HGB; BAG 3 AZR 28/75 v. 2. 10. 75, AuR 76, 156; vgl. auch AG München, BB 75, 92; *Gitter / Heinze,* ZfA 73, 29, 85 f.; *Konzen,* ZfA 72, 131, 195 f.; *Kreutz,* ZfA 73, 321, 373 f.

konforme einengende Auslegung des § 60 I HGB in dem Sinne, daß nur der Betrieb eines Handelsgewerbes des gleichen Handelszweigs verboten ist[44], die einen Verstoß gegen Art. 12 GG vermeiden soll.

In diesen Fällen ist für eine Tarifdispositivität der Rechtsprechung kein Raum, ohne daß es auf die Streitfragen der Drittwirkung ankäme, denn die Rechtsprechung betrifft die gesetzliche Norm selbst und unmittelbar. Diese kann aber nur verfassungsgemäß oder nicht sein bzw. in einer bestimmten Weise verfassungskonform auszulegen sein.

II. Anwendung und Konkretisierung einer Verfassungsnorm

Von entscheidender Bedeutung und besonders umstritten sind die Fälle, in denen der Richter Verfassungsnormen auf Parteivereinbarungen, individualvertragliche und tarifvertragliche, anwendet, nachdem er sie meist zuvor konkretisiert hat, um eine bestimmte Rechtsfrage zu entscheiden. Die ausschlaggebende Frage ist, wie sich in dieser Konkretisierung und Aktualisierung die allgemein zwingende Wertigkeit der Verfassungsnorm fortsetzt[45], so, wenn das BAG aus Art. 12 GG den Grundsatz entnimmt, eine Betriebsbindung des Arbeitnehmers dürfe nicht unzumutbar lang sein oder wenn es aus Art. 6 I GG entscheidet, der Arbeitsvertrag könne nicht unter der Bedingung der Ehelosigkeit eingegangen werden[46].

1. Meinungsstand

In diesen Fällen ist entscheidender Ausgangspunkt, wie angedeutet, daß die Grundgesetznormen keine konkretisierten unmittelbar auf den Einzelfall anwendbaren Rechtssätze enthalten, sondern der Richter — an Stelle des untätigen Gesetzgebers — selbst die Konkretisierung vornehmen muß, wobei er teilweise durch bereits aus der Verfassungsnorm — für die vorliegenden Probleme sind es vor allem die Grundrechte — entwickelte Rechtssätze gebunden wird. Ein Teil der Lehre geht davon aus, daß auch die Konkretisierung der Grundgesetznormen im Hinblick auf den Einzelfall und damit beim Einzelarbeitsvertrag unter Berücksichtigung der Machtungleichheit der Parteien erfolge und daher für den Tarifvertrag nicht gleich sein könne[47]. So meint *Säcker*[48], „da, wo Machtungleichheit endet, endet auch die Geltung der im Hinblick auf

[44] BAG AP Nr. 4 zu § 60 HGB.

[45] Dabei kann die „Konkretisierung" des Richters wieder allgemeine Rechtssätze schaffen, darauf wird noch eingegangen.

[46] Die Fälle werden unten 4. Kap. § 3 II. 5. behandelt.

[47] *Nipperdey / Wiese*, Entfaltung, S. 752; *Säcker*, AR-Blattei (D) „Tarifvertrag I D"; *ders.*, Grundprobleme, S. 95 ff., 101 ff., 124 ff.; *ders.*, Gruppenautonomie, S. 228 ff.

[48] *Säcker*, AR-Blattei (D) „Tarifvertrag I D".

Machtungleichheit entworfenen Konkretisierungsnormen. Bei gleicher Machtverteilung entfällt eine Funktion der Grundrechte, nämlich den Machtsaldo zugunsten der marktschwächeren Partei auszugleichen". Seiner Ansicht nach kann der absolute Geltungsanspruch der Grundrechte nur „situationsrelativ", d. h. unter Berücksichtigung der Eigenart der Sachverhalte, für die er erhoben wird, verwirklicht werden[49]. Dem steht die Ansicht gegenüber, eine Rechtsfortbildung, die sich auf eine Verfassungsnorm stützt und diese konkretisiert, werde selbst von der Dignität der Verfassungsnorm geprägt und sei daher auch für einen Tarifvertrag zwingend[50].

Die Rechtskontrolle der vertraglichen Vereinbarungen muß auch für den Tarifvertrag an den Normen des Grundgesetzes erfolgen. Es kann daher in der vorliegenden Problematik eine unterschiedliche Bewertung von Individual- und Tarifvertrag nur dann erfolgen, wenn die richterrechtliche Konkretisierung in ihrer Geltung zugunsten des Tarifvertrags beschränkt werden kann oder wenn der Konkretisierungsinhalt für die beiden Verträge unterschiedlich gefaßt werden kann.

2. *Die Drittwirkung der Grundrechte*

Grundlage der Erörterung ist die Drittwirkung der Grundrechte. Sie wird im Ergebnis ganz allgemein anerkannt, umstritten ist jedoch Art und Intensität der Wirkung[51]. Zum Großteil wird im Schrifttum eine mittelbare Einwirkung der Grundrechte über die ausfüllungsbedürftigen Begriffe des Privatrechts angenommen, da eine unmittelbare Drittwirkung vor allem die verfassungsrechtlich garantierte Privatautonomie unzulässig beschränke[52].

Dem ist jedoch nicht zuzustimmen. Vielmehr ist eine unmittelbare Einwirkung anzuerkennen. Die Grundrechte bilden eine mit höchster Dignität ausgestattete objektive Wertordnung, die nicht auf das Verhältnis des Einzelnen zum Staat beschränkt sein kann, sondern für den gesamten Rechtskreis einschließlich des Privatrechts gilt, und zwar ohne durch den Filter der Generalklauseln (§§ 138, 242 BGB etc.) gepreßt zu werden[53].

---

[49] *Säcker* ebd., N. 47 u. SAE 76, 72, 73; *Hanau*, NJW 71, 1402; *Vossen*, Richterrecht, S. 94 ff.

[50] *Heckelmann*, ZfA 73, 425, 429; *Lieb*, RdA 72, 129, 135 f.

[51] Vgl. *Krüger*, RdA 57, 201, 205; *Säcker*, AR-Blattei D „Tarifvertrag I D"; sowie *Dürig*, DöV 58, 914 ff.; *Leisner*, Grundrechte, passim; BVerfGE 7, 198; 25, 256, 263; 34, 269, 280; BGHZ 45, 296; 50, 133, 143.

[52] *Dürig* in Maunz / Dürig / Herzog, Art. 1 III Rdn. 127 ff.

[53] Vgl. statt aller *Säcker*, AR-Blattei D „Tarifvertrag I D" unter II. Zur Rechtsprechung BAGE 1, 185, 193 f.; BAGE 4, 274, 276 ff. ist gleich AP Nr. 1 zu Art. 6 I GG; BAG AP Nr. 16 zu Art. 3 GG zur Lohngleichheit von Mann und Frau.

Aber auch bei der Annahme einer unmittelbaren Drittwirkung muß beachtet werden, daß die Wertordnung des Grundgesetzes nicht nebeneinanderstehende Werte enthält, sondern ein Feld von Wertungswechselbeziehungen, gegenseitigen Kontrollen und Einschränkungen. Dazu gehört auch die Garantie der Privatautonomie über Art. 2 I GG, die sich ebenfalls in das gesamte Wertungsfeld einordnen lassen muß[54]. Des weiteren ist zu beachten, daß im Privatrecht beide Parteien Grundrechtsträger sind. Ihre Positionen beschränken sich daher gegenseitig und werden wesentlich relativiert[55]. Wird die unmittelbare Drittwirkung richtig verstanden, besteht daher gar nicht die wesentliche Differenz zu der Gegenansicht, wie sie oft vermutet wird.

Bei der Einwirkung der Grundrechte auf einen Tarifvertrag wird vom BAG außerhalb der gekennzeichneten Drittwirkung eine unmittelbare Geltung über Art. 1 III GG angenommen, da die Tarifvertragsparteien delegierte Normsetzung ausübten. Dieser Meinung wurden zu Recht Bedenken entgegen gebracht, da den Tarifvertragsparteien nicht die Ausübung öffentlich-rechtlicher Gewalt übertragen ist[56]. Allein die Ausübung hoheitlicher Gewalt wird aber von Art. 1 III GG geregelt.

3. Machtgleichgewicht und Situationsrelativität der Grundrechtskonkretisierung

Entscheidend ist nun, wie die angeführten Unterschiede zwischen Individual- und Tarifvertrag, also insbesondere das Machtgleichgewicht der Tarifvertragsparteien, die dargestellte Drittwirkung beeinflussen können. Es wurde bereits erörtert, daß die Frage des Machtgleichgewichts keinen entscheidenden Gesichtspunkt für die Tarifdispositivität enthält[57]. Dennoch soll die dargestellte Ansicht in dem vorliegenden besonderen Zusammenhang erörtert werden.

Indem der Richter die unbestimmte Grundrechtsnorm zu einem auf den Einzelfall anwendbaren Rechtssatz konkretisiert, entnimmt er ihr eine materiell-rechtliche Wertung. Dabei sucht der Richter auch hier nicht, wie allgemein schon ausgeführt[58], eine Wertung aufzustellen, die allein ein Machtgefälle und eine einseitige Interessenwahrnehmung zwischen den Parteien ausgleichen soll. Vielmehr setzt er eine inhaltlich rechtliche Grenze für die Vereinbarungsfreiheit. Diese Schranke beruht darauf, daß die Verfassung im Widerstreit mehrerer Interessen eines in

[54] Von besonderer Bedeutung sind dabei die Grundrechte der Art. 3, 5, 6, 12 GG.

[55] Vgl. *M. Wolf*, Grundlagen, S. 40 f.

[56] Wie hier *Leisner*, Grundrechte, S. 337; im Ergebnis auch *Dürig* in Maunz / Dürig / Herzog, Art. 1 III Rdn. 101 u. 116; zur Rspr. siehe oben N. 53.

[57] Siehe oben 3. Kap. § 3 II. 2. b).

[58] Siehe oben 3. Kap. § 2 II.

bestimmtem Umfang vorrangig vor Beeinträchtigungen seines materiellen Gehalts schützen will, und zwar mit der höchsten, der verfassungsrechtlichen Dignität. Im Vordergrund steht nicht der Schutz vor einer Beeinträchtigung durch die Art des Zustandekommens der Vereinbarung. Die inhaltliche rechtliche Grenze der Vereinbarungsbefugnis an einer Verfassungsnorm in ihrer richterrechtlichen Konkretisierung kann daher durch das Machtgleichgewicht der Tarifvertragsparteien nicht ausgeschlossen werden. Dem Gedanken der Situationsrelativität der Grundrechtskonkretisierung kann nicht gefolgt werden. Der durch den Richter bestimmte Inhalt der Verfassungsnorm ist allgemeingültig und von dem Faktor des Machtgleichgewichts der Parteien unabhängig.

4. Machtgleichgewicht und eingeschränkte Drittwirkung der Grundrechte

Kann das Machtgleichgewicht der Tarifvertragsparteien nicht den Inhalt der richterlichen Konkretisierung einer Grundrechtsnorm beeinflussen, so stellt sich noch die weitere Frage, ob das Machtgleichgewicht die Drittwirkung selbst beeinflussen kann. Wenn sich im Bereich des Privatrechts gleich starke Parteien gegenüberstehen, wird von einem Teil des Schrifttums vertreten, daß die Drittwirkung der Grundrechte eingeschränkt werden muß bzw. ganz entfallen soll. Dies soll auch bei tarifvertraglichen Vereinbarungen gelten[59].

Dem kann in dieser Form nicht zugestimmt werden. Eine grundsätzliche Einschränkung widerspricht der durch die Grundrechtsnormen gebildeten objektiven Wertordnung, die unter bestimmten Umständen auch durch einen freiwilligen Verzicht auf eine geschützte Position verletzt werden kann[60]. Der Gedanke der zulässigen Beeinträchtigung durch Selbstbestimmung gleich mächtiger Parteien ist vielmehr in das oben gekennzeichnetete Feld der unterschiedlichen sich gegenseitig begrenzenden grundgesetzlichen Wertungen zu integrieren. Der verfassungsrechtlichen Garantie der Privatautonomie ist je nach dem Machtgefälle der Parteien ein mehr oder weniger großes Gewicht gegenüber den anderen sie einschränkenden verfassungsrechtlichen Wertungen beizumessen[61]. Zu berücksichtigen ist auch noch, daß die Relativierung einer Grundrechtsposition durch die Gewährleistung der Privatautonomie bei bestehendem Machtgleichgewicht dann nicht von Bedeutung sein kann, wenn die Grundrechtsposition Rechte Außenstehender schützt, so z. B. bei dem Schutz von Ehe und Familie durch Art. 6 I GG.

---

[59] *Nipperdey / Wiese*, Entfaltung, S. 754 ff.; *Säcker*, AR-Blattei D „Tarifvertrag I D" unter II.

[60] So auch *Bachof*, Freiheit des Berufs, S. 174; *Harbou*, Tarifautonomie, S. 24 u. passim zu dem gesamten Problemkomplex; BAG AP Nr. 25 zu Art. 12 GG.

[61] *Leisner*, Grundrechte, S. 381.

Für die Geltung der Grundrechte im Bereich tarifvertraglicher Vereinbarungen hat das Machtgleichgewicht der Parteien vor allem aus einem weiteren Grund nicht den behaupteten Einfluß. Das Entscheidende ist, daß nicht die Grundrechtsträger selbst auf ihre verfassungsrechtlich geschützten Positionen verzichten, sondern die Koalitionen kraft ihrer spezifischen Befugnis, für Dritte bindende Regelungen aufzustellen[62]. Zwar sind die Koalitionen durch ihre Mitglieder zur Regelung allgemein legitimiert, dadurch kann aber der Einzelne seine Grundrechtspositionen bei der konkreten Regelung nicht mehr schützen. Die tarifvertragliche Normsetzung ist zwar keine öffentlich-rechtliche im Sinne von Art. 1 III GG, enthält aber einen ähnlichen Eingriff. Daher muß eine unmittelbare Einwirkung der Grundrechte bejaht werden, die nicht der privatrechtlichen Drittwirkung völlig gleichzustellen ist, sondern auf der staatlich eingeräumten Befugnis zur Bindung Dritter beruht[63].

Das allgemeine Rechtsprinzip der Tarifautonomie, das die entscheidende Wertung für eine Tarifdispositivität enthält, kann die Drittwirkung eines Grundrechts allein im verfassungsrechtlich garantierten Kernbereich beeinflussen. Es ist dann im einzelnen Fall zwischen den grundgesetzlich geschützten Positionen abzuwägen.

5. *Einzelfälle*

a) Gratifikationsrückzahlungsklauseln

Ein Beispiel für die richterrechtliche Konkretisierung eines Grundrechts ist die Rechtsprechung des BAG zu den Gratifikationsrückzahlungsklauseln[64]. Die bereits dargestellte Rechtsprechung zur Zulässigkeit solcher Klauseln hat das BAG zum Teil aus Art. 12 GG begründet. Es hat folgende Grundsätze aufgestellt: „Das Recht, den Arbeitsplatz frei zu wählen, umfaßt bei auf unbestimmte Zeit eingegangenen Arbeitsverhältnissen auch das Recht, den gewählten Arbeitsplatz beizubehalten, aufzugeben und zu wechseln.“ Ferner hat es entschieden, daß eine auf vertraglicher Absprache beruhende Begründung von Zahlungs-

---

[62] *Biedenkopf*, Tarifautonomie, S. 70 ff.; *Gamillscheg*, AcP 164, 385, 399 f.; *Hueck / Nipperdey*, ArbR II/1, § 19 II; *Küchenhoff*, Festschr. Nipperdey II, S. 340 f.; *Leisner*, Grundrechte, S. 338 zu ähnlichen Überlegungen.

[63] Zu dem Verhältnis von schuldrechtlichem und normativem Teil des Tarifvertrags vgl. oben 4. Kap. § 2 IV. N. 34 und *Biedenkopf*, Tarifautonomie, S. 17 ff.; *Richardi*, Kollektivgewalt, S. 196 ff.

[64] BAG AP Nr. 25, 26, 29 zu Art. 12 GG, zu Ausbildungskosten; BAG AP Nr. 78 zu § 611 BGB Gratifikation, zu Urlaubsgratifikation; BAG AP Nr. 41 zu Art. 12 GG, zu Studienförderung; BAG AP Nr. 28 zu § 611 BGB Gratifikation; BAG AP Nr. 55 zu § 611 BGB Urlaub, zu Urlaubsgeld; das BAG hat stets die gleichen Grundsätze angewandt, vgl. *Gamillscheg*, Anm. zu BAG AP Nr. 63 zu § 611 BGB Gratifikation.

pflichten zu Lasten des kündigenden Arbeitnehmers eine Beschränkung des Grundrechts aus Art. 12 GG bedeute, wenn sie nicht unter Berücksichtigung aller Umstände des Einzelfalls nach Treu und Glauben dem Arbeitnehmer zuzumuten sei und vom Standpunkt eines verständigen Betrachters aus einem begründeten und zu billigenden Interesse des Arbeitgebers entspreche[65]. Diese Rechtssätze hat das BAG konkretisiert, indem es aufgrund einer Relation von Dauer der Bindung zur Höhe der Gratifikation im Verhältnis zum Arbeitsentgelt die genannte Stufenfolge zulässiger Rückzahlungsklauseln aufstellte[66].

Art. 12 GG birgt in seiner Aussage, wie andere Grundrechte, eine Mehrzahl materialer Rechtsgedanken, die der Richter, wenn der Gesetzgeber untätig geblieben ist und das Recht es erfordert, aus der Norm entwickelt und artikuliert, so im Beispielsfall den Rechtssatz der Unzulässigkeit einer unzumutbaren Betriebsbindung. Für eine Tarifdispositivität dieses Grundsatzes ist kein Raum[67].

Der dargestellte aus der Verfassungsnorm entwickelte materiale Rechtsgrundsatz bedarf jedoch noch der weiteren Konkretisierung im Einzelfall, da er auf unbestimmte Rechtsbegriffe, insbesondere den der Unzumutbarkeit abstellt. Diese Positivierung, die Aufstellung konkreter Einzelregeln für das Vorliegen der unzumutbaren Bindung im Einzelfall, ist nicht mehr unmittelbar aus der Verfassung ableitbar, ihr Inhalt wird nicht eindeutig von der Verfassung bestimmt. Es sind daher im rechtlichen Rahmen des Grundsatzes mehrere Ausgestaltungen möglich und zulässig. Aus Art. 12 GG folgt nicht, daß nur bei Einhaltung der Stufenfolge des BAG eine zumutbare Bindung vorliegt, vielmehr sind auch andere Grenzen als die der Gratifikation von 100,— DM z. B., mit der keine Rückzahlungsklausel verbunden werden darf, denkbar, die eine gewisse Schlechterstellung des Arbeitnehmers beinhalten, aber dennoch zumutbar sind. Das gilt auch für die anderen Teile der Stufenfolge. Insoweit setzt sich bei der Einzelregel daher nicht mehr der zwingende Chrakter der Verfassungsnorm fort. Das bedeutet, daß das BAG unter Berücksichtigung des allgemeinen Rechtsprinzips der Tarifautonomie eine abweichende tarifvertragliche Konkretisierung zulassen kann, also seine konkreten Einzelregeln für tarifdispositiv erklären kann. Unverzichtbar ist die Überprüfung an dem zwingenden materialen Rechtsgedanken[68].

---

[65] BAG AP Nr. 25, 26, 29 zu Art. 12 GG; vgl. auch BAG SAE 76, 69 zum Verstoß einer tariflichen Rückzahlungsklausel für Umzugskosten gegen Art. 12 GG.

[66] Siehe oben 1. Kap. § 1 I.; vgl. dazu *Herschel*, DB 67, 245 ff.; *Weingärtner*, BB 67, 1041f.; *Wiedemann*, Arbeitsverhältnis, S. 65; Kritik an Positivierung üben *Isele*, SAE 63, 12; *Wieacker*, JZ 63, 175 f.; *E. Wolff*, Anm. zu BAG AP Nr. 1 zu § 611 BGB Urlaub u. Gratifikation.

[67] Siehe oben 4. Kap. § 3 II. 3. u. 4.

Im Zusammenhang mit verfassungsrechtlichen Wertungen kann noch auf folgendes Beispiel aus der Rechtsprechung zu Rückzahlungsklauseln verwiesen werden. Das BAG hat Rückzahlungsklauseln für Lohnzahlungen für unzulässig erklärt, dabei hat es sich zum einen auf die erörterten Grundsätze aus Art. 12 GG gestützt, zum anderen auf Art. 3 I GG, da gleiche geleistete Arbeit durch die Rückzahlungspflicht des ausscheidenden Arbeitnehmers ohne rechtfertigenden Grund eine ungleichmäßige Bewertung erhalte[69]. Dem ist zuzustimmen, da sich der Lohn allein nach der erbrachten Leistung und nicht nach einem zukünftigen Wohlverhalten richten muß. Lohnrückzahlungsklauseln sind daher ohne Beachtung einer Staffelung wie bei Gratifikationen unzulässig. Dies gilt auch für tarifvertragliche Klauseln, da auch sie einen sachlichen Grund für die divergierende Bewertung geleisteter Arbeit solcher Vereinbarungen nicht erbringen können und damit gegen auch für sie, wie erörtert, bindende verfassungsrechtliche Wertungen verstoßen[70].

b) Zölibatsklauseln

Es kann eine aus der Verfassungsnorm zu entnehmende Wertung bereits so konkret sein, daß sie schon die abschließende Regel enthält. Ein Beispiel dafür ist die Rechtsprechung zur Verfassungswidrigkeit sogenannter Zölibatsklauseln. Das BAG hat entschieden, daß der Schutz der Ehe durch Art. 6 I GG eine Vereinbarung, nach der das Arbeitsverhältnis mit der Eheschließung enden soll, ausschließt[71]. Art. 6 GG nimmt insoweit an der Drittwirkung der Grundrechte teil. Dieser Rechtssatz bedarf keiner Positivierung mehr, er gilt auch tarifvertraglichen Vereinbarungen gegenüber zwingend[72].

c) Der Verhältnismäßigkeitsgrundsatz

Es verbleibt, die Tarifdispositivität der am Verhältnismäßigkeitsgrundsatz ausgerichteten Arbeitskampfrechtsprechung unter verfassungsrechtlichen Gesichtspunkten zu erörtern. Der Verhältnismäßigkeitsgrundsatz ist ein aus dem Rechtsstaatsprinzip zu entnehmender Verfassungsrechtssatz, der zugleich auch den Grundrechtsgewährleistungen

---

[68] Zum Problem tarifvertraglicher Konkretisierung unten 4. Kap. § 7.

[69] BAG AP Nr. 28 zu Art. 12 GG.

[70] So auch *Schaub*, ArbR, § 74 II; zum 13. Monatsgehalt vgl. BAG AP 71 zu § 611 BGB Gratifikation, wenn als Gratifikation gewährt, unterliegt es deren Grundsätzen; a. A. *Buchner*, Anm. ebd., stets wie Gratifikation zu behandeln.

[71] BAG AP Nr. 1 zu Art. 6 I GG Ehe und Familie; so auch die h. M., vgl. statt aller *Gamillscheg*, AcP 164, 385, 435 f.

[72] a. A. *Dürig* in Maunz / Dürig / Herzog, Art. 2 I Rdn. 57.

selbst immanent ist, die keine unverhältnismäßigen Beschränkungen zulassen[73].

Der Arbeitskampf ist als Rechtsinstitut von der verfassungsrechtlichen Koalitionsmittelgarantie mit umfaßt, die Gewährleistung der Koalitionsfreiheit und des Kernbereichs der Tarifautonomie durch Art. 9 III GG wäre sinnlos, wenn den Koalitionen zur Durchsetzung ihrer Interessen nicht das Druckmittel des Arbeitskampfs zur Verfügung stände[74]. Das Rechtsinstitut des Arbeitskampfs ist damit auch in die Wertmaßstäbe der Verfassungs- und allgemeinen Rechtsordnung eingebunden. Dazu gehört die Bindung an das Verhältnismäßigkeitsprinzip, das eines der Grundprinzipien der Verfassung ist. Dieses Prinzip kann nicht zur Disposition der Tarifvertragsparteien gestellt werden, ein eigentliches Problem der Drittwirkung liegt nicht vor[75].

Zusammenfassung

Der Richter kann seine Rechtsprechung, wenn sie zwingendes Verfassungsrecht fortbildet, nicht für tarifdispositiv erklären. Die Verfassungsnormen, insbesondere die Grundrechte, bilden eine objektive Wertordnung, die auch auf das Privatrecht wirkt. Geltungsgrund gegenüber tarifvertraglichen Vereinbarungen ist die Befugnis der Koalitionen, durch ihre Regelungen Dritte zu binden, die ihnen eine dem staatlichen Normsetzer ähnliche Stellung verleiht. Die allgemein zwingende Dignität der Verfassungsnormen setzt sich in den vom Richter aus ihnen entwickelten materialen Rechtsgedanken fort, nicht jedoch in den bestimmten Einzelregeln, wenn die Rechtsgedanken der weiteren richterlichen Konkretisierung bedürfen. Daher kann z. B. die Positivierung zulässiger Rückzahlungsklauseln für tarifdispositiv erklärt werden, nicht aber der Grundsatz zumutbarer Bindung selbst.

---

[73] Zum Verhältnismäßigkeitsprinzip BAG AP Nr. 43 zu Art. 9 GG Arbeitskampf; *Coester*, DB 72, 239, 240; *Gitter / Heinze*, ZfA 73, 29, 39; *Heckelmann*, ZfA 73, 425, 429; *Leibholz / Rinck*, Art. 20 Rdn. 27; *Löwisch*, ZfA 71, 319 ff.; *Müller*, RdA 71, 321 ff.; *Reuß*, AuR 72, 136, 141; *Richardi*, Gedächtnisschr. Dietz, S. 296; *Scheuner*, RdA 71, 327 ff.

[74] Siehe oben 3. Kap. § 3 II. 2. b) aa); *Brox / Rüthers*, Streik, S. 41 ff.; *Lerche*, Arbeitskampf, S. 42 ff.; *Nikisch*, ArbR II, S. 106; *Säcker*, Grundprobleme, S. 81 ff.

[75] So auch *Coester*, DB 72, 239, 240; *Heckelmann*, ZfA 73, 425, 429; *Müller*, RdA 71, 321, 322; *Scheuner*, RdA 71, 327, 330. Dies betrifft die der Ausgestaltung des Arbeitskampfs durch das Übermaßverbot zum Schutz (höherrangiger) anderer Rechte gezogenen Schranken. Die Unterstellung der konkreten Anwendung eines Arbeitskampfmittels auf der privatrechtlichen Ebene unter ein Verhältnismäßigkeitsgebot und die entsprechende Kontrolle sind weit problematischer, insbesondere im Hinblick auf die Kampfziele. Darauf kann hier nicht näher eingegangen werden, vgl. dazu insbes. *Seiter*, Streikrecht, S. 155 u. 538 ff. Weitere Verfassungsbindungen auch dem Tarifvertrag gegenüber sind z. B. Lohngleichheit von Mann und Frau, Verbot der Benachteiligung Verheirateter gegenüber Ledigen.

§ 4 Tarifdispositives Richterrecht und analoge Anwendung von Gesetzesrecht

Eine weitere Bindung des Richters in seiner Entscheidung für oder gegen die Tarifdispositivität ergibt sich in den Fällen der Analogiebildung zu einem positiven Rechtssatz aus dem Geltungsumfang dieser Normen selbst. Eine theoretische Grunddiskussion ist hier nicht erforderlich. Insoweit liegen die Grenzen klarer. Die Schwierigkeiten erwachsen in den einzelnen Fällen. Daher sind diese Ausgangspunkt der Erörterung.

I. Gesetzesanalogie

1. Bedingtes Wettbewerbsverbot

a) Entwicklung der Rechtsprechung

Aus den Bindungen des Richters an bestehende Gesetze und ihre Wertungen folgt, daß, wenn die rechtsfortbildende Tätigkeit sich auf die analoge Anwendung eines konkreten Rechtssatzes (Gesetzesanalogie) beschränkt, das Richterrecht dem Geltungsumfang des Gesetzes entsprechen muß. Ist die positive Norm auch dem Tarifvertrag gegenüber zwingend, so ist es auch der analoge Richterrechtssatz[76].

Als Beispiel soll die BAG-Rechtsprechung zum bedingten Wettbewerbsverbot dienen. Die Rechtsprechung hat zunächst die Wettbewerbsvorschriften der §§ 74 ff. HGB im Wege der Gesetzesanalogie einheitlich auf alle Arbeitnehmer, also auch die nicht kaufmännischen, übertragen[77]. Des weiteren hat das BAG ein bedingtes Wettbewerbsverbot, d. h. ein solches, das zwar eine Entschädigung vorsieht, dem Arbeitgeber aber die Entscheidung offen läßt, ob er auf der Einhaltung des Verbots bestehen will, und dem gleichgestellt einen Verzichtsvorbehalt aufgrund einer Analogie zu § 74 II HGB für unverbindlich erklärt[78]. Diese Rechtsfortbildung hat es konsequent auf nicht kaufmännische Arbeitnehmer angewandt. In der hier wesentlichen Entscheidung hat das BAG nun zur Diskussion gestellt, dem Tarifvertrag vor dem Gesetzes- oder

---

[76] Zur Analogie vgl. *Esser*, Vorverständnis, S. 180 ff.; *Larenz*, Methodenlehre, S. 359 ff. Zur Frage der Tarifdispositivität bei einer Analogie vgl. *Richardi*, Gedächtnisschr. Dietz, S. 282.

[77] BAG AP Nr. 24 zu § 611 BGB Konkurrenzklausel; Anm. *Canaris*, SAE 71, 111 im Ergebnis grundsätzlich zustimmend, aber allgemeiner Rechtsgedanke; allgemein zum Wettbewerbsverbot *Fischer*, DB 71, 1255 ff.; *Seiter*, ZfA 70, 355, 404 ff.; *Schaub*, RdA 71, 268 ff.; Bedenken an der schematischen Anwendurch *Canaris*, ebd.; *Konzen*, ZfA 72, 131, 193.

[78] BAG AP Nr. 27 zu § 74 HGB, zust. Anm. *Hofmann;* BAG AP Nr. 32 u. 33 zu § 74 HGB; *Buchner*, ZfA 72, 345, 388 ff.; *Gitter / Heinze*, ZfA 73, 29, 84 ff.; *Konzen*, ZfA 72, 131, 192; *Lieb*, RdA 72, 129, 131; *Mayer-Maly*, SAE 72, 164.

Richterrecht, das zur Unverbindlichkeit des bedingten Wettbewerbsverbots führt, den Vorrang zuzuerkennen und damit eine Abweichung zu Lasten des Arbeitnehmers bei Unabdingbarkeit gewisser Mindestbedingungen zu ermöglichen[79].

Ein Vorrang des Tarifvertrags aufgrund Art. 9 III GG besteht für die vorliegende Frage nicht. Zur Diskussion stellt die Rechtsprechung daher die ausdrückliche richterliche Zulassung abweichender tarifvertraglicher Vereinbarungen. Die Bedeutung dieser Rechtsprechung könnte nicht auf die Tarifdispositivität allein des § 74 II HGB beschränkt bleiben, sondern müßte den Gesamtkomplex der §§ 74 ff. HGB erfassen, da eine Differenzierung innerhalb dieses Bereichs grundsätzlich nicht als sachlich gerechtfertigt erscheint.

Die Erörterung der Tarifdispositivität der Wettbewerbsverbotsvorschriften muß von § 75 d HGB ausgehen, der dem Wortlaut nach eine zugunsten des Arbeitnehmers allgemein zwingende Geltung der §§ 74 bis 75 c HGB postuliert. Ist dieser Wortlaut entscheidend, dann ist es unzulässig, den durch Einzelanalogie gefundenen Richterrechtssatz für tarifdispositiv zu erklären, denn eine solche Einschränkung würde den Inhalt der bei der Gesetzesanalogie unmittelbar in ihrem gesamten Normierungsgehalt anzuwendenden Norm verändern. Aber auch bei einer Rechtsanalogie, die von einem Teil des Schrifttums bei der Übertragung der Regelungen der §§ 74 ff. HGB auf nicht kaufmännische Arbeitnehmer als richtig angesehen wird[80], würde man zu keinem anderen Ergebnis gelangen. Zwar muß bei einer Rechtsanalogie nicht jede konkrete Rechtsfolge der entsprechenden Normen übernommen werden, jedoch darf die Rechtsprechung in der Frage der Tarifdispositivität nicht zu einer Differenzierung zwischen kaufmännischen und nicht kaufmännischen Arbeitnehmern führen, denn das würde einen unerträglichen Wertungswiderspruch und einen Verstoß gegen Art. 3 I GG hervorrufen, da keinerlei eine unterschiedliche Behandlung rechtfertigenden Gesichtspunkte erkennbar sind[81]. Entscheidend ist daher die Bedeutung von § 75 d HGB. Eine Tarifdispositivität der Rechtsprechung ist nur dann zulässig, wenn die Vorschriften der §§ 74 ff. HGB selbst tarifdispositiv sind, wie es zum Teil vom Schrifttum vertreten wird, und das BAG es anklingen läßt[82].

---

79 BAG AP Nr. 28 zu § 74 HGB; zu den Mindestbedingungen siehe oben 3. Kap. § 2 III. 3.

80 *Canaris*, SAE 71, 111 ff.

81 Vgl. *Vossen*, Richterrecht, S. 139; so aber *Buchner*, AR-Blattei „Tarifvertrag VI" Entscheidung 17, Anm.; *ders.*, ZfA 72, 345, 361 ff.

82 Vgl. *Coester*, Vorrangprinzip, S. 105; *Canaris*, Anm. zu BAG AP Nr. 28 zu § 74 HGB; *ders.*, SAE 71, 111 ff.; *Vossen*, Richterrecht, S. 136 ff.; BAG AP Nr. 28 zu § 74 HGB; zur teleologischen Reduktion *Canaris*, Lücken, S. 82 ff., 189 ff.; *Larenz*, Methodenlehre, S. 369 ff.

b) Teleologische Reduktion des § 75 d HGB

Diese angeführte Ansicht wird auf eine teleologische Reduktion des § 75 d HGB gestützt, nach der die Vorschrift lediglich für einzelvertragliche Vereinbarungen gelten soll. Die Rechtsprechung beruft sich darauf, daß der Gesetzgeber auch in anderen Fällen die Tarifdispositivität vorsieht, das Schrifttum zum Teil darauf, daß den §§ 74 ff. und damit auch § 74 II HGB, der hier von besonderer Bedeutung ist, ein spezifischer Schutz des Arbeitnehmers zugrunde liege, der den Arbeitnehmer davor bewahren wolle, sich im Interesse seiner gegenwärtigen Berufstätigkeit auf eine zukünftige, noch nicht feststehende und damit für den Betroffenen in ihrer Tragweite nicht überschaubare Beeinträchtigung einzulassen. Eigentlicher Zweck der Wettbewerbsvorschriften sei damit der Schutz der Entscheidungsfreiheit des Arbeitnehmers, bei einem Tarifvertrag bestehe eine Beeinträchtigung dieser Freiheit nicht, daher betreffe § 75 d HGB seinem Sinn und Zweck nach nicht Tarifregelungen. Eine insoweit erforderliche Einschränkung habe der Gesetzgeber unterlassen, da er die Möglichkeit der Tarifdispositivität nicht kannte[83]. Zum Teil wird die Tarifdispositivität der §§ 74 ff. HGB und des entsprechenden Richterrechts direkt auf eine besondere Rechtsänderungsbefugnis des Richters gegenüber vorkonstitutionellem Recht gestützt[84].

Diesen Theorien kann nicht gefolgt werden. Der Richter ist grundsätzlich auch an vorkonstitutionelles weitergeltendes Recht gebunden. Abändern kann er es nur unter den engen Voraussetzungen einer Entscheidung contra legem, aber intra ius[85], die hier nicht vorliegen, so daß allein der Weg über eine teleologische Reduktion erörtert werden muß. Daraus, daß das Gesetzesrecht teilweise die Tarifdispositivität von Schutzrechtssätzen vorsieht, kann eine solche Einschränkung nicht gefolgert werden, da dem der Komplex der allgemein zwingenden gesetzlichen Regelungen gegenübersteht und keine eindeutige Trennungslinie zwischen diesen Gruppen ersichtlich ist[86]. Die Entscheidung liegt grundsätzlich im Ermessen des Gesetzgebers, so daß allein aus der Tatsache, daß der Gesetzgeber zur Zeit der Normierung der §§ 74 ff. HGB die Rechtsfigur der Tarifdispositivität noch nicht kannte[87], nicht die Geltungseinschränkung folgt. Der Zweck der fraglichen Vorschriften müßte vielmehr eine Tarifdispositivität fordern und erkennen lassen, daß sie

---

[83] *Canaris*, SAE 71, 111 ff.; *Vossen*, Richterrecht, S. 136 ff.; *M. Wolf*, Entscheidungsfreiheit, S. 209 f.

[84] *Coester*, Vorrangprinzip, S. 105.

[85] Siehe oben 2. Kap. § 1 V.

[86] Siehe oben 3. Kap. § 3 I. 2. c).

[87] Zu den zeitlichen Problemen bei der Frage, ob eine gesetzliche Regelung für tarifdispositiv erklärt werden kann, *Vossen*, Richterrecht, S. 132 ff.

nur aus Unkenntnis unterblieben ist. Für eine teleologische Reduktion muß die Einschränkung „sinngemäß gefordert" sein[88].

Eine Differenzierung zwischen Tarif- und Individualvertrag ist aber nicht durch die Wertungen des § 74 II sowie der §§ 74 ff. HGB insgesamt geboten. Die angeführte Entscheidungsfreiheit des Arbeitnehmers ist zwar auch vom Schutzzweck der gesetzlichen Regeln umfaßt, sie ist aber nicht der einzige und auch nicht der ausschlaggebende Schutzzweck. Der entscheidende Gesichtspunkt, der den die Vertragsfreiheit einschränkenden Wettbewerbsvorschriften zugrunde liegt, beruht in einer inhaltlichen Abwägung des als berechtigt angesehenen Interesses des Arbeitgebers, vor Konkurrenz durch seinen ehemaligen Angestellten geschützt zu werden, einerseits und der Freiheit und dem Fortkommen in seinem Beruf als zu schützende Rechte des Arbeitnehmers andererseits. Der Ausgleich erfolgt unter anderem durch eine finanzielle Entschädigung für den Arbeitnehmer, die durch ein bedingtes Verbot weder entzogen noch eingeschränkt werden soll[89].

Diesen Schutzzweck kann der Gesetzgeber über die Mindestbedingungen der räumlichen, sachlichen und zeitlichen Beschränkung und der grundsätzlichen Entschädigung hinaus auch den Tarifvertragsparteien gegenüber zwingend ausgestalten. Eine Tarifdispositivität wird daher nicht von Sinn und Zweck der §§ 74 ff. HGB gefordert, sie muß dem Gesetzgeber überlassen bleiben, in dessen Entscheidung der Richter nicht allein deshalb eingreifen kann, weil er eine andere Lösung für besser hält. Daß der spezifische Schutzzweck einer Norm auch durch die Koalitionen erfüllt werden kann, enthält, wie erörtert, keine Aussage über den Vorrang der tarifvertraglichen Regelung. In weiten Bereichen des Arbeitnehmerschutzrechts, d. h. jenseits des Kernbereichs der Tarifautonomie, ist es dem Gesetzgeber in Ausübung seines Ermessens grundsätzlich unbenommen, Schutzrechtssätze, deren Zweck auch die Koalitionen erfüllen könnten, dennoch für allgemein zwingend zu erklären und damit den jeweiligen Schutz gerade in dem vom Gesetzgeber vorgesehenen Umfang für höherwertig anzusehen als die Einräumung von Regelungsspielraum zugunsten der Tarifautonomie[90]. Es kann daher nicht angenommen werden, daß die Vorschrift des § 75 d HGB gemäß der ihr immanenten Teleologie der geforderten Einschränkung bedarf.

Für die Befürworter einer teleologischen Reduktion stellt sich auch das weitere, bisher nicht eindeutig gelöste Problem, die Grenze zwischen den zwingenden Grundbedingungen und dem übrigen tarifdispo-

---

[88] *Larenz*, Methodenlehre, S. 369.

[89] BAG AP Nr. 26 zu § 74 HGB; *Schaub*, ArbR, § 58; *Söllner*, ArbR, S. 229.

[90] Siehe oben 3. Kap. § 3 II. 1.

sitiven Teil der Normen zu ziehen. Dies müßte für jede Vorschrift des Gesamtkomplexes der §§ 74 ff. HGB getrennt geschehen, und auch dafür müßte die immanente Teleologie der Regeln die Entscheidung vorzeichnen. Wie *Vossen*[91] zutreffend ausführt, würde sich ein Bereich großer Rechtsunsicherheit auftun, der die einheitliche Konzeption des Gesetzes, die durch die Analogiebildung der Rechtsprechung unterstrichen und vervollständigt werden sollte, beeinträchtigen würde. Nicht zuletzt steht eine gesetzgeberische Initiative bevor, die der richterlichen Rechtsfortbildung gewisse Zurückhaltung gebietet[92].

§ 75 d HGB führt demnach auch für tarifvertragliche Vereinbarungen zur zwingenden Geltung der §§ 74 ff. HGB. Daraus folgt, daß auch die Erstreckung der Normen auf nicht kaufmännische Arbeitnehmer im Wege der Gesetzesanalogie die Erklärung des Richterrechts für tarifdispositiv, wie bereits ausgeführt, ausschließt[93].

2. *Zwingende Schutzgesetze*

Eindeutiger erscheint die Grenze der Tarifdispositivität bei Gesetzesanalogien durch die Rechtsprechung, wenn Vorschriften unstreitig zwingender Schutzgesetze entsprechend angewandt werden. So müßte z. B. die rechtliche Beurteilung des Wegerisikos analog § 3 I MuSchG allgemein zwingend ausgestaltet werden. Das BAG hat bisher die unumgänglich erscheinende Analogie zwar noch nicht gezogen, wird sich aber doch bald der herrschenden Meinung im Schrifttum anschließen müssen[94].

II. Rechtsanalogie

Bei einer Rechts- oder auch Gesamtanalogie ist dagegen, wie schon angedeutet, eine abweichende Geltungsausgestaltung nicht grundsätzlich ausgeschlossen. Die Rechtsanalogie entnimmt einer oder mehreren gesetzlichen Regeln einen allgemeinen Rechtsgrundsatz, den sie auf einen gesetzlich nicht geregelten Fall anwendet[95]. Dabei muß die rechtliche Regelung des neuen Falles diesem Rechtsgedanken entsprechen, sie

---

[91] Richterrecht, S. 138 ff.

[92] Vgl. Sozialbericht der Bundesregierung 1973, BT Drucks. 7/1167, Teil A, S. 2 ff.

[93] So auch *Lieb*, RdA 72, 129, 137; *Vossen*, Richterrecht, S. 139.

[94] In diesen Fällen kann die Schwangere zwar die Arbeit selbst, aber nicht die Fahrt zur Arbeitsstelle durchführen. BAG AP Nr. 4 zu § 11 MuSchG 1968 hat die Frau mit dem Wegerisiko belastet; a. A. die h. M. in der Lit. vgl. *Hessel*, AuR 71, 31; *Konzen*, ZfA 72, 131, 182; *Lindacher*, FamRZ 71, 236 f.

[95] Vgl. *Larenz*, Methodenlehre, S. 364 ff., er definiert die Rechtsanalogie wie hier, S. 365, spricht bei der Entnahme eines Rechtsgedankens aus einer Norm auch von der „Erweiterung des Sinngehalts der Norm", S. 366 f., diese verfolgt jedoch das gleiche Ziel wie die Rechtsanalogie und ist rechtlich wie diese zu behandeln.

muß aber nicht mit der im Gesetz vorgesehenen Rechtsfolge identisch sein, wie es bei einer Gesetzesanalogie der Fall ist.

Ein Beispiel dafür ist die Rechtsprechung des GS des BAG zur Haftung des Arbeitgebers ohne Verschulden[96]. Der GS hat eine Analogie zu § 670 BGB gezogen, ohne klarzustellen, welche Art der Analogie es ist. Zutreffend ist von einer Rechtsanalogie auszugehen, denn es soll nicht die konkrete Rechtsfolge des § 670 BGB insgesamt, sondern sein Rechtsgedanke entsprechend angewandt werden, in diesem Sinne äußert sich auch das BAG an einer Stelle[97]. Nach dem Rechtsgedanken des § 670 BGB erhält derjenige, der für und im Interesse eines anderen tätig wird, einen Anspruch auf Ersatz seiner Aufwendungen, worunter in gewissen Fällen auch erlittene Schäden fallen. Diese Rechtsfolge wird vom BAG nicht identisch übernommen, sondern den spezifischen Umständen des entgeltlichen Arbeitsverhältnisses entsprechend mit einem modifizierten Aufwendungsbegriff angewandt. Das BAG hat weiterhin den Begriff des zu ersetzenden Schadens näher konkretisiert, danach müssen Sachschäden vorliegen, „die in Vollzug einer gefährlichen Arbeit entstehen und durchaus außergewöhnlich sind“[98]. Diese Ausgestaltung des Schadensbegriffs ist umstritten[99]. Hier soll allein die Frage der Tarifdispositivität dargestellt werden.

§ 670 BGB ist allgemein dispositives Recht, von dem also auch zum Nachteil des Beauftragten abgewichen werden kann[100]. Für die Situation im Einzelarbeitsvertrag erscheint es aufgrund des arbeitsrechtlichen Schutzprinzips angemessen, die Haftung des Arbeitgebers zum Schutze des Arbeitnehmers zwingend auszugestalten. Würde die Rechtsprechung in dieser Weise das Recht fortbilden, so wäre es zulässig, dem Tarifvertrag gegenüber gestützt auf die Tarifautonomie die Dispositivität aufrechtzuerhalten. Die Dispositivität des § 670 BGB würde der dargestellten Rechtsfortbildung nicht entgegenstehen, da die Rechtsprechung nur den Rechtsgedanken dieser Vorschrift herangezogen hat. Dabei wird sich die Tarifdispositivität insbesondere bei einer Rechtsanalogie zu nicht arbeitsrechtlichen Vorschriften ergeben.

Um auch den gedanklichen Gegenpol zu kennzeichnen, sei noch darauf hingewiesen, daß bei einer Gesetzesanalogie zu einer tarifdispositiven Norm auch das Richterrecht tarifdispositiv ausgestaltet werden muß; bei einer Rechtsanalogie können sich auch hier spezifische Gesichtspunkte für einen abweichenden Geltungsumfang ergeben.

---

[96] BAG AP Nr. 2 zu § 611 BGB Gefährdungshaftung des Arbeitgebers.

[97] BAG ebd., Bl. 4 R.

[98] BAG ebd., LS 2.

[99] Vgl. *Isele* Anm. zu BAG AP Nr. 2 zu § 611 BGB Gefährdungshaftung des Arbeitgebers; *Larenz* Anm. zu BAG ebd., in SAE 62, 197.

[100] Vgl. *Erman / Hauß*, § 670 Rdn. 17; *Staudinger / Nipperdey*, § 670 Rdn. 15.

Zusammenfassung

Bildet der Richter das Recht durch Gesetzesanalogie fort, so ist er an den Geltungsumfang der Gesetzesnorm gebunden, es sei denn, diese müßte selbst im Wege der teleologischen Reduktion eingeschränkt werden. Eine solche Beschränkung ist für § 75 d HGB abzulehnen, so daß die Vorschriften der §§ 74 ff. HGB auch bei analoger Anwendung allgemein zwingend sind. Bei einer Rechtsanalogie ist der Richter nicht an die konkrete Rechtsfolge gebunden, sondern kann unter Umständen die Geltung in ihrem Umfang verändern.

§ 5 Die Grenzen des tarifdispositiven Richterrechts an gesetzlichen Wertungen

I. Grundlagen

Die meisten Fälle der bisherigen tarifdispositiven BAG-Rechtsprechung beruhen nicht auf Analogiebildung, sondern sind Rechtsfortbildung praeter legem. Das entläßt aber den Richter nicht aus der Bindung an gesetzliche Wertungen und ihre Fernwirkungen[101]. In jedem Einzelfall muß der Richter überprüfen, ob die Tarifdispositivität seiner Rechtsfortbildung mit den Wertungen der Gesamtrechtsordnung in Einklang steht. Die Übereinstimmung ist einer Analyse der gesetzlichen Regelungen des Problemkomplexes, dem die richterliche Rechtsfortbildung angehört, aber auch, wenn solche Regelungen fehlen, der Analyse vergleichbarer gesetzlich geregelter Problemkonstellationen zu entnehmen. Aus dem sichtbar werdenden Wertungsnetz darf der Richter grundsätzlich — die Möglichkeit der Rechtsfortbildung contra legem, die unter engen Voraussetzungen steht, spielt für die vorliegende Problematik keine Rolle — nicht ausbrechen, auch nicht, wenn seine eigene Wertung von der gesetzlichen abweicht[102]. Eine Tarifdispositivität ist danach ausgeschlossen, wenn die gewonnenen Wertungen das Rechtsprinzip der Tarifautonomie nicht zur Geltung kommen lassen wollen, sondern die staatliche Regelung mit allgemein zwingendem Geltungsanspruch ausgestattet ist[103]. Andererseits kann eine gesetzliche Wertung auch die Tarifdispositivität fordern. Enthält ein Gesetz eine abschlie-

[101] Vgl. *Canaris*, Gedächtnisschr. Dietz, S. 216 f.; *Engisch*, Einführung, S. 172; *Enneccerus / Nipperdey*, BGB AT Hbd. II, § 51 II 4 b); *Herschel*, DB 73, 919, 921 ff.; *Kriele*, Rechtsgewinnung, S. 64, 160, 195 ff.; *Richardi*, Gedächtnisschr. Dietz, S. 283 ff.; *Rüthers*, Auslegung, S. 268, 437.

[102] *Canaris* ebd. zum Problem der Systemwidrigkeit.

[103] Wie ausgeführt reicht der Hinweis, daß die Rspr. sich auf allgemeine Rechtsgedanken stützt, nicht aus, um einen Wertungswiderspruch zu begründen, die Rechtsordnung muß diesen Rechtsgedanken auch in seiner Konkretisierung der Tarifautonomie gegenüber für höherwertig ansehen.

ßende Wertung, so ist eine weitere Berücksichtigung des Rechtsgedankens der Tarifautonomie durch den Richter ausgeschlossen, dann hat der Gesetzgeber bereits über dieses Prinzip entschieden.

Bindende gesetzliche Maßstäbe, die eine allgemein zwingende Ausgestaltung einer Norm fordern, beruhen oft auf dem Grundgedanken, daß die fragliche Rechtsposition nicht verzichtbar oder austauschbar bzw. „erkaufbar" sein soll, sondern in ihrer spezifischen Natur für den Arbeitnehmer zu erhalten ist. Von dieser Wertung wird z. B. die zwingende Substanz des Urlaubsanspruchs, die Lohnfortzahlung im Krankheitsfall und der Mutterschutz, um nur einige zu nennen, getragen.

Es sollen zunächst einige allgemeine Wertungen, die als entscheidungsbindend angesehen werden, vorangestellt werden. Dazu gehört das Sozialstaatsgebot, das den Richter verpflichtet, durch allgemein zwingendes Recht dem Arbeitnehmer den erforderlichen Mindeststandard an sozialer Sicherheit und sozialem Wohlstand zu gewährleisten, soweit der Gesetzgeber nicht tätig geworden sein sollte. Zu diesem Mindeststandard gehört z. B. das Sozialhilferecht und der Lohnpfändungsschutz, beides ist gesetzlich geregelt[104].

Eine allgemeine Grenze der Tarifdispositivität wird darin gesehen, daß eine Abweichung nur bei Vorliegen eines sachlichen Grundes in dem jeweiligen Einzelfall zulässig sei[105]. Eine solche Begrenzung ist unzulässig. Davon abgesehen, daß bei dispositivem Recht ganz allgemein eine solche Einschränkung nicht getroffen wird, die autonomen Parteien vielmehr auch grundlos abweichen können, soweit sie damit nicht gegen andere außerhalb der dispositiven liegende Normen verstoßen, würde eine solche Begrenzung im Einzelfall zu einer unzulässigen Inhaltskontrolle des Tarifvertrags führen und dem Rechtsprinzip der Tarifautonomie widersprechen. Danach ist den Tarifvertragsparteien die Verantwortung übertragen, selbständig über die Berechtigung einer abweichenden Vereinbarung zu entscheiden.

Des weiteren wird eine Grenze erörtert, die aus einer Bindung der Tarifvertragsparteien an das Allgemeinwohl erwachsen soll[106] und den Richter bei der Anwendung einer Tariföffnungsklausel binden könnte.

---

104 Vgl. zu diesem Komplex *Biedenkopf*, Tarifautonomie, S. 154 f.

105 So *Enneccerus / Nipperdey*, BGB AT Hbd. II, § 301 III; *Nikisch*, ArbR II, S. 229; wie hier ablehnend *Herschel*, DB 71, 2114, 2115; jetzt auch *Hueck / Nipperdey*, ArbR II/1, § 19 D II; *Kunze*, Das ArbR der Gegenwart Bd. 1, 119, 140 ff., alle mit dem Hinweis auf die Gefahr der Aushöhlung der Tarifautonomie.

106 So *Biedenkopf*, Tarifautonomie, S. 63 ff.; *Bulla*, Festschr. Nipperdey II, 85; *Gamillscheg*, Differenzierung, S. 29; *Krüger*, Gutachten, S. 59; *Lerche*, Arbeitskampf, S. 29; *Säcker*, Grundprobleme, S. 52 ff.; *ders.*, Gruppenautonomie, S. 277; a. A. *Coester*, Vorrangprinzip, S. 63 ff.; *Herschel*, Referat, D 17; *Reuß*, ZfA 70, 319 ff.; *Richardi*, SAE 72, 11.

Eine solche positive Verpflichtung der Koalitionen gegenüber dem Gemeinwohl ist abzulehnen. Der Begriff des Gemeinwohls bezeichnet einen inhaltlich vagen Komplex, der dem Richter keine sicheren Überprüfungsmaßstäbe an die Hand geben kann, dazu fehlt eine grundsätzliche Aufschlüsselung in justitiable Rechtssätze[107]. Vor allem ist es aber auch unzulässig, den Koalitionen bei dem Abschluß von Tarifverträgen aufzugeben, jenseits ihrer jeweiligen Mitgliederinteressen das Interesse eines dritten Faktors, der Allgemeinheit, wahrzunehmen. Das würde einen erheblichen Eingriff in die Tarifautonomie als autonome Regelung eigener Angelegenheiten bedeuten und zu einer unzulässigen Überprüfung des Tarifvertrags auf die mit ihm verfolgten Ziele und Zwecke hinführen. Eine Bindung an das Gemeinwohl folgt auch nicht aus der Wahrnehmung von Aufgaben, die auch die Allgemeinheit interessieren, durch die Koalitionen, denn diese Tätigkeit ist nicht von besonderer rechtlicher Qualität, sondern allein tatsächlich öffentlich.

Im folgenden sind nun die konkreten Einzelwertungen zu erörtern. Sie sollen danach systematisiert werden, ob sie aus demselben oder einem lediglich vergleichbaren Fragenkomplex erwachsen, sowie danach, ob sie einer konkreten Norm, einem Normenkomplex oder einem allgemeinen Rechtsgedanken zu entnehmen sind.

II. Wertungen des Problembereichs, dem die Rechtsprechung angehört

1. *Befristeter Arbeitsvertrag und Kündigungsschutzrecht*

a) Das Erfordernis des sachlichen Grundes

Auf die Entwicklung der Rechtsprechung zum befristeten Arbeitsvertrag wurde bereits eingegangen[108]. Für das Problem der Wertungswidersprüche ist nun die Begründung der richterlichen Entscheidungen von Bedeutung. Im dogmatischen Hintergrund der Problematik um das befristete Arbeitsverhältnis stehen folgende Gedanken. Das gesetzliche Kündigungsschutzrecht gilt nur für unbefristete Verträge. Befristete dagegen laufen automatisch mit dem Endtermin ab. Damit müssen für eine Auflösung einerseits weder die Erfordernisse des Kündigungs-

[107] Vgl. *Reuß*, ZfA 70, 319, 324; auch *Blomeyer*, ZfA 75, 243, 246; a. A. BAGE 15, 211, 218.

[108] Siehe oben 1. Kap. § 1 II.; BAG AP Nr. 16, 31, 32, 33, 34, 36, 37 zu § 620 BGB Befristeter Arbeitsvertr.; zu der Rspr. und ihrer Begründung vgl. *Birk*, ZfA 74, 441, 482; *ders.*, Anm. zu BAG AP Nr. 37 zu § 620 BGB Befristeter Arbeitsvertr.; *Blomeyer*, RdA 67, 406 ff.; *Buchner*, ZfA 72, 345, 379; *Distel*, Anm. BAG AP Nr. 31 zu § 620 BGB Befristeter Arbeitsvertr.; *Herschel*, RdA 73, 147, 149; *Konzen*, ZfA 72, 131, 165; *Lieb*, RdA 72, 129, 130; *Preis*, ZfA 72, 271, 274; *Rehbinder*, RdA 71, 211 ff.; *Thiele*, Anm. BAG AP Nr. 9 zu § 7 BUrlG Abgeltung.

schutzrechts gegeben sein, noch besteht andererseits der Schutz des Arbeitnehmers durch diese Vorschriften. Eine Befristigung kann durchaus einem berechtigten Interesse entsprechen und als wünschenswerte gesetzlich anerkannte Vertragsgestaltung anzusehen sein, so wenn es zur Probe, mit Aushilfskräften, im Saisongewerbe, mit Künstlern etc. geschlossen wird[109]. Andererseits kann die Befristung, insbesondere die wiederholte, zu unbilligen Zwecken mißbraucht werden, wenn eine gerichtliche Kontrolle der Vertragsauflösung verhindert werden soll. In diesen Fällen will der Arbeitgeber stets freie Hand haben, den Arbeitnehmer nach seinem Bedarf einzusetzen. Damit wird der Arbeitnehmer in eine besondere Abhängigkeit gebracht und das Element der Arbeitsleistung drängt die anderen Elemente eines Arbeitsverhältnisses zurück[110]. Solche Intentionen laufen Sinn und Zweck des Kündigungsrechts entgegen. Dieses hat in unserem Arbeitsrecht die Aufgabe übernommen, dem Arbeitnehmer einen gewissen Bestandsschutz des für ihn existenzwichtigen Arbeitsverhältnisses zu sichern.

Daraus erwächst das rechtliche Erfordernis der sachlichen Rechtfertigung einer Befristung und insbesondere deren Wiederholung. Wie rechtsdogmatisch die Unzulässigkeit unsachlicher Befristungen zu begründen ist, ist umstritten. Ein Teil des Schrifttums vertritt die Ansicht, die Unzulässigkeit ergebe sich aus der Fürsorgepflicht, eine Verletzung führe zu Schadensersatz durch Herstellung des zulässigen Zustands[111]; zum anderen Teil werden die Folgen des Kündigungsschutzrechts im Wege der Analogie herangezogen[112]. Die Rechtsprechung folgt, nachdem sie zeitweise die Begründung in der Fürsorgepflicht sah, der Ansicht, die von der Umgehung der Kündigungsschutzvorschriften ausgeht[113]. Dem ist zuzustimmen.

Die Regelung des § 620 BGB kann in Konflikt zu den Zielen des Kündigungsschutzrechts treten. Sie vermag einer vertraglichen Vereinbarung dann nicht mehr die ausdrückliche Rechtfertigung zu verleihen, wenn mit ihr ein formales Mittel, um die nach rechtlicher Wertung letztlich vorrangigen Ziele des Kündigungsschutzrechts auszuschalten, gewählt wird. Dabei kommt es allein auf die objektive Funktionswidrigkeit an[114]. Das BAG hat das Erfordernis des sachlichen Grundes

---

[109] Vgl. BAG AP Nr. 16 zu § 620 BGB Befristeter Arbeitsvertr.

[110] Vgl. *Wiedemann*, Festschr. Lange, S. 395.

[111] *Hueck / Nipperdey*, ArbR I, § 55 III 6.; *Nikisch*, ArbR I, § 47 II.

[112] *Herschel*, RdA 73, 147, 149; *Huber*, JurA 70, 784, 797; *Konzen*, ZfA 72, 131, 165.

[113] BAG AP Nr. 16, 23, 33, 34, 35, 37 zu § 620 BGB Befristeter Arbeitsvertr.; *Fenn* Anm. zu BAG AP Nr. 33 zu § 620 BGB Befristeter Arbeitsvertr.; zum Begriff der Gesetzesumgehung *Soergel / Siebert / Hefermehl*, § 134 Rdn. 40; zu weiteren Begründungsversuchen *v. Gelder*, JurA 71, 221, 223; *Säcker*, RdA 76, 91, 96 f.; *Söllner*, SAE 66, 255; *M. Wolf*, Entscheidungsfreiheit, S. 198 ff.

näher gefaßt, indem es ausführt: „Befristete Arbeitsverträge müssen im Gefüge der Grundprinzipien des deutschen Arbeitsrechts einen verständigen, sachlich gerechtfertigten Grund haben. Die wirtschaftlichen oder sozialen Verhältnisse der Parteien oder wenigstens einer Partei müssen für die Verträge sprechen. Die Verträge müsse ihre sachliche Rechtfertigung in sich tragen, so daß sie mit Recht und aus gutem Grund von den Kündigungsschutzvorschriften nicht betroffen werden." Das BAG stellt dabei auf die Üblichkeit im Arbeitsleben ab und auf das, was verständige und verantwortungsbewußte Parteien zu vereinbaren pflegen[115]. Es ist unvermeidlich, daß bei Beantwortung der Frage nach dem sachlichen Grund ein mehr oder weniger weiter Bereich einer Generalklausel verbleibt, da ein alle denkbaren Fälle enthaltender Katalog und damit eine abschließende Positivierung wie z. B. bei den Gratifikationsrückzahlungsklauseln nicht aufgestellt werden kann.

b) Tarifdispositivität der richterlichen Grundsätze

Eine Tarifdispositivität dieser allgemeinen Grundsätze müßte, wenn sie beabsichtigt wäre, den Wertungen des Kündigungsschutzrechts entsprechen. Dieser Normenkomplex — KSchG und die Spezialgesetze für einzelne Arbeitnehmergruppen — enthält zwingende Basisrechte und Schutzpositionen für den Arbeitnehmer, die ihm einen Mindeststandard an Sicherung seines Arbeitsverhältnisses gewähren sollen, auch gegenüber traifvertraglichen Regelungen[116].

Dies gilt in jedem Falle für die Grundwertungen des Kündigungsschutzrechts, die den Bestandsschutz selbst vor unzulässiger und sachlich nicht gerechtfertigter Schmälerung schützen wollen; wie weit es im übrigen gilt, wird noch zu erörtern sein[117]. Im Rahmen der Mindestbedingungen des Kündigungsschutzrechts ist somit kein Raum für die Tarifdispositivität, denn diese würde zugleich eine Abdingbarkeit des sozialen Bestandsschutzes des Arbeitsverhältnisses bedeuten, der nach unserem Recht allein über den Kündigungsschutz erfolgt[118]. Damit ist aber auch die Tarifdispositivität des Rechtsgrundsatzes, daß ein be-

---

[114] BAG AP Nr. 16 zu § 620 BGB Befristeter Arbeitsvertr.

[115] BAG AP Nr. 31 zu § 620 BGB Befristeter Arbeitsvertr., wenn der sachliche Grund fehlt, tritt nach der Rspr. an die Stelle des befristeten ein unbefristetes Arbeitsverhältnis, auf das die Kündigungsschutzbestimmungen Anwendung finden.

[116] So auch *Auffarth / Müller*, KSchG, § 1 Rdn. 18; *Herschel / Steinmann*, KSchG, § 1 Rdn. 57; *Wiedemann*, Festschr. Lange, S. 410; a. A. *Biedenkopf*, Tarifautonomie, S. 206 ff., Fragen des Kündigungsschutzgesetzes sollten den Tarifpartnern vorrangig überlassen werden.

[117] Siehe unten 4. Kap. § 5 II. 1. c).

[118] Vgl. *Konzen*, ZfA 72, 131, 165 f.; *Wiedemann*, Festschr. Lange, S. 410; *ders.*, Arbeitsverhältnis, S. 21.

fristeter Arbeitsvertrag eines sachlichen Grunds bedarf, ausgeschlossen, da durch dieses Mittel der Arbeitsvertragsgestaltung der Kündigungsschutz ganz oder weitgehend ausgeschlossen werden kann. Eine Tarifdispositivität würde gegen die zwingenden Grundwertungen dieses Normenkomplexes verstoßen. So will auch das BAG selbst seine Grundsätze abweichender, den Arbeitnehmer benachteiligender tarifvertraglicher Vereinbarung grundsätzlich nicht öffnen, sondern nur die Einzelfallprüfung des sachlichen Grundes unterlassen[119].

Die Konkretisierung des Rechtssatzes im Einzelfall wird nicht mehr von der zwingenden Wirkung des Kündigungsschutzrechts erfaßt. Wann im jeweiligen Fall eine Befristung sachlich gerechtfertigt ist, hängt von einer Vielzahl fallspezifischer Umstände ab. Hier kann den Tarifvertragsparteien eine gewisse Konkretisierungsbefugnis eingeräumt werden[120].

c) Der Geltungsumfang des Kündigungsrechts

Die Grenze der Tarifdispositivität der Rechtsprechung zur Zulässigkeit befristeter Arbeitsverträge erwächst, wie soeben erörtert, aus den Wertungen des Normenkomplexes, dem die Rechtsprechung selbst angehört, des Bestandsrechts des Arbeitsvertrages, d. h. des Kündigungs- und Kündigungsschutzrechts. Zu diesem Rechtsbereich sollen noch einige Bemerkungen angefügt werden, insbesondere da bereits geäußert wurde, daß auch hier die Rechtsfigur des tarifdispositiven Richterrechts Anwendung finden könnte[121].

Eine solche Möglichkeit ist jedoch für das KSchG grundsätzlich auszuschließen, da dessen Normen allgemein zwingendes Recht enthalten. Davon geht die herrschende Meinung zutreffend aus[122]; es muß hier nicht auf die Diskussion im einzelnen eingegangen werden. Der entscheidende Gesichtspunkt ergibt sich daraus, daß das KSchG weder eine ausdrückliche Tariföffnungsklausel enthält noch sonstige Anhaltspunkte dafür. Damit wird der Gesetzgeber der besonderen Bedeutung und dem großen Gewicht der Normen als Träger des arbeitsvertraglichen Bestandsschutzes, wie er erörtert wurde, gerecht. Dies gilt auch für die Fragen, die der Gesetzgeber nur durch Generalklauseln geregelt hat und die damit der richterlichen Konkretisierung bedürfen. Die Regelun-

---

[119] BAG AP Nr. 32 zu § 620 BGB Befristeter Arbeitsvertr.

[120] Zur Möglichkeit der Einschränkung der Überprüfung der jeweiligen tariflichen Konkretisierung siehe unten 4. Kap. § 7.

[121] Dazu *Preis*, ZfA 72, 271, 276 N. 27.

[122] *Herschel / Steinmann*, KSchG, § 1 Rdn. 57; *Hueck / Nipperdey*, ArbR I, § 63; *A. u. G. Hueck*, KSchG, § 1 Rdn. 161; *Schaub*, ArbR, § 134 2.; LAG Berlin AP Nr. 17 zu § 1 KSchG Betriebsbedingte Kündigung; a. A. *Biedenkopf*, Tarifautonomie, S. 206 ff.

gen fallen auch nicht in den engen Kernbereich verfassungsrechtlich gewährleisteter Tarifautonomie[123]. Somit ist im Rahmen des § 1 KSchG auch bei den Fragen der Betriebsbedingtheit und der sozialen Auswahl eine Tarifdispositivität unzulässig. Vereinbaren die Koalitionen bestimmte Gründe, die die ordentliche Kündigung rechtfertigen sollen, so muß dennoch eine Überprüfung an den zwingenden rechtlichen Maßstäben und, soweit das Gesetz schweigt, an der richterlichen Rechtsfortbildung erfolgen[124].

Im Recht der außerordentlichen Kündigung ist ein Ausschluß dieser selbst oder eine Einschränkung der Kündigungsgründe auch durch einen Tarifvertrag unzulässig, denn ein Vertragsverhältnis soll nicht zwangsweise gehalten werden, wenn es einem Partner nicht mehr zugemutet werden kann. Diese gesetzliche Wertung — § 626 BGB — und die richterliche Konkretisierung sind allgemein zwingend[125]. In Anbetracht des zwingenden Charakters des KSchG ist ebenfalls eine Erweiterung der Gründe für eine fristlose Kündigung, auch wenn sie durch einen Tarifvertrag erfolgt, unzulässig, da sie dem Arbeitnehmer den Schutz des KSchG entziehen würde. Zulässig ist jedoch eine Präzisierung der Gründe[126].

In den Bereich des Kündigungs- und Kündigungsschutzrechts gehört auch eine neuere Entscheidung des BAG[127], in der es eine vertragliche Vereinbarung, nach der ein Arbeitsverhältnis ohne weiteres enden sollte, wenn der Arbeitnehmer nach dem Ende des Urlaubs die Arbeit an dem vereinbarten Tag nicht wieder aufnehmen würde, für unzulässig erklärt. Die Entscheidung ist für eine einzelvertragliche Vereinbarung ergangen. Sie könnte jedoch auch für einen Tarifvertrag nicht abweichend getroffen werden. Die Abrede, eine bedingte Aufhebungsvereinbarung, entzieht dem Arbeitnehmer vor allem den zwingenden Kündigungsschutz, da sie das Arbeitsverhältnis, aus welchen wichtigen Gründen der Arbeitnehmer auch immer nicht zur Arbeit kommen konnte, beenden läßt. Eine fristlose Kündigung bedürfte in diesem Fall aber des entsprechenden schwerwiegenden Grundes. Zugleich enthält die Abrede einen unzulässigen Verzicht auf den Kündigungsschutz im voraus. Ein solcher Verstoß gegen den Bestand des Arbeitsverhältnisses

---

[123] Siehe oben 3. Kap. § 3 I. 1. e) cc).

[124] Vgl. die in N. 122 Genannten; BAG AP Nr. 15 zu § 1 KSchG Betriebsbedingte Kündigung, zu sozialer Auswahl; kritisch *Herschel*, Anm. BAG AP Nr. 14 zu § 1 KSchG Betriebsbedingte Kündigung; allgemein zur Problematik *Waechter*, DB 72, 628 f.

[125] Vgl. *Hueck / Nipperdey*, ArbR I, § 59 VII; *Schaub*, ArbR, § 125 III; LAG Düss., DB 71, 150; BAG, SAE 75, 127.

[126] *Söllner*, ArbR, S. 231; *Hueck / Nipperdey*, ArbR I, § 59 VII hält Erweiterung für zulässig.

[127] Urt. v. 19. 12. 1974, AuR 75, 220; Anm. *Wollenschläger*, ebd., S. 222 ff.

gewährleistende Normen ist auch bei einer tarifvertraglichen Vereinbarung nicht zulässig.

Somit ist ein Bereich arbeitsrechtlicher Normsetzung bereits umrissen, in dem die gesetzlichen Wertungen eine Tarifdispositivität solcher Richterrechtssätze ausschließen oder erheblich einschränken, die die Normen dieses Bereichs vervollständigen oder deren Ausspruch auf den rechtlichen Maßstäben dieses Bereichs beruht. Die Gesetze schließen eine Geltungseinschränkung der Rechtsfortbildung soweit aus, wie sie einen unabdingbaren Schutzsockel schaffen wollen, der das für den Arbeitnehmer existenznotwendige Arbeitsverhältnis in seinem Bestand in gewissem Umfang gewährleisten soll und daher durch keine wie auch immer geartete Vereinbarung geschmälert werden darf. Tarifdispositiv sind dagegen insbesondere die Vorschriften über Kündigungsfristen.

2. *Festsetzung der Grundvergütung im Rahmen von § 15 I AZO*

Unter dem Aspekt eines Verstoßes gegen die Wertung eines Gesetzes wird auch die Rechtsprechung zur Mehrarbeitszeitvergütung erörtert[128]. Das BAG hat entschieden, daß die Grundvergütung für Mehrarbeit im Rahmen des § 15 I AZO, deren Berechnung gesetzlich nicht festgelegt ist, von den Tarifvertragsparteien durch einen Mittelwert für jede Vergütungsgruppe bestimmt werden kann, auch wenn dadurch im Einzelfall ein Arbeitnehmer mit vielen Arbeitsjahren und dadurch verhältnismäßig hohem Verdienst einschließlich des Zuschlags für die Mehrarbeit weniger erhält, als sein üblicher Verdienst ausmacht[129]. Das Gericht zieht zur Begründung seiner Entscheidung eine Parallele zur Tarifdispositivität der richterlichen Rechtsfortbildung auf dem Gebiet der Gratifikationsrückzahlungsklauseln. Auch das Schrifttum erörtert diesen Fall unter dem Gesichtspunkt der Tarifdispositivität und des Sinn und Zwecks des § 15 AZO. Dies ist jedoch keine zutreffende Beurteilung, denn die Entscheidung erklärt keinen Richterrechtssatz für tarifdispositiv, sondern eine Gesetzesnorm selbst[130].

§ 15 AZO regelt ausdrücklich, daß für Mehrarbeit eine „angemessene Vergütung über den Lohn für die regelmäßige Arbeitszeit hinaus" zu zahlen ist. Dagegen verstößt eine tarifvertragliche Regelung der genannten Art. Soll sie dennoch Gültigkeit haben, müßte die Norm selbst tarifdispositiv sein. § 15 AZO ist jedoch allgemein zwingend. Er kann

---

[128] BAG AP Nr. 12 zu § 15 AZO; Anm. *Meisel* in SAE 71, 31.

[129] BAG ebd.

[130] *Meisel*, SAE 71, 31 stimmt der Rspr. zu; *Seiter*, ZfA 70, 355, 362 sieht Gesetz als offen an für mehrere Auslegungen; *Söllner*, Anm. BAG AP Nr. 12 zu § 15 AZO nimmt Verstoß gegen Sinn u. Zweck des Gesetzes an; *Lieb*, RdA 72, 129, 130 meint, es sei kein Richterrecht.

auch nicht durch den Richter im Wege der teleologischen Reduktion eingeschränkt werden. Dafür fehlen die Voraussetzungen. Der Gesetzgeber hat ausdrücklich nur Teile der AZO für tarifdispositiv erklärt (§ 7 AZO). Die Entscheidung erging daher contra legem[131].

3. *Richterliche Rechtsfortbildung im Bereich des Urlaubsrechts*

Ein zum Großteil gesetzlich geregelter Bereich, in dem die gesetzlichen Wertungen der Tarifdispositivität grundsätzlich anders gegenüberstehen als in dem zuerst erörterten Komplex des Kündigungs- und Kündigungsschutzrechts, ist das Fragengebiet des Urlaubsrechts. Hier hat von jeher in der geschichtlichen Entwicklung die Tarifautonomie eine ausgeprägte Rolle gespielt. Dem hat das BUrlG Rechnung getragen, indem es eine weitreichende Tarifdispositivität vorsieht — § 13 BUrlG —, die nur die Basisnormen der §§ 1, 2, 3 I BUrlG ausnimmt. Es ist *Biedenkopf*, der in diesen Ausnahmen einen Verstoß gegen Art. 9 III GG sieht[132], nicht zu folgen. In den Kernbereich der Tarifautonomie[133] greifen diese Vorschriften, die nur die Grundsatzfragen zu einem Teil betreffen und das gesamte übrige Urlaubsrecht den Koalitionen offen lassen, nicht ein.

Die gesetzlichen Wertungsmaßstäbe zugunsten der Tarifautonomie sind auch auf die richterlichen Grundsätze zum Urlaubsrecht, die außerhalb der Kodifizierung noch Geltung und Bedeutung haben, zu übertragen. Hier ist weitgehend Raum für tarifvertragliche Abweichungen, auch wenn sie den Arbeitnehmer schlechter stellen. Der tarifvertragliche Regelungsspielraum findet seine Grenze in jedem Fall da, wo er den Urlaubsanspruch in seiner Substanz anrührt.

Ein Beispiel ergibt sich aus der Rechtsprechung zur Bindung des Urlaubsanspruchs an das laufende Kalenderjahr. Das BAG folgert daraus, daß der im jeweiligen Urlaubsjahr erworbene Anspruch nur durch Ereignisse desselben Kalenderjahres beeinflußt werden kann[134]. Dieser Grundsatz steht der Tarifdispositivität offen. Er erwächst nicht uneinschränkbar aus den materialen zwingenden Vorschriften der §§ 1, 2, 3 I BUrlG, sondern dient vor allem der Klarheit und Rechtsvereinfachung. Er soll dem Arbeitnehmer in regelmäßigen und nicht unzumutbar langen Zeiträumen Urlaub gewährleisten. Das kann jedoch auch ohne die strenge Grenze des Urlaubsjahres erfolgen. Die eigenverantwortliche Entscheidungsmöglichkeit darüber ist den Tarifpartnern einzuräumen,

---

[131] Wie hier *Lieb* ebd.

[132] *Biedenkopf*, Tarifautonomie, S. 182 ff.

[133] Siehe oben 3. Kap. § 3 I. 1. e) aa).

[134] BAG AP Nr. 11 zu § 13 BUrlG.

da es sich nicht um eine Frage des zwingenden Normbereichs des BUrlG handelt[135].

In diesen Zusammenhang gehört auch der Grundsatz der Einheit von Arbeitsfreistellung und Urlaubsentgelt[136]. Hier steht zunächst die Tarifdispositivität der Gesetzesnorm des § 5 III BUrlG und — im vorliegenden Zusammenhang von besonderer Bedeutung — die Rechtsprechung zu tarifvertraglichen Rückzahlungsvereinbarungen, die außerhalb des gesetzlichen Falls liegen, zur Diskussion an. Die Rechtsprechung hat eine tarifvertragliche Abweichung von dem gesetzlichen Rückzahlungsausschluß, im Hinblick auf § 13 I BUrlG zugelassen[137]. Dem ist auch für Fälle, die nicht die spezielle Konstellation von § 5 I c) i.V.m. § 5 III BUrlG betreffen, zuzustimmen. Dagegen hat sich ein Teil des Schrifttums gewandt, mit dem Hinweis, die Tariföffnungsklausel des § 13 I BUrlG gelte nur für den konkreten Fall des § 5 III BUrlG, die Zulassung weiterer Rückzahlungsklauseln laufe dem Wesen des Urlaubsanspruchs zuwider[138]. Dem kann nicht gefolgt werden. Der Anspruch des Arbeitnehmers auf Urlaub wird durch solche Klauseln, die die Rückforderung des Urlaubsentgelts für zuviel erhaltenen Urlaub festlegen — z. B. bei Gewährung über den gesetzlichen Mindestanspruch hinausgehenden Urlaubs, wenn sich das Fehlen der tarifvertraglichen Voraussetzungen herausstellt —, nicht in seiner Substanz berührt. Die zwingenden Grundsätze der §§ 1, 2, 3 I BUrlG werden nicht tangiert, da Übergeleistetes zurückgefordert wird[139]. In diesen Fällen ist vom Richter die gesetzliche Wertung zugunsten des Vorrangs tarifvertraglicher Vereinbarungen und damit der Differenzierung zwischen Individual- und Tarifvertrag zu beachten.

Es sei noch auf Fälle hingewiesen, in denen eine Tarifdispositivität auch im Urlaubsrecht ausgeschlossen ist, aufgrund der Auswirkungen der zwingenden gesetzlichen Wertungen. Das BAG hat entschieden, daß eine Aufstückelung des Erholungsurlaubs in vielfache Halbtages- und Einzelstundenteile nach § 7 II BUrlG unzulässig ist, da damit Sinn und Zweck des dem Arbeitnehmer unabdingbar zustehenden Erholungsurlaubs völlig verfehlt werde[140]. Die Entscheidung wurde für einen Einzelarbeitsvertrag getroffen, etwas Abweichendes kann im Grundsatz

---

[135] Vgl. *Konzen*, ZfA 72, 131, 187; *Thiele*, Anm. BAG AP Nr. 11 zu § 13 BUrlG.

[136] BAG AP Nr. 1, 54, 55 zu § 611 BGB Urlaubsrecht; BAG AP Nr. 1 u. 2 zu § 13 BUrlG.

[137] BAG AP Nr. 1 u. 2. zu § 13 BUrlG, kein Verstoß gegen Art. 12 GG, da nur Vorschuß.

[138] *Dersch / Neumann*, BUrlG, § 5 Rdn. 35 ff.

[139] So auch *Biedenkopf*, Tarifautonomie, S. 226.

[140] BAG AP Nr. 1 zu § 7 BUrlG.

aber auch nicht für einen Tarifvertrag gelten. Der Urlaub darf durch tarifvertragliche Regelung nicht so geteilt werden, daß eine Erholung ausgeschlossen ist, denn eine solche Vereinbarung berührt den Kern des allgemein zwingenden § 1 BUrlG, an dessen Grundsatz auch die Tarifnorm überprüft werden muß.

Zuletzt sei darauf hingewiesen, daß das BAG selbst eine Einschränkung der Tarifdispositivität ausdrücklich klargestellt hat, indem es entschied, daß durch tarifliche Regelung nicht über die entsprechenden Regeln des BUrlG hinaus weitere Tatbestände der Abgeltung des Urlaubs eingeführt werden können, da sonst der tariffeste Grundsatz des Anspruchs auf bezahlte Freizeit berührt werde (§ 1 BUrlG)[141]. Dieser Rechtsprechung kann zugestimmt werden. Das grundsätzliche Abgeltungsverbot, das nur in einem bestimmten Rahmen durchbrochen werden darf, beruht auf dem dem BUrlG in seinen entscheidenden Wertungen zugrunde liegenden Fürsorgeprinzip. Danach soll der Arbeitnehmer mit dem Urlaubsanspruch ein Recht erhalten, das grundsätzlich nicht austauschbar, nicht „abkaufbar" ist, sondern in seiner spezifischen Natur erhalten bleiben soll. Diese Grundwertung ist allgemein zwingend[142].

Damit ist ersichtlich geworden, wie die Entscheidung des Richters in die Wertungen einer Kodifizierung, die grundsätzlich den tarifvertraglichen Vorrang anerkennt, das BUrlG im dargestellten Fall, auch bezüglich der Erklärung für tarifdispositiv eingebunden ist[143].

Zwischenergebnis

Der Richter ist bei seiner Entscheidung über die Tarifdispositivität eines seiner Richterrechtssätze zunächst an die gesetzlichen Wertungen des Problemkomplexes gebunden, dem seine Rechtsfortbildung angehört. Diese Wertungen können die Tarifdispositivität grundsätzlich ausschließen oder zulassen sowie sie auf konkrete Fragen beschränken. So ist z. B. der Normenkomplex des Kündigungs- und Kündigungsschutzrechts grundsätzlich allgemein zwingend. Davon wird auch die Grundsatzrechtsprechung des BAG zur Zulässigkeit befristeter Arbeitsverträge erfaßt. Für den konkreten Bereich der Kündigungsfristen ist der tarifvertragliche Vorrang ausdrücklich bestimmt. Das Urlaubsrecht ist dagegen mit Ausnahme der Basisnormen grundsätzlich tarifdispositiv,

---

[141] BAG AP Nr. 9 zu § 7 BUrlG Abgeltung; kritische Anm. *Thiele* ebd.

[142] Zum zwingenden Fürsorgecharakter *Dersch / Neumann*, BUrlG, § 7 Rdn. 78 ff.; zu tariflicher Regelung der Urlaubsabgeltung nach Wegfall von § 7 IV Satz 2 BUrlG *Siara*, DB 75, 836, 839.

[143] Allgemein zum BUrlG *Boldt*, Festschr. Nipperdey II, 11 ff.; BAG, SAE 75, 123, kein Vorgriff auf Urlaub.

dementsprechend muß auch der Richter seine Rechtsfortbildung ausgestalten.

III. Allgemeine Rechtsgedanken und Wertungen aus der Rechtsfortbildung verwandten Problembereichen

Der zweite große Bereich gesetzlichen Wertungseinflusses auf die richterliche Entscheidung ist dadurch gekennzeichnet, daß die entscheidenden rechtlichen Maßstäbe aus allgemeinen Rechtsgrundsätzen oder aus der richterlichen Rechtsfortbildung ähnlichen gesetzlich geregelten Problembereichen erwachsen. Solche Einflüsse werden vor allem dann relevant, wenn das Richterrecht auf einem Gebiet ausgebildet wird, auf dem noch keinerlei gesetzliche Normierung erfolgt ist.

1. Gratifikationsrückzahlungsklauseln und Fürsorgepflicht

Auch unter diesem Aspekt kann die Rechtsprechung des BAG zur Zulässigkeit von Gratifikationsrückzahlungsklauseln gesehen werden, die bereits unter dem entscheidenden und richtiger Ansicht nach auch allein zutreffenden verfassungsrechtlichen Begründungsgesichtspunkt aus Art. 12 GG erörtert wurde[144].

Das BAG und Teile des Schrifttums haben noch weitere Begründungsversuche unternommen, von denen insbesondere der Versuch, die Entscheidung auf die Fürsorgepflicht bzw. das arbeitsrechtliche Schutzprinzip zu stützen, der Erörterung bedarf[145]. Das arbeitsrechtliche Schutzprinzip kann nicht selbst Anspruchsgrundlage sein, es ist vielmehr ein Grundprinzip der Gestaltung arbeitsvertraglicher Rechte und Pflichten, in dessen Rahmen die jeweiligen Interessen — im vorliegenden Fall die freie Wahl des Arbeitsplatzes auf Seiten des Arbeitnehmers und das Interesse an der Betriebstreue auf Seiten des Arbeitgebers — abzuwägen sind. Der Kernbereich des Schutzprinzips ist auch gegenüber tarifvertraglichen Vereinbarungen zwingend, da er Teil der Struktur und des Wesens des Arbeitsverhältnisses ist[146].

Teil dieses Kerns ist das durch die angesprochene Interessenabwägung gefundene Verbot der unzumutbaren Bindung des Arbeitnehmers an den Arbeitgeber und der unverhältnismäßigen Beschränkung seiner beruflichen Freiheit, denn dies gehört zu den wesentlichsten zu schüt-

---

[144] Siehe oben 4. Kap. § 3 II. 5. a).

[145] Zu den unterschiedlichen Begründungsversuchen *Bötticher*, Anm. BAG AP Nr. 29 zu Art. 12 GG; *Gamillscheg*, RdA 68, 407, 408; zur Fürsorgepflicht, BAG AP Nr. 22 zu § 611 BGB Gratifikation; *Blomeyer / Buchner*, Rückzahlungsklauseln, S. 30; *Hueck*, Anm. BAG AP Nr. 25 zu Art. 12 GG; *Vossen*, Richterrecht, S. 86.

[146] Vgl. *Vossen*, Richterrecht, S. 86 u. 93 f.

zenden Rechten des Arbeitnehmers. Die Grundsatzrechtsprechung zur Zulässigkeit von Rückzahlungsklauseln könnte daher auch bei dieser Begründung nicht für tarifdispositiv erklärt werden, da dem ein insoweit zwingender allgemeiner Rechtsgedanke, der der Fürsorgepflicht, entgegensteht; die Positivierung dagegen kann auch hier in ihrer Geltung eingeschränkt werden.

Ein Teil des Schrifttums stützt sich noch auf das Verbot ungleicher Kündigungsfristen, also auf den Rechtsgedanken des § 622 V BGB[147], der in seinem Kern auch nicht durch einen Tarifvertrag beschränkt werden dürfe. § 622 V BGB kann jedoch diese Begründung nicht entnommen werden. Die Vorschrift erkennt eine Tarifdispositivität an und zeigt selbst keine Grenze auf, von der ab eine Vereinbarung unzulässig ist. Diese ergibt sich vielmehr aus den erörternden verfassungsrechtlichen Wertungen und allgemeinen Rechtsgedanken.

2. *Fälle des Lohn- und Haftungsrisikos des Arbeitnehmers*

a) Die Rechtsprechung zum Betriebsrisiko

aa) Begründung und Geltungsumfang der Rechtsprechung

Erörterung verdient auch ein Fall, der noch nicht von der Rechtsprechung in den Bereich der Tarifdispositivität einbezogen wurde, obwohl dies naheliegt. Es ist dies die Rechtsprechung des BAG zum Betriebsrisiko, um die übliche schlagwortartige Bezeichnung zu gebrauchen[148]. Danach soll der Arbeitnehmer, wenn er nicht beschäftigt werden kann, und zwar aus betrieblichen Gründen, ohne daß eine Seite ein Verschulden trifft, das Arbeitsentgelt weiter erhalten, da eine andere Lösung den sozialen und wirtschaftlichen Verhältnissen nicht adäquat sei. Eine Ausnahme besteht nur in den Fällen, in denen nach der sogenannten Sphärentheorie die Arbeitnehmerseite das Risiko trägt[149]. Für die genannten Fälle treffen weder die gesetzlichen Regeln über den Verzug, noch diejenigen über die Unmöglichkeit eine Entscheidung. Das BAG will die Lücke gestützt auf allgemeine Grundgedanken des Arbeitsrechts und Prinzipien der Wirtschaftsverfassung ausfüllen, nach denen der Arbeitgeber in erster Linie das Risiko trägt, da er den Betrieb organisiert und leitet, die Erträge bezieht und dafür andererseits

---

[147] *Richardi*, Gedächtnisschr. Dietz, S. 286 ff.; ablehnend BAG AP Nr. 15 zu § 611 BGB Gratifikation.

[148] BAG AP Nr. 2 zu § 615 BGB Betriebsrisiko.

[149] BAG AP Nr. 2, 3, 4, 5, 14, 15 zu § 615 BGB Betriebsrisiko; *Hueck/Nipperdey*, ArbR I, § 44 IV 2.; *Nikisch*, ArbR I, § 42; *Wiedemann*, Arbeitsverhältnis, S. 81 ff.

die Verantwortung für das Funktionieren des Betriebsorganismus und der Arbeitsmittel tragen muß.

Die Rechtsprechung hat bisher in Anbetracht der Privatautonomie die aufgestellten Grundsätze für allgemein dispositiv erklärt[150]. Es drängt sich jedoch eine zwingende Geltung des Richterrechts gegenüber dem Individualvertrag auf, da der Schutz des Arbeitnehmers die Gewährleistung eines kontinuierlichen Lohnes auch bei Arbeitsausfällen, die der Arbeitnehmer ebenso wie der Arbeitgeber nicht zu vertreten hat, erfordert[151]. In diesem Fall wäre die Anwendung der Rechtsfigur der Tarifdispositivität zulässig. Dem Rechtsprinzip der Tarifautonomie steht keine gesetzliche Wertung entgegen, die es zurückdrängen würde. Vielmehr handelt es sich um eine Frage der Lohnzahlung und des Erfüllungsrisikos, also um den wesentlichsten Bereich tarifvertraglicher Regelungszuständigkeit, der den Koalitionen zur eigenverantwortlichen Interessenwahrung übertragen ist.

bb) Art. 2 I GG und die richterliche Rechtsfortbildung zu den Fragen des Betriebsrisikos

Zum Teil wird die dargestellte Rechtsfortbildung abgelehnt, da der Richter zwingende Normen auch nicht für den Einzelarbeitsvertrag aufstellen dürfe, wenn sie nicht auf einem bereits im positiven Gesetzesrecht bestehenden unabdingbaren Rechtssatz beruhen, da der Richter anderenfalls gegen Art. 2 I GG verstoße[152]. Das ist unzutreffend. Die allgemeine Handlungsfreiheit des Art. 2 I GG steht unter dem Vorbehalt der Einschränkung durch die „verfassungsmäßige Ordnung". Um diesen Vorbehalt hat sich eine Vielzahl divergierender Meinungen und Auslegungen gerankt[153]. Es kann hier nicht auf die verfassungsrechtlich komplexe Problematik im einzelnen eingegangen werden. Es ist dem BVerfG zu folgen, nach dessen Ansicht unter die Schranke die gesamte verfassungsmäßige Rechtsordnung fällt[154]. Art. 2 I GG enthält insoweit keinen Vorbehalt zugunsten formeller Gesetze, sondern für alle Rechtsnormen, die verfassungs- und rechtmäßig sind, damit grundsätzlich auch für Richterrechtsnormen[155].

---

[150] BAG AP Nr. 5, 16, 24 zu § 615 BGB Betriebsrisiko; BAG AP Nr. 1 zu § 1 TVG Tarifverträge: Holz.

[151] *Gamillscheg*, ArbR, S. 152; *Nikisch*, ArbR I, § 42; *Säcker*, Gruppenautonomie, S. 448 wie hier.

[152] So *Vossen*, Richterrecht, S. 87 ff. m.w.N.

[153] Vgl. statt aller *Schramm*, Staatsrecht II, S. 21 ff. u. 55 ff. m.w.N.

[154] BVerfGE 6, 32, 37 ff.

[155] *Schramm*, Staatsrecht II, S. 61; *Wernicke*, BK, Art. 2 Anm. II 1 b); a.A. *Kern*, Schutz des Lebens, S. 54; vgl. auch *Dürig* in Maunz / Dürig / Herzog, Art. 2 I Rdn. 12 u. 18.

Die angeführte Meinung, nach der die Rechtsprechung keine eigenständigen Einschränkungen von Grundrechten vornehmen kann, hat einerseits Bedeutung für Grundrechte mit ausdrücklichem Gesetzesvorbehalt — formelle Gesetze — und andererseits für den Richter als Rechtsanwender, also für den Kernbereich seiner Aufgaben, nicht jedoch für den Richter als Rechtssetzer. Wenn der Richter im Rahmen des verfassungsrechtlich Zulässigen und in den ihm gesetzten Grenzen[156] rechtsfortbildend tätig wird, dann bildet er Normen der Gesamtrechtsordnung aus, die, wenn sie im übrigen verfassungsgemäß sind, die allgemeine Handlungsfreiheit beschränken können. Art. 2 I GG steht daher auch im Fall des Betriebsrisikos der geschilderten Rechtsfortbildung nicht entgegen. Die Voraussetzungen für ein richterliches Tätigwerden sind gegeben[157].

Davon abgesehen könnte sich die dargestellte Rechtsprechung zum Betriebsrisiko auch auf zwingendes Normgut berufen. Es handelt sich um eine arbeitsrechtliche Frage, die nicht bei der Erkenntnis, daß die Vorschriften über die Verteilung des Erfüllungsrisikos im BGB allgemein dispositiv sind, stehen bleiben kann. Vielmehr kommen spezifisch arbeitsrechtliche Wertungen hinzu, so hier der Gedanke der Fürsorgepflicht des Arbeitgebers. Ihm widerspricht es, wenn der Anspruch auf gesicherte Lohnzahlung auch bei Leistungsstörungen, die nicht vom Arbeitnehmer verschuldet oder verursacht sind, sondern in denen die Störung im Rechtskreis und Verantwortungsbereich des Arbeitgebers liegt, von vornherein ausgeschlossen oder geschmälert bzw. nachträglich entzogen wird. Das arbeitsrechtliche Schutzprinzip hat aber in weiten Bereichen dem Individualvertrag gegenüber zwingenden Charakter[158].

b) Die Haftungsbeschränkung des Arbeitnehmers bei gefahrgeneigter Arbeit

Es ist noch kurz auf ein weiteres Beispiel einzugehen. Die Rechtsprechung hat eine abgestufte Beschränkung der Haftung des Arbeitnehmers bei gefahrgeneigter Arbeit entwickelt[159]. Sie geht wie auch das Schrifttum davon aus, daß grundsätzlich durch vertragliche Vereinbarung — auch einzelvertragliche — von der Haftungserleichterung auch zu Lasten des Arbeitnehmers abgewichen werden kann[160]. Eine Grenze für die einzelvertragliche Verschlechterung wird jedoch zu Recht

---

156 Siehe oben 2. Kap. § 1.

157 Siehe oben 4. Kap. § 5 III. 2. a) aa); allgemein *Ipsen*, Richterrecht, S. 127.

158 So im Ergebnis auch die oben in N. 151 Genannten.

159 BAG AP Nr. 50, 53, 56 zu § 611 BGB Haftung des Arbeitnehmers.

160 BAG ebd.; im Schrifttum statt aller *Gamillscheg / Hanau*, Haftung, S. 38 ff. m. w. N.

darin gesehen, daß dem Arbeitnehmer eine Haftung ohne Rücksicht auf den Grad seines Verschuldens nur dann auferlegt werden kann, wenn er einen angemessenen Risikoausgleich erhält[161]. Für den Tarifvertrag wird diese Grenze nicht gezogen[162]. Ob dies zulässig ist, muß erörtert werden.

Die Rechtsprechung beruht vor allem auf dem Gedanken der Risikoverteilung und dem Argument der Fürsorgepflicht des Arbeitgebers. Zutreffend wird mehr und mehr Betonung auf ersteres gelegt[163]. Der Bereich des finanziellen Risikoausgleichs ist ein Gebiet, auf dem die Koalitionen grundsätzlich eigenverantwortlich tätig werden. Auch für den vorliegenden konkreten Fall ist keine gesetzliche Wertung ersichtlich, die tarifautonome Regelungen zurückdrängt und einen bestimmten Ausgleich allgemein zwingend fordert. Die Einräumung des tarifvertraglichen Regelungsvorrangs ist zulässig.

3. Unverfallbarkeit von Ruhegeldanwartschaften

Zu dem vorliegenden Problemkomplex gehört auch die Rechtsprechung des BAG zur Unverfallbarkeit von Ruhegeldanwartschaften[164]. Für die Zukunft stellen sich, nachdem das Gesetz zur Verbesserung der betrieblichen Altersversorgung[165] die Regelung übernommen hat, nicht mehr die Probleme des tarifdispositiven Richterrechts wie bisher. Das Gesetz enthält in § 17 III eine Tariföffnungsklausel, die die Grundvorschriften über das Entstehen und die Unverfallbarkeit der Anwartschaft (§ 1), die Altersgrenze (§ 6) und die Insolvenzsicherung (§§ 7 ff.), um die wesentlichsten zu nennen, von der Tarifdispositivität ausnimmt. Die Abdingbarkeit ist aber nicht allein auf technische Ausformungen des Gesetzes beschränkt, sondern betrifft auch Vorschriften mit erheblichem materiellem Gehalt, so die Abfindungsregelung des § 3, das Auszehrungsverbot (§ 5), die laufende Anpassung (§ 16) und andere[166]. Es soll daher nur kurz auf die Problematik der Rechtsprechung eingegangen werden; sie hat Bedeutung insbesondere noch für die Arbeitnehmer, die nach dem genannten Urteil (10. 3. 72), aber vor Inkrafttreten des Gesetzes (20. 12. 74) den Betrieb verlassen haben[167].

---

161 LAG Frankfurt, DB 70, 888; *Gamillscheg / Hanau*, Haftung, S. 34 ff.

162 *Gamillscheg / Hanau* ebd.

163 Vgl. *Canaris*, RdA 66, 41 ff.; *Hanau*, SAE 70, 253; *Konzen*, ZfA 72, 131, 199; *Rauscher*, Rechtsfortbildung, S. 85 ff.; *Schaub*, ArbR, § 52 VI 3.; umfassend *Gamillscheg*, Referat, G 7 ff.

164 BAG AP Nr. 156 zu § 242 BGB Ruhegehalt.

165 Vom 19. 12. 1974, BGBl. I, Nr. 139, S. 3610 ff.

166 Allgemein zu dem neuen Gesetz *Fenge*, DB 75, 50 ff.; *Höhne*, BB 75, Beilage 1, S. 2 ff.; *Streckel*, NJW 75, 365.

Das BAG spricht dem Ruhegeld Versorgungs- und Entgeltcharakter zu, und zwar als Entgelt für die Betriebstreue[168]. Gestützt darauf, daß der Arbeitnehmer bei vorzeitigem Ausscheiden bereits seine Leistung teilweise in nicht wiederholbarer Arbeitszeit erbracht hat, und auf den Grundsatz des Schuldrechts, auch Teilleistungen ihrem Wert entsprechend zu entgelten, sowie auf den Gedanken, daß der Ruhegeldanwartschaft ein ähnlicher rechtlich geschützter Versorgungswert zukomme wie der dinglichen Anwartschaft, hat das BAG entschieden: „Einem Arbeitnehmer, der mehr als zwanzig Jahre einem Betrieb angehört hat und dem vor dem 65. Lebensjahr vom Arbeitgeber ordentlich gekündigt wird, bleibt die bis zu seinem Ausscheiden erdiente Versorgungsanwartschaft erhalten[169].“ Die Entscheidung wurde in die Reihe der Tarifdispositivität eingeordnet, weil das BAG die umfassende Regelung weiterhin dem Gesetzgeber und den Tarifvertragsparteien vorbehalten will, die mit weitergehenden Erkenntnis- und Gestaltungsmöglichkeiten ausgestattet seien[170].

Mit der Entscheidung hat das BAG eine rechtliche Wertung darüber getroffen, wann aus einem tatsächlichen Leistungsverhältnis eine Rechtsposition entsteht, d. h. wann konkrete Umstände — Betriebszugehörigkeit, Alter, Leistungszusage — der Wertung als bestandsgeschützte Position und damit rechtliche Verpflichtung einerseits und Rechtsanspruch andererseits unterfallen. Es handelt sich dabei nicht um eine Position, die unmittelbar erst durch Vereinbarung begründet wird, sondern um eine solche, die die Rechtsordnung an das Vorliegen bestimmter Fakten knüpft. Diese rechtliche Beurteilung kann nicht den Tarifvertragsparteien überlassen werden[171], sondern muß von der Rechtsordnung einheitlich getroffen werden. Die Tarifvertragsparteien haben es aber in der Hand, die tatsächlichen Umstände zu beeinflussen. Für das Entstehen der Rechtsposition selbst ist jedoch eine Tarifdispositivität ausgeschlossen[172]. Davon geht auch das Gesetz zur Verbesserung der be-

---

[167] Dazu BAG, DB 75, 1274; BB 76, 1076; kritisch LAG Düsseldorf, DB 75; 1563; einschränkend BAG, DB 74, 436, AP Nr. 4 zu § 242 BGB Ruhegehalt u. Unverfallbarkeit; DB 75, 1080 keine Rechtsfortbildung für unter 20 Jahre Betriebszugehörigkeit; BAG, DB 75, 407 Rspr. gilt nicht für 1971 Ausgeschiedene, die Anspruch erst nach dem Urteil vom 10. 3. 72 geltend gemacht haben.

[168] Betriebstreue findet ihren Niederschlag in der Arbeitsleistung, der Dauer des Leistungsverhältnisses, so daß im Kern für diese die Gegenleistung erfolgt.

[169] BAG AP Nr. 156 zu § 242 BGB Ruhegehalt.

[170] Zur Rspr. vgl. *Adomeit*, JZ 72, 701; *Diederichsen*, Gedächtnisschr. Dietz, S. 238 f.; *Höhne*, BB 72, 1563 ff.; *Lieb / Westhoff*, DB 73, 69 ff.; *Pawlowski*, ZfA 74, 405 ff.; *Rauscher*, Rechtsfortbildung, S. 160 f.; *Schwerdtner*, ZfA 75, 171 ff.; *Weitnauer*, SAE 72, 193.

[171] Siehe oben 4. Kap. § 2 V.

[172] *Steindorff*, BB 73, 1129, 1131 ebenso im Ergebnis.

trieblichen Altersversorgung aus, wenn es die Tatbestände der Unverfallbarkeit (§ 1) für allgemein zwingend erklärt.

Eine andere Frage ist die nach der Möglichkeit der Beeinflussung der Rechtsposition vor ihrer Erstarkung. Auf die Zulässigkeit tarifvertraglicher Regelungen, die die Anwartschaft verändern, schmälern etc. wurde bereits eingegangen[173]. Solche Abreden sind grundsätzlich möglich. Insoweit besteht ein allgemeines Problem außerhalb der Rechtsfigur der Tarifdispositivität, ebenso wie bei der Zulässigkeit eines Widerrufsvorbehalts, der durch das Gesetz allgemein nicht ausgeschlossen werden sollte[174]. Auf sie muß daher nicht näher eingegangen werden. Ein nachträglicher Entzug des Rechts ist durch eine tarifvertragliche Vereinbarung nicht zulässig. Es stehen die allgemeinen Grenzen tarifvertraglicher Regelungsbefugnis, die Eingriffe in entstandene Individualrechte ausschließen, entgegen[175].

Zwischenergebnis

Der Richter ist bei seiner Entscheidung über die Tarifdispositivität auch an allgemeine Rechtsgedanken und -prinzipien sowie rechtliche Wertungen aus Normierungsbereichen, die der Rechtsfortbildung verwandt sind, gebunden. Eine solche bindende Wertung enthält das arbeitsrechtliche Schutzprinzip. In seinem Kern schließt es die Tarifdispositivität aus, so auch bei der Grundsatzrechtsprechung zur Zulässigkeit von Gratifikationsrückzahlungsklauseln. Bei Fragen des Betriebs- und Haftungsrisikos z. B. kann der Richter gemäß der Wertung in anderen Fällen des finanziellen Risikoausgleichs seine Rechtssätze grundsätzlich für tarifdispositiv erklären.

IV. Differenzierung in den zwingenden Kern und die tarifdispositive Ausgestaltung einer Norm

Im Schrifttum wird zum Teil ein allgemeiner Rechtsgedanke aus den Fällen der gesetzlichen Tarifdispositivität gewonnen, nach dem der zwingende Kern einer Norm von ihrer tarifdispositiven Ausgestaltung zu trennen sei. Diese Unterscheidung soll auch den Richter binden. So geht *Canaris*[176] davon aus, das Gesetz selbst stelle nicht den einer Regelung zugrundeliegenden Schutzgedanken zur Disposition, sondern nur die Einzelausformung, d. h. die auf Dezision beruhenden Gesetzgebungsakte, Vorschriften, die mehr rechtstechnischen als rechtsethischen Ge-

---

[173] Siehe oben 4. Kap. § 2 IV.

[174] *Höhne*, BB 75, Beilage 1, S. 2, 3.

[175] Siehe oben 4. Kap. § 2 IV.

[176] Gedächtnisschr. Dietz, S. 218.

halt aufweisen. Ebenso unterscheidet *Richardi*[177] ausgehend von der Abgrenzung von Normen- und Billigkeitskontrolle zwischen dem maßgeblichen Rechtsgedanken einer Norm, an dem auch die tarifvertragliche Vereinbarung kontrolliert werden müsse, und der Positivierung, die den Koalitionspartnern überlassen werden könne[178].

Diese Lösungsversuche erschöpfen die Problematik nicht. Zunächst werfen sie die Frage nach der Abgrenzung des Rechtsgedankens von der Positivierung auf. In manchen Fällen richterlicher Rechtsfortbildung ist die Grenze sicherlich leicht einsichtig, so bei der Rechtsprechung zur Zulässigkeit von Gratifikationsrückzahlungsklauseln und von befristeten Arbeitsverträgen. Wie aber ist z. B. die richterliche Regelung der Unzulässigkeit eines bedingten Wettbewerbsverbots einzuordnen, hat sie mehr rechtstechnischen oder rechtsethischen Gehalt? Das Entscheidende ist aber, daß die genannte Differenzierung nicht als eine durchgehende Wertung des gesetzlich normierten Arbeitsrechts angesehen werden kann. So sind, um eines der neuesten Gesetze zu nennen, im Gesetz zur Verbesserung der betrieblichen Altersversorgung, wie bereits angeschnitten, auch Vorschriften mit entscheidendem rechtsethischem Gehalt für tarifdispositiv erklärt worden, wie etwa die Regelung des Auszehrungsverbots und der Abfindung. Ebenso haben Teile des erörterten tarifdispositiven Urlaubsrechts materialen Gehalt; § 622 III BGB, der die Dauer der Kündigungsfristen bestimmt, enthält einen wesentlichen materialen Schutzgedanken des Rechts der ordentlichen Kündigung. Andererseits belegt das gesetzliche Arbeitsschutzrecht häufig auch Fragen der technischen Ausformung einer Norm mit allgemein zwingender Geltung, so z. B. in den Bereichen des Kündigungsschutzrechts, Mutterschutzrechts und Jugendarbeitsschutzrechts.

Die genannte Differenzierung vermag nicht die Komplexität und Vielfalt der Fälle richterlicher Entscheidungsbindung und -beeinflussung herauszustellen. So ist bei der Rechtsprechung, die sich auf Verfassungsrechtssätze stützt, zwar eine Unterscheidung in Rechtsgedanken und Positivierung möglich. Die Bindung des Richters in der Frage der Tarifdispositivität beruht aber nicht entscheidend auf dieser Differenzierung, sondern auf den materiell-rechtlichen Wertungen der Verfassung und ihrer Dignität[179]. Es muß daher eine Aufschlüsselung in die im einzelnen ausschlaggebenden Wertungsgesichtspunkte erfolgen.

---

[177] Gedächtnisschr. Dietz, S. 289.

[178] Hier ist auch *Lieb's* Ansicht zu erwähnen, daß Dispositivität im herkömmlichen Sinne lediglich ergänzende, komplettierende Normen mit eher technischer Funktion betreffe. Lieb zieht daraus im Gegensatz zu den Genannten die Folge, die BAG-Rechtsprechung, die von materiellen Wertungen bestimmt sei, müsse allgemein zwingend ausgestaltet werden. Vgl. ZfA 72, 129, 134 ff.

[179] Siehe oben 4. Kap. § 3 I.

Diese Erörterungen haben auch nochmals gezeigt, daß die Rechtsfigur der Tarifdispositivität nicht grundsätzlich auf eine „Teil-Dispositivität" beschränkt ist oder beschränkt werden muß. Der Richter kann grundsätzlich auch die materiale Norm selbst für tarifdispositiv erklären, wie dies auch durch den Gesetzgeber erfolgt. Über den Umfang der Geltungseinschränkung müssen vielmehr die Wertungen des Einzelfalls entscheiden[180].

Zusammenfassung

Der Richter ist bei seiner Entscheidung über die Tarifdispositivität einer Richterrechtsnorm an die Wertungen der positiven Rechtsordnung gebunden, diese können sich aus dem Normenkomplex, innerhalb dessen die Rechtsfortbildung erfolgt, aus einem verwandten Komplex oder aus allgemeinen Rechtsgedanken ergeben. Die Wertungen können die Tarifdispositivität ausschließen, sie fordern oder zumindest zulassen. Eine allgemeine Grenze am Gemeinwohl besteht nicht, ebensowenig muß die tarifvertragliche Abweichung aus einem sachlichen Grund erfolgen. In einigen wichtigen Bereichen enthält die Rechtsordnung grundsätzliche Aussagen zum Geltungsumfang, so sind das Kündigungsschutz — und weite Teile des Kündigungsrechts grundsätzlich allgemein zwingend, das Urlaubsrecht außerhalb der Basisnormen tarifdispositiv. Entscheidend ist die Wertungsanalyse in jedem Einzelfall, die Differenzierung zwischen zwingendem Kern und tarifdispositiver Ausformung der Norm liefert keinen allgemeinen Lösungsmaßstab.

§ 6 Randbereiche

I. Verschlechterung der Arbeitnehmerposition durch richterliche Rechtsfortbildung

Es sollen noch einige Sonderfälle erörtert werden, bei denen ebenfalls Wertungsgesichtspunkte oder fehlende Regelungsmacht eine Rolle spielen, die jedoch ganz spezifische Aspekte aufweisen, unter denen sie hier gesehen werden sollen. Dazu gehört die Rechtsprechung, durch die die Stellung des Arbeitnehmers verschlechtert wird, also ein der Schutzrechtsprechung in gewissem Sinne konträrer Fall. Es wird befürchtet, daß auch bei diesen Fällen die „Gefahr" bestehe, daß sie über kurz oder lang für tarifdispositiv erklärt werden[181].

---

[180] Dazu unter dem Aspekt des schweren Verstoßes des Tarifvertrags gegen die vom staatl. Normsetzer vorgesehenen Konkretisierungen bereits oben 3. Kap. § 2 III. 3.; vgl. auch *Coester*, Vorrangprinzip, S. 91 ff.

[181] So *Preis*, ZfA 72, 271, 276 N. 27.

Die Frage stellt sich z. B. bei der Rechtsprechung zum mißbräuchlichen Urlaubsverlangen. Der Arbeitnehmer behält nach dem Gesetz auch bei längerer Krankheit oder sonstiger Fehlzeit grundsätzlich seinen Urlaubsanspruch. Das Gesetz sieht keine ausdrückliche Einschränkung vor. Die Rechtsprechung hat nun den Rechtssatz entwickelt, daß das Urlaubsverlangen rechtsmißbräuchlich sein könne und daher kein Anspruch bestehe, wenn die Gesamtumstände des Einzelfalls unter Bewertung nach Treu und Glauben ergeben, daß das Urlaubsverlangen in keinem Verhältnis zur geleisteten Arbeit steht und daß ein Erholungsbedürfnis fehlt[182]. Diese Rechtsprechung ähnelt ihrer Struktur nach derjenigen zum befristeten Arbeitsvertrag. Es ist keine abschließende Positivierung durch die Rechtsprechung möglich. Vielmehr muß eine Untersuchung und Abwägung der Gesamtumstände des Einzelfalls erfolgen. Das BAG hat den Tarifvertragsparteien die Befugnis eingeräumt zu bestimmen, wann ein Rechtsmißbrauch vorliegt[183]. Hier soll nur die Frage nach einer tarifvertraglichen Verbesserung gestellt werden, danach, ob der Richter bei tarifgebundenen Arbeitnehmern auf eine Überprüfung des Urlaubsverlangens an den aufgestellten rechtlichen Maßstäben verzichten kann, wenn der entsprechende Tarifvertrag den Rechtsmißbrauch ganz ausschließt, dem Arbeitnehmer damit in jedem Fall einen Urlaubsanspruch gewährt oder ähnliche Abreden enthält.

Wird auf die Position des Arbeitgebers abgestellt, für den die einschränkende Rechtsprechung einen Vorteil bringt, so wäre grundsätzlich eine Tarifdispositivität als zulässig anzusehen, da der Arbeitgeber in der Lage ist, seine Interessen zu schützen, Nachteile auszugleichen. Aber die divergierende rechtliche Beurteilung von Tarifvertrag und Individualvertrag wäre in diesen Fällen nicht zu rechtfertigen. Auch das Rechtsprinzip der Tarifautonomie, die Gedanken des Machtgleichgewichts, der Schutzfunktion etc. vermögen nicht zu begründen, warum ein Tarifvertrag eine Position des Arbeitnehmers verbessern darf, die dieser selbst als Partner eines Einzelarbeitsvertrags nicht günstiger aushandeln kann. Eine solche richterliche Differenzierung ist daher unzulässig, nicht zuletzt weil sie gegen Art. 3 GG verstößt.

Bei Richterrechtssätzen, die die rechtliche Stellung des Arbeitnehmers beschränken, ist daher die Tarifdispositivität, das bedeutet also die Möglichkeit tarifvertraglichen Abweichens zugunsten des Betroffenen,

---

182 Vgl. BAG AP Nr. 1, 2, 5, 6, 7 zu § 3 BUrlG Rechtsmißbrauch; BAG AP Nr. 9 zu § 611 BGB Urlaubsrecht; mißbräuchlich häufig, wenn mehr Urlaubstage beansprucht als gearbeitet, aber keine feste Grenze; *Boldt*, ZfA 71, 39 f.; *Dersch / Neumann*, BUrlG, § 9 Rdn. 21 ff.; *Palme*, BlStSozArbR 74, 330 ff.

183 BAG AP Nr. 1 zu § 3 BUrlG Rechtsmißbrauch, TV kann konkretisieren, Stichtag festlegen usw.

ausgeschlossen. Bildet der Richter das Recht generalklauselartig fort, so können die Tarifvertragsparteien Konkretisierungen treffen. Auch dann muß aber eine gerichtliche Kontrolle der Abreden im jeweiligen Einzelfall auf ihr Übereinstimmen mit der rechtlichen Verschlechterung der Arbeitnehmerposition durch das Richterrecht erfolgen.

II. Tarifdispositivität im Betriebsverfassungsrecht und Betriebsvereinbarungsdispositivität

1. Regelungskompetenz der Koalitionen im Betriebsverfassungsrecht

Die Regelungsmacht der Tarifvertragsparteien und damit die Möglichkeit der Tarifdispositivität ist auf dem Gebiet des Betriebsverfassungsrechts begrenzt. Der Umfang der Grenzen ist umstritten, die Zulässigkeit tarifdispositiven Richterrechts richtet sich jeweils nach der Ansicht, die im Feld der Meinungen vertreten wird. Einerseits werden vom Gesetz abweichende Tarifverträge nur in den Fällen für zulässig angesehen, in denen dies ausdrücklich vorgesehen ist. Das führt zu der Konsequenz, daß durch das BetrVerfG die Regelungsbefugnis der Koalitionen insoweit abschließend konkretisiert wird. Auf der entgegengesetzten Seite des Meinungsspektrums wird die Zulässigkeit tarifautonomer Vereinbarungen im weiten Bereich, den § 1 TVG umreißt, vertreten[184].

Für die organisatorischen Fragen ist der allgemeinen Ansicht zu folgen, nach der die Regelungskompetenz der Tarifvertragsparteien durch das BetrVerfG abschließend festgelegt ist[185]. Es ist aber auch für den Mitbestimmungs- und Mitwirkungsbereich nach zutreffender Ansicht die Möglichkeit abweichender tarifvertraglicher Regelungen auf die gesetzlich festgelegten Fälle zu beschränken[186], da diese Fragen zumeist einen Ausgleich der Interessen des Arbeitgebers mit denen der Gesamtbelegschaft vorsehen und da sie auch aus einem Arbeitskampf herausgehalten werden sollen. Näher muß nicht auf die Diskussion eingegangen werden, da sie keine neuen Wertungsgesichtspunkte für die Tarifdispositivität ergibt.

---

[184] Vgl. *Buchner*, AR-Blattei D „Tarifvertrag V A"; *Feichtinger*, Regelungsbefugnis, S. 70 ff.; *Müller*, ZfA 72, 213, 219 ff.

[185] *Erdmann / Jürging / Kammann*, BetrVerfG, § 3 Rdn. 8; *Fitting / Auffarth / Kaiser*, BetrVerfG, § 3 Rdn. 1.

[186] *Erdmann / Jürging / Kammann* ebd., § 77 Rdn. 20 a; *Fitting / Auffarth / Kaiser* ebd., § 1 Rdn. 45; *Kraft* in BetrVerfG-GK, vor § 92 Rdn. 18 ff.

2. Die Rechtsfigur der Betriebsvereinbarungsdispositivität

Interessant erscheint der Gedanke, ob eine Rechtsfigur der Betriebsvereinbarungsdispositivität geschaffen werden kann. Gegenstand einer solchen Figur wären nicht Vereinbarungen über Inhalt oder Abschluß eines Arbeitsvertrags, wie sie bisher behandelt wurden, sondern betriebsverfassungsrechtliche Regelungen, also solche der betrieblichen Organisation, der Mitbestimmung und Mitwirkung der Arbeitnehmer, bei denen eine einzelvertragliche Vereinbarung als Bezugspunkt ausscheidet. Fraglich kann hier nur sein, ob Fälle vorliegen, in denen eine vom Gesetz und von lückenfüllendem Richterrecht abweichende Regelung nur durch Betriebsvereinbarung und nicht durch Tarifvertrag erfolgen kann. Sichtet man das BetrVerfG auf Ansätze einer solchen Unterscheidung hin, so muß man sie alsbald ausschließen. In den Fällen, in denen das Gesetz ein Abweichen von seinen grundsätzlich zwingenden Normen zuläßt, enthält es Öffnungsklauseln auch für den Tarifvertrag, so im organisatorischen Teil die §§ 38 I, 47 IV, 55 IV, 72 IV BetrVerfG. Im Bereich der sozialen Angelegenheiten statuiert es in § 87 I eine grundsätzliche Sperrwirkung des Tarifvertrags gegenüber Betriebsvereinbarungen, auch für die betroffenen betriebsverfassungsrechtlichen Fragen[187]. Räumt das Gesetz allein den Vereinbarungen der Betriebspartner und nicht denen der Koalitionen Regelungsraum ein, z. B. bei der Gestaltung des Arbeitsplatzes (§ 91), bei personellen Angelegenheiten (§§ 93, 94, 95, 98, 102 VI), bei wirtschaftlichen Angelegenheiten (§ 112 I, IV), dann liegen dennoch keine dispositiven Rechtsnormen vor, d. h. Normen, die selbst eine Regelung aufstellen, aber ihr Zurücktreten hinter einer anderen — im vorliegenden Fall müßte dies die Betriebsvereinbarung sein — erklären, sondern Rechtssätze, die, ohne Regelungsinhalte vorzuschreiben, Fragenkomplexe umreißen, in denen die Betriebspartner Regelungsbefugnis haben. Das BetrVerfG enthält gerade in seinem Mitbestimmungs- und Mitwirkungsbereich solche Kompetenzregeln, für die sich die Frage nach einer Dispositivität nicht stellt.

Bisher ist daher kein betriebsvereinbarungsdispositives Normgut ersichtlich. Denkbar wäre jedoch der Fall, daß der staatliche Normsetzer z. B. Fragen personeller Angelegenheiten im betriebsverfassungsrechtlichen Bereich inhaltlich regelt und dann für abweichende Festsetzungen durch Betriebsvereinbarungen öffnet, nicht jedoch für Tarifverträge, da die Regelung in der Betriebsebene verbleiben soll, z. B. dem Arbeitskampf entzogen werden soll. Ob durch solche Bestimmungen unzulässig in die Tarifautonomie eingegriffen wird, kann nicht grundsätzlich beantwortet werden, sondern muß im Einzelfall entschieden werden.

---

187 *Erdmann / Jürging / Kammann*, BetrVerfG, § 77 Rdn. 25; *Richardi*, Betriebsverfassung, S. 13 u. 16; *Säcker*, ZfA 72, Sonderheft S. 41, 43 ff.

III. Einzelarbeitsvertrags-Dispositivität

In diesem Zusammenhang stellt sich auch die Frage, ob es Fälle der Einzelarbeitsvertrags-Dispositivität geben kann, also umgekehrte Fälle zur Tarifdispositivität. Dieser Gedanke mag zunächst allzu hypothetisch erscheinen. Er lag aber in ähnlicher, positiv normierter Form dem 1. Vermögensbildungsgesetz[188] zugrunde. Das Gesetz sah eine steuerliche und sozialversicherungsrechtliche Privilegierung in seinem § 1 nur für Leistungen aufgrund von Einzelarbeitsverträgen oder Betriebsvereinbarungen vor, Tarifverträge waren ausgenommen[189]. Zu Recht wurde diese Differenzierung aus verfassungsrechtlichen Gesichtspunkten von einem Großteil der Lehre abgelehnt[190]. Ebenso ist es rechtlich unzulässig, eine Norm nur für die Parteien des Individualvertrags dispositiv auszugestalten, obwohl auch die Koalitionen auf dem fraglichen Gebiet grundsätzlich Regelungsbefugnis haben, da ein sachlicher Differenzierungsgrund nicht besteht. Der Privatautonomie kommt kein höherer Stellenwert zu als der Tarifautonomie auf beiden offen stehenden Bereichen. Eine solche Differenzierung würde neben einem Verstoß gegen Art. 3 I GG eine unzulässige Mißachtung des Rechtsprinzips der Tarifautonomie bedeuten.

Von einer Einzelarbeitsvertrags-Dispositivität kann jedoch — wie sich aus dem Gesagten bereits ergibt — in den Fällen gesprochen werden, in denen es um die Regelung von Fragen der Individualsphäre des Arbeitnehmers geht, in denen die Tarifvertragsparteien keine Regelungsmacht haben[191]. Eine dispositive Norm hat als Adressaten in diesem Bereich nur die Parteien des Individualvertrags, so z. B. bei Fragen der privaten Vermögensbildung oder von Lohnverwendungsabreden.

IV. Verdeckte (Tarif-) Dispositivität bei der Vereinbarung von Ausschlußfristen

Die richterliche Zulassung von vertraglichen Ausschlußfristen auch für zwingende Rechte könnte einen weiteren Sonderfall der Dispositivität, eine sozusagen verdeckte Geltungseinschränkung beinhalten. Ausschlußfristen werden sowohl einzelvertraglich als auch tarifvertraglich geregelt oder durch Bezugnahme auf einen Tarifvertrag in die Vereinbarung einbezogen[192]. Die Rechtsprechung und herrschende Meinung im

---

[188] Gesetz zur Förderung der Vermögensbildung der Arbeitnehmer v. 12. 7. 1961, BGBl. I S. 909.

[189] Ebenso für die Ergebnisbeteiligung nach §§ 5 ff.

[190] *Adomeit*, RdA 64, 309, 311 ff.; *Biedenkopf*, Tarifautonomie, S. 198; *Krüger*, Gutachten, S. 53; *Scheuner*, VBG, S. 5, 13 f.; *Weber*, BB 64, 764.

[191] Siehe oben 4. Kap. § 2 IV.

[192] Aus der Rspr. zu Tarifausschlußklauseln vgl. BAG AP Nr. 2, 3, 4 zu § 390 BGB; BAG AP Nr. 56 zu § 611 BGB Haftung des Arbeitnehmers; BAG

Schrifttum erkennen diese Klauseln grundsätzlich als zulässig an, auch wenn sie sich gegen unabdingbare Ansprüche richten, und zwar mit der Begründung, daß eine Ausschlußfrist nicht das Entstehen des Anspruchs hindere und keine Umgestaltung seines Inhalts bedeute, sondern nur eine zeitliche Begrenzung enthalte. Es wird auch darauf hingewiesen, daß die Auschlußfristen der Rechtssicherheit und -klarheit dienten und zu einer schnellen Bereinigung und Befriedung der gegenseitigen Verhältnisse führten[193]. Die Gegenansicht verweist darauf, daß auch die Modalitäten der Erfüllung zum Inhalt des Anspruchs gehörten[194].

Der zuletzt genannten Ansicht kann nicht gefolgt werden. Eine Ausschlußfrist verkürzt den Zeitraum, in dem der Berechtigte seinen Anspruch geltend machen muß. Damit ist sie nicht Inhalt des spezifischen Anspruchs, sondern eine jedem Anspruch hinzufügbare Abrede, die nicht von dem speziellen Schutzgedanken, der die Unabdingbarkeit bewirkt, getragen wird. Unter dem Gesichtspunkt der Unabdingbarkeit des Anspruchs sind Ausschlußfristen daher rechtlich grundsätzlich nicht zu beanstanden. Sie können jedoch im Einzelfall aus anderen Gründen unzulässig sein, so auch, wenn sie gegen § 138 BGB verstoßen, wenn sie eine unzumutbar kurze Frist enthalten oder einen Anspruch von außergewöhnlichem Gewicht betreffen; auf Einzelheiten muß hier nicht eingegangen werden[195].

Zusammenfassung

In Randbereichen stellen sich Sonderformen der Dispositivität der Diskussion. Eine richterliche Rechtsfortbildung, die die Stellung des Arbeitnehmers beschränkt, muß einheitlich für tarifgebundene und nicht tarifgebundene Arbeitnehmer erfolgen.

Die Rechtsfigur einer Betriebsvereinbarungsdispositivität ist in unserer Rechtsordnung nicht aufzufinden. Von einer Einzelarbeitsvertrags-Dispositivität kann in den Fällen gesprochen werden, in denen Individualrechte des Arbeitnehmers geregelt werden, für die die Tarifvertragsparteien keine Regelungsmacht haben, hier ist der Adressatenkreis der Dispositivität zwangsläufig beschränkt.

AP Nr. 9 zu § 7 BUrlG Abgeltung; vgl. auch *Birk*, ZfA 74, 441, 452 f.; *Konzen*, ZfA 72, 131, 143. Bei tarifvertraglichen Ansprüchen § 4 IV 3 TVG beachten.

[193] BAG AP Nr. 28 zu § 4 TVG Ausschlußfristen; BAG AP Nr. 9 zu § 7 BUrlG Abgeltung; BAG AP Nr. 81 zu § 611 BGB Urlaubsrecht; BAG AP Nr. 1 zu § 1 TVG Bezugnahme auf einen Tarifvertrag; *Schaub*, ArbR, § 205.

[194] *Schelp*, Anm. BAG AP Nr. 28 zu § 4 TVG Ausschlußfristen.

[195] Vgl. BAG, DB 74, 680; *Schaub*, ArbR, § 205.

Die Vereinbarung von Ausschlußfristen ist grundsätzlich auch für unabdingbare Ansprüche zulässig, sie beinhaltet keine verdeckte (Tarif-) Dispositivität.

§ 7 Unkonkretisierte richterliche Rechtsfortbildung

Die Problematik von Tarifdispositivität und unkonkretisierter Rechtsprechung wurde schon mehrfach angedeutet. Zur Klarstellung sei nochmals auf die Rechtsprechung zum befristeten Arbeitsvertrag hingewiesen. Das BAG hat den Rechtssatz aufgestellt, daß ein befristeter Arbeitsvertrag zu seiner Wirksamkeit eines sachlichen Grundes bedarf, bei einem Tarifvertrag soll ohne Überprüfung im Einzelfall von der Vermutung eines sachlichen Grundes ausgegangen werden. Eine Tarifdispositivität des Rechtsgrundsatzes selbst ist, wie erörtert, unzulässig[196]. Der rechtliche Inhalt der Einschränkung, die das BAG gegenüber Tarifverträgen vornimmt, kann in der Einräumung einer sogenannten Konkretisierungsbefugnis begründet sein, wobei Umfang und rechtlicher Inhalt dieser Befugnis der Prüfung bedürfen.

I. Begriff und Inhalt der Konkretisierungsbefugnis

Wenn den Tarifvertragsparteien die Konkretisierung des allgemeinen Richterrechtsatzes überlassen wird, der Rechtssatz aber auch für sie zwingend gelten soll, so kann dies nicht bedeuten, daß die Koalitionen die Norm rechtlich verbindlich konkretisieren können. Konkretisierung im Sinne verbindlicher Präzisierung würde bei Normurhebern unterschiedlichen Ranges, wenn sie durch den unteren erfolgt, bedeuten, daß dieser, der doch an den zwingenden Gehalt des höherrangigen Rechts gebunden sein soll, den Inhalt dieses Rechts selbst bestimmen könnte[197]. Das ist jedoch unzulässig. Die Rechtsgültigkeit einer Regelung kann nicht durch diese, sondern muß durch die übergeordnete Rechtsordnung festgelegt werden. Das gilt auch für das Verhältnis der Tarifnormen zu den ihnen höherrangigen zwingenden Richterrechtsnormen[198].

Konkretisierungsbefugnis kann in diesen Fällen nur bedeuten, daß der untere Normsetzer, die Koalitionen, Entscheidungsvorschläge aufstellt, die vom oberen Normsetzer, dem Richter, daraufhin überprüft werden müssen, ob sie mit seinen zwingenden Rechtssätzen übereinstimmen. Erst durch das Überprüfungsurteil werden die Vorschläge zur verbindlichen Konkretisierung.

---

[196] Siehe oben 4. Kap. § 5 II. 1. m.w.N. auf die Rspr.

[197] Vgl. zur „Konkretisierungstheorie" *Adomeit*, SAE 67, 237, 238 f.

[198] Zum Rangverhältnis der Normen siehe oben 2. Kap. § 2.

Damit könnte eine Konkretisierungsbefugnis im Rahmen des befristeten Arbeitsvertragsrechts den Tarifvertragsparteien keine eigenständige rechtliche Entscheidungsbefugnis über die Zulässigkeit eines solchen Vertrags verleihen. Dies ist von entscheidender Bedeutung für die richterliche Kontrolle von tarifvertraglichen Festlegungen des sachlichen Grundes[199]. Da die Rechtsprechung den unkonkretisierten Rechtsgrundsatz im Fall des befristeten Arbeitsvertrags nicht für tarifdispositiv erklärt hat, muß an ihm auch eine Normenkontrolle erfolgen. Würde das BAG beabsichtigen, in jedem Einzelfall zu unterstellen, daß bereits die Koalitionen eine solche Kontrolle vorgenommen haben, so würde es auf eine Rechtskontrolle verzichten und damit wiederum den Rechtsgrundsatz für tarifdispositiv erklären[200]. Eine solche Tarifdispositivität auch des allgemeinen Rechtssatzes muß von der Rechtsprechung gewollt sein und darf nicht gegen die erörterten Grenzen der Tarifdispositivität verstoßen. Für das Erfordernis des sachlichen Grundes bei befristeten Arbeitsverträgen besteht eine solche Grenze, die Tarifdispositivität dieses Richterrechtssatzes ist ausgeschlossen.

II. Konkretisierungsbefugnis und Rechtskontrolle

Im Rahmen des rechtlich Zulässigen kann die Rechtsprechung daher nur bedeuten, daß die richterliche Konkretisierung des Rechtsgrundsatzes nicht als die allein richtige gewertet wird, sondern daß den Tarifvertragsparteien die Möglichkeit geschaffen wird, durch abweichende Regelung, die die typische Interessenlage mehrerer Arbeitsverhältnisse berücksichtigt, eine ebenfalls rechtlich vertretbare Konkretisierung zu treffen.

Diese Folge könnte bei der Kontrolle der vertraglichen Konkretisierung an dem richterlichen Rechtsgrundsatz zu einem unterschiedlichen Prüfungsumfang oder -maßstab bei tarifvertraglicher Regelung einerseits und einzelvertraglicher andererseits führen. Die Kontrolle des Tarifvertrags muß sich zunächst auf die reine Rechtskontrolle beschränken. Die Überprüfung der Billigkeit und Zweckmäßigkeit einer Tarifnorm muß unterbleiben, da der Tarifvertrag die Gewähr selbstbestimmter Vertragsaushandlung bietet. Bei dem Einzelarbeitsvertrag dagegen

---

[199] Hierher gehören auch die bereits unter anderen Aspekten erörterten Fälle des Verhältnismäßigkeitsprinzips im Arbeitskampfrecht, des rechtsmißbräuchlichen Urlaubsverlangens und auch die Gratifikationsrspr., dort sind zwei Rechtssätze aufgestellt, der konkretisierte Teil ist tarifdispositiv (s. oben 4. Kap. § 3 II. 5. a), für den allgemeinen Rechtsgrundsatz gilt das hier Erörterte.

[200] So auch *Richardi*, Gedächtnisschr. Dietz, S. 292; *Seiter*, ZfA 70, 355, 362; vgl. andererseits *Reuß*, RdA 76, 53 ff., der postuliert, die Konkretisierung allgemeiner unbestimmter Rechtsbegriffe müsse für den autonomen Bereich mit bindender Wirkung durch die Rechtsträger der Autonomie selbst erfolgen.

kann über die Frage, ob die Vereinbarung bei einem befristeten Arbeitsvertrag die Voraussetzungen des Rechtsbegriffs des sachlichen Grundes erfüllt, hinaus überprüft werden, ob sie den Grundsätzen der Billigkeit entspricht[201]. Aber auch bei der Rechtskontrolle ist von einer Differenz im Prüfungsmodus auszugehen. Bei der Kontrolle des Tarifvertrags ist es berechtigt und aufgrund des Rechtsprinzips der Tarifautonomie in weitem Maße sogar gefordert, daß der Richter die tarifliche Regelung nicht an einer von ihm vorgefaßten Positivierung überprüft, sondern von der Abrede selbst ausgeht und kontrolliert, ob diese eine rechtlich zulässige Konkretisierung des Rechtsgrundsatzes enthält[202]. Hierin liegt ein entscheidender Unterschied zur einzelvertraglichen Regelung, doch zeigt die Erörterung auch, daß es sich nicht um ein eigentliches Problem der Tarifdispositivität handelt.

Im Schrifttum wird die Ansicht vertreten, die dargestellte Überprüfung dürfe gemäß § 319 I BGB nur Abweichungen, die „evident" sind, feststellen und für unzulässig erklären[203]. § 319 I BGB kann nur für eine Billigkeitskontrolle herangezogen werden. Die Rechtskontrolle folgt anderen, strikteren Regeln. Jeder Verstoß gegen eine höherrangige Norm ist unzulässig, nicht nur der evidente. Der Grundgedanke dieser Ansicht ist insoweit richtig, als die Tarifvertragsparteien den von einem unbestimmten Rechtsbegriff umfaßten Raum bis an seine äußersten Grenzen ausschöpfen können und erst bei deren Überschreiten ein Verstoß vorliegt. Die richterliche Überprüfung hat daher von der Frage auszugehen, ob die tarifvertragliche Regelung sich nicht mehr im rechtlichen Bereich der jeweiligen Grundsatznorm hält. Dies bedeutet eine negative Kontrolle der kollektivvertraglichen Konkretisierung auf einen Verstoß hin und nicht die positive Überprüfung auf die Übereinstimmung mit einer vom Richter selbst vollzogenen Konkretisierung des Rechtssatzes. Das wird im Ergebnis der Feststellung eines evidenten Verstoßes oft gleichkommen.

Zusammenfassung

Bei der Aufstellung von allgemeinen zwingenden Rechtsgrundsätzen durch die Rechtsprechung muß auch die tarifvertragliche Konkretisierung am Grundsatz des Richterrechts überprüft werden, da sonst wiederum eine Tarifdispositivität des allgemeinen Rechtssatzes selbst vorliegt. Die Konkretisierungsbefugnis verleiht nicht die Möglichkeit der

---

[201] Siehe oben 3. Kap. § 2 I. N. 11.

[202] Zur Konkretisierung vgl. auch *Birk*, Anm. BAG AP Nr. 37 zu § 620 BGB Befristeter Arbeitsvertr.; *Palenberg*, Anm. BAG AP Nr. 36 zu § 620 BGB Befristeter Arbeitsvertr.; *Säcker*, RdA 76, 91, 96; *Seiter*, SAE 70, 206, 207.

[203] *Thiele*, Festschr. Larenz, S. 1056 f.

eigenständigen rechtlichen, den Richter bindenden Präzisierung. Die Kontrolle ist reine Rechtskontrolle, der Richter hat unter Beachtung der Tarifautonomie davon auszugehen, daß auch die Tarifnorm eine zulässige Konkretisierung der Norm enthalten kann, nicht nur seine eigene Positivierung. Erst wenn er feststellt, daß erstere sich nicht mehr im rechtlichen Rahmen des unbestimmten Rechtsbegriffs hält, kann er sie für unzulässig erklären.

5. Kapitel

Sonderprobleme

§ 1 Individualvertragliche Bezugnahme auf einen Tarifvertrag

Die BAG-Rechtsprechung zum Problemkreis der Tarifdispositivität ist mit den bisherigen Erörterungen noch nicht erschöpft. Sie hat weiterhin einige bei der Gesamtbetrachtung am Rande liegende Fragen geregelt. Dazu gehört die Bezugnahme eines Einzelarbeitsvertrags auf einen von der Rechtsprechung zuungunsten des Arbeitnehmers abweichenden Tarifvertrag. Das BAG hat die Bezugnahme für zulässig und rechtlich wirksam angesehen[1]. Ohne sich kritisch mit der Frage des Geltungsgrundes und -modus solcher in Bezug genommener Tarifvertragsklauseln auseinanderzusetzen, begründet das BAG seine Entscheidung damit, daß nach der Individualvereinbarung der Arbeitnehmer sich in allem so behandeln lassen wolle wie der kraft Organisationszugehörigkeit tarifgebundene. Einem solchen Vertrag gegenüber werde die Schutz- und Ordnungsfunktion bereits durch die Tarifvertragsparteien wahrgenommen. Das BAG will des weiteren vermeiden, daß dem Arbeitnehmer bei der Bezugnahme auf einen Tarifvertrag aus der richterrechtlichen und tariflichen Regelung jeweils die günstigsten Bedingungen verschafft werden und damit eine Schlechterstellung der Tarifgebundenen bewirkt wird. Nicht zuletzt beruft sich das BAG auf die gesetzlichen Bestimmungen der §§ 13 I 2 BUrlG, 2 III 2 LohnfortzahlungsG, 622 III 2 BGB[2].

Diese Rechtsprechung hat geteilte Kritik erfahren. Die ablehnenden Stimmen stützen sich vor allem auf die Unterschiede im Geltungsgrund der tariflichen Regel, Tarifmacht einerseits und einzelvertragliche Vereinbarung andererseits[3]. Die Befürworter dagegen halten dies für ein formales Argument, das die entscheidenden Gründe der Inhaltsgleichheit und der Interessenwahrung durch den Tarifvertrag überdecke[4].

---

[1] BAG AP Nr. 54 u. 57 zu § 611 BGB Gratifikation; zust. *Herschel*, DB 67, 245, 247 ff.; kritisch *Bötticher*, SAE 67, 263.

[2] BAG ebd.

[3] *E. Wolff*, SAE 66, 233; vgl. auch *Biedenkopf*, Anm. zu BAG AP Nr. 54 zu § 611 BGB Gratifikation; *Vossen*, Richterrecht, S. 116 ff., auch zur neg. Koalitionsfreiheit als möglicherweise beeinträchtigtes Recht.

I. Geltungsgrund der in Bezug genommenen Regelung

Bei einer Bezugnahme ist Geltungsgrund für die tarifvertragliche Regelung allein die einzelvertragliche Vereinbarung, denn sie enthält den entscheidenden realen Entstehungsakt. Erst als zweites stellt sich die Frage, welche rechtlichen Wirkungen man ihr beimessen will[5], nämlich rein arbeitsvertragliche, die einer Tarifbindung oder die einer „eingeschränkten" Tarifbindung[6].

Die erörterte Rechtfertigung der Verschlechterung von richterrechtlichen Arbeitnehmerpositionen durch Tarifvereinbarungen basiert auf der Einräumung selbstverantwortlicher Regelungsbefugnis zugunsten der Koalitionen. Die Tarifautonomie umfaßt nur diejenigen, die die Koalitionen zu ihrer Ausübung legitimiert haben und von ihnen repräsentiert werden. Eine solche Legitimation erfolgt durch Koalitionsbeitritt und nicht durch Bezugnahme auf einen Tarifvertrag[7]. Der Arbeitnehmer muß die Möglichkeit haben, Vor- und Nachteile der Tarifbindung abzuwägen. Bei der Bezugnahme fehlt diese. Es besteht vielmehr die Gefahr, daß der mächtigere Arbeitgeber dem Arbeitnehmer einen Tarifvertrag mit dem Richterrecht gegenüber ungünstigeren Klauseln aufdrängt. Da Geltungsgrund die einzelvertragliche Vereinbarung ist, entfällt bereits die aus dem Rechtsprinzip der Tarifautonomie und seinen Grundlagen gewonnene Berechtigung für die Zulässigkeit einer den Arbeitnehmer benachteiligenden Abweichung von der Rechtsprechung.

II. Geltungsmodus der in Bezug genommenen Regelung

Es wird versucht, dieses Ergebnis dadurch zu überspielen, daß trotz individualvertraglichem Geltungsgrund der entsprechenden Klausel normative Wirkung und damit Vorrang vor der staatlichen Regelung beigemessen wird[8]. Die Meinungen reichen von der Einbeziehung der Vertragschließenden in die Tarifbindung[9] über die Anerkennung einer abgeschwächten normativen Wirkung der Klauseln, zumeist gestützt auf den Gedanken der Rechtswahl[10], bis zur herrschenden Meinung, die von

[4] *Adomeit*, Rechtsquellenfragen, S. 160 f.; *Herschel*, DB 67, 245, 247 ff.; *ders.*, DB 69, 659 ff.; *Preis*, ZfA 72, 271, 302; *Stahlhacke*, DB 67, 1983, 1985 f.

[5] So auch *Dietz*, DB 74, 1771; *Richardi*, ZfA 71, 73, 87.

[6] Vgl. zum Streitstand *v. Hoyningen-Huene*, RdA 74, 138 ff.

[7] Vgl. *Vossen*, Richterrecht, S. 118.

[8] Vgl. *v. Hoyningen-Huene*, RdA 74, 138, 140 ff. m.w.N.; das BAG entscheidet nicht in diesem Sinne konsequent, sondern geht von einzelarbeitsvertraglichen Vereinbarungen aus, mißt ihnen aber Vorrang zu, siehe oben N. 1.

[9] So insbes. *v. Hoyningen-Huene* ebd., S. 143 ff.

[10] So insbes. *Herschel*, DB 67, 245, 247 ff., Bezugnahme sei „sozialrechtlicher Gestaltungsakt", führe zu Tarifbindung ohne Unabdingbarkeit u. Unmittelbarkeit.

einer rein privatrechtlichen Vereinbarung ausgeht[11]. Zutreffend ist allein letztere Ansicht, nach der nur einzelvertragliche Rechte und Pflichten erwachsen.

Eine Tarifbindung kraft Berufung kennt unsere Rechtsordnung nicht[12]. Sie wird vielmehr abschließend durch das TVG geregelt. Eine Erweiterung müßte durch den Gesetzgeber selbst erfolgen. Sie kann nicht aus den Vorschriften der §§ 13 I 2 BUrlG, 2 III 2 LohnfortzahlungsG, 622 III 2 BGB entnommen werden, denn diese ergeben selbst für ihre Spezialfälle keine Anhaltspunkte einer erweiterten Tarifbindung. Auch der Gedanke der Rechtswahl und einer modifizierten normativen Wirkung kann nicht unterstützt werden. In den anerkannten Fällen der Rechtswahl, im Güterrecht, IPR etc. enthalten die gewählten Regeln stets eine latente allgemeine Normativität, die durch die Rechtswahl aktualisiert wird. Die entsprechenden Normen können jeden der sie Wählenden zum Geltungsobjekt haben. Abweichend verhält es sich bei den Tarifvertragsnormen, sie haben einen begrenzten Geltungsradius, der sich nur auf einen Kreis von Rechtssubjekten, die gewisse Voraussetzungen — z. B. Organisationsangehörigkeit — erfüllen, erstreckt. In diesen Kreis können sich die Vertragsparteien nicht mit dem Abschluß eines Individualvertrags „hineinwählen".

Die Bezugnahme begründet somit nur einzelvertragliche Rechtspositionen ohne den Vorrang der inhaltlich entsprechenden Tarifnormen.

III. Richterliche Öffnungsklauseln

Da die individualvertragliche Bezugnahme keine Bindung an eine tarifvertragliche Abweichung von den Richterrechtssätzen zum Nachteil des Arbeitnehmers herbeiführt, bleibt zu prüfen, ob der Richter in diesen Fällen, gestützt auf die Argumente des BAG, eine spezielle Öffnungsklausel schaffen kann. Das ist jedoch ebenfalls abzulehnen.

Die Schutz- und Ordnungsfunktion, die die Koalitionen bei Abschluß des Tarifvertrags wahrgenommen haben, berechtigen nicht die Einräumung eines Regelungsvorrangs vor der richterlichen Bestimmung[13]. Die Gefahr der Schlechterstellung der tarifgebundenen Arbeitnehmer rechtfertigt die BAG-Rechtsprechung ebenfalls nicht, denn sie findet keine Entsprechung in einem Gleichbehandlungsgebot[14]. Eine natürliche Einschränkung findet diese Gefahr in der eigenen Interessenwahrung des Arbeitgebers.

---

[11] Statt aller *Adomeit*, Rechtsquellenfragen, S. 161 u. Hinweise bei *v. Hoyningen-Huene* ebd., S. 140 N. 19.

[12] Vgl. *Dietz*, DB 74, 1770; *Vossen*, Richterrecht, S. 118.

[13] Siehe oben 3.Kap. § 3 II. 2. b) bb).

[14] So auch *E. Wolff*, SAE 66, 233.

Die Rechtsprechung ist daher nicht gerechtfertigt. Das gilt sowohl für die Bezugnahme auf den ganzen Tarifvertrag als auch — vom Schutz des Arbeitnehmers her gesehen in besonderem Maße — auf einzelne Klauseln. Für letzteren Fall stimmt auch ein Teil der grundsätzlich abweichenden Meinung zu[15]. Daß Gesetze zum Teil eine Bezugnahme der Tarifbindung kraft Organisationszugehörigkeit gleichstellen, kann an diesem Ergebnis nichts ändern. Wie ausgeführt, ergibt sich aus diesen Fällen kein allgemeiner Rechtsgedanke[16]. Auch an der Gesetzgebung wurde zu Recht schwerwiegende Kritik geübt, auf die hier nicht näher eingegangen werden muß[17]. Der Richter hat nicht den weiten Ermessensspielraum des Gesetzgebers; er kann sich nicht auf eine Berechtigung für die Anerkennung dem Arbeitnehmer gegenüber nachteiliger Klauseln in Verträgen, die auf die Tarifnormen Bezug nehmen, stützen. Insoweit ist die Dispositiverklärung unzulässig.

Zusammenfassung

Die Bezugnahme auf einen Tarifvertrag, der von einer Richterrechtsnorm zum Nachteil des Arbeitnehmers abweicht, begründet allein einzelvertragliche Rechte und Pflichten, sie kann der Tarifbindung kraft Organisationszugehörigkeit nicht gleichgestellt werden. Daher ist der Richter nicht berechtigt, in diesen Fällen der Vereinbarung Vorrang vor dem Richterrecht einzuräumen.

§ 2 Regelung in Betriebsvereinbarungen

Zum Nachteil des Arbeitnehmers von der Rechtsprechung abweichende Vereinbarungen hat das BAG dann für unwirksam angesehen, wenn sie in Betriebsvereinbarungen getroffen wurden[18]. Zur Begründung beruft es sich vor allem darauf, daß eine Betriebsvereinbarung zwar auch normative Wirkung habe (§ 77 IV BetrVerfG), diese Autonomie sich aber nur auf ein einfaches Gesetz gründe, daß dem Betriebsrat die Machtmittel und die Unabhängigkeit der Gewerkschaften nicht zuständen, der Arbeitnehmer keinen Einfluß auf seine Bindung an die

---

[15] *Biedenkopf*, Anm. BAG AP Nr. 54 zu § 611 BGB Gratifikation; *Vossen*, Richterrecht, S. 120; auch *Richardi*, ZfA 71, 73, 87; allgemein zur Bezugnahme LAG Hamm, DB 75, 1515, zustimmend; *Wiedemann*, RdA 69, 321, 324 f., ablehnend; die Gefahren dieser Rspr. werden bei *Dietz*, DB 74, 1770 ff., deutlich, er läßt für § 622 BGB jede auch unbewußte Abweichung zu, die günstiger ist oder gleich wie der Tarifvertrag.

[16] Siehe oben 3. Kap. § 3 I. 2. c).

[17] *Biedenkopf*, Tarifautonomie, S. 194 ff. besonders kritisch dazu.

[18] BAG AP Nr. 63 u. 68 zu § 611 BGB Gratifikation.

Betriebsvereinbarung habe und schließlich, daß gesetzliche Regeln die Dispositivität nicht auf Betriebsvereinbarungen erstreckten.

Der Rechtsprechung ist im Ergebnis zuzustimmen, wenn auch mit abweichender Begründung[19]. Für eine Differenzierung zwischen Einzelarbeitsvertrag und Betriebsvereinbarung, an der der Richter zwar grundsätzlich rechtlich nicht gehindert wäre[20], fehlt die sie tragende Rechtfertigung[21]. Dieses Ergebnis folgt nicht aus der auf die angeführten Argumente gestützten Annahme einer Billigkeitskontrolle der Betriebsvereinbarung durch den Richter[22]. Ohne auf die Bedenken gegen eine solche Kontrolle einzugehen[23], muß diese Begründung schon daran scheitern, daß es sich hier ebensowenig um ein Prüfungsproblem handelt wie bei einem Tarifvertrag[24], sondern um die Frage der Geltungseinschränkung von Normen, die einer Autonomie rechtliche Grenzen setzen. Der dabei entscheidende Faktor für die Rechtfertigung der Einschränkung gegenüber einem Tarifvertrag, der Rechtsgedanke vorrangiger selbstverantwortlicher Regelsetzung, fehlt für die Betriebsvereinbarung. Den Betriebspartnern ist von der Rechtsordnung lediglich eine ergänzende, offengelassene Bereiche ausfüllende Aufgabe zugewiesen. Für einen Regelungsvorrang ergeben sich keine Ansatzpunkte.

Seit Inkrafttreten des neuen BetrVerfG ist die Möglichkeit der Regelung arbeitsvertraglicher Inhaltsnormen durch Betriebsvereinbarungen nach § 77 III BetrVerfG erheblich eingeschränkt[25]. Nach dieser Vorschrift besteht eine Sperrwirkung für Betriebsvereinbarungen, wenn der Betrieb unter den Geltungsbereich eines die entsprechende Frage regelnden Tarifvertrags fällt oder doch für den Betrieb die Frage üblicherweise durch Tarifvertrag geregelt wird. Diese Sperrwirkung besteht auch für die inhaltliche Übernahme und damit die Bezugnahme auf einen Tarifvertrag durch eine Betriebsvereinbarung[26], so daß die damit verbundene Problematik zum größten Teil entfällt. Für die noch denkbaren Fälle der Bezugnahme auf einen Tarifvertrag außerhalb des betrieblichen Bereichs oder bei anderen Regelungsgegenständen entspricht die rechtliche Beurteilung der der einzelvertraglichen Bezugnahme[27].

---

[19] Vgl. auch *Küchenhoff*, SAE 68, 123 f.; *Gamillscheg*, Anm. BAG AP Nr. 63 zu § 611 BGB Gratifikation.

[20] Siehe oben 3. Kap. § 3.

[21] Siehe oben 3. Kap. § 3 II. 6.

[22] BAG AP Nr. 63 u. 68 zu § 611 BGB Gratifikation.

[23] Vgl. insbes. *Kreutz*, ZfA 75, 65, 67 ff., 71 ff.

[24] Siehe oben 3. Kap. § 2.

[25] *Brecht*, BetrVerfG, § 77 Rdn. 24; *Erdmann / Jürging / Kammann*, BetrVerfG, § 77 Rdn. 65 f.; *Fitting / Auffarth / Kaiser*, BetrVerfG, § 77 Rdn. 50 ff.; *v. Hoyningen-Huene*, RdA 74, 138, 139 N. 1.

[26] *Fitting / Auffarth / Kaiser*, BetrVerfG, § 77 Rdn. 50 ff.

§ 3 Die Weitergeltung bestehender Tarifverträge

Zuletzt hat das BAG noch die Frage aufgeworfen, ob die Tarifdispositivität auch für Tarifverträge gelten soll, die vor der Schutzrechtsprechung geschlossen wurden, die also noch nicht bewußt abweichen konnten[28]. Für die erste Entscheidungsalternative, die Zulassung jedes abweichenden Tarifvertrags ohne Rücksicht auf seinen Abschlußzeitpunkt, hat sich das BAG in einer Entscheidung zu § 13 BUrlG ausgesprochen[29]. Es ging davon aus, daß es mit der Rechtsicherheit unvereinbar sei, wenn die Koalitionen, um ihren bereits erklärten Willen aufrecht zu erhalten, einen neuen Tarifvertrag gleichen Wortlauts abschließen müssen, in der Zwischenzeit aber die staatliche Regelung gilt[30]. Nach der zweiten Entscheidungsmöglichkeit sind abweichende Regelungen nur in Tarifverträgen zulässig, bei denen die Tarifvertragsparteien in Kenntnis der Rechtslage für ihren Geltungsbereich eine Sonderregelung treffen wollen[31]. Dafür verweist das BAG auf Art. 6 II 1. Arbeitsrechtsbereinigungsgesetz[32].

Bei dem vorliegenden Problem entsprach der in der Vergangenheit begründete Sachverhalt der damals geltenden Rechtsordnung und entspricht ihr auch weiterhin, nur ist er jetzt ausdrücklich als Sondertatbestand normiert. Die Frage der Weitergeltung des Tarifvertrags ist damit entscheidend danach zu beurteilen, ob die neue staatliche Regelung den bereits bestehenden Tarifvertrag als ihrem Sinn und Zweck hinreichend gerecht gelten lassen will. Die Zulassung tarifvertraglicher Abweichungen enthält nicht als solche das rechtliche Erfordernis der Kenntnis der vom Gesetzgeber oder Richter eingeräumten Schutzposition. Dieses Erfordernis wird allein durch einen tatsächlichen Grund gestützt. Die Schutzrechtsprechung gewährt den Gewerkschaften bei den Vertragsverhandlungen eine gewisse Stütze, da sie auf die gesetzliche oder richterrechtliche Regelung als grundsätzlich angemessenen Interessenausgleich verweisen können und damit bei einem nachteiligen Abweichen stärkeren Druck zur Erlangung anderer Vorteile ausüben können. Rechtlich geht die Übertragung eigenverantwortlicher Regelungsbefugnis auf die Koalitionen aber davon aus, daß sie die Interessen

---

[27] Es gelten auch bei Bezugnahme die richterlichen Rechtssätze, siehe oben 5. Kap. § 1.

[28] BAG AP Nr. 28 zu § 74 HGB.

[29] BAG AP Nr. 2 zu § 13 BUrlG mit zustimmender Anm. *Nikisch*, ebd.; auch BAG AP Nr. 6 zu § 13 BUrlG.

[30] Dazu *Nikisch*, ebd.

[31] Vgl. BAG AP Nr. 28 zu § 74 HGB.

[32] Das Gesetz enthält eine Klausel, die das Weitergelten älterer Tarifverträge ausdrücklich zuläßt mit Ausnahme der Regelung über die Kündigungsfristen für ältere Arbeitnehmer. BGBl. 1969 Bd. I, S. 1106.

ihrer Mitglieder auch ohne die Stütze staatlicher Normierung angemessen wahren, zumal sie die entsprechenden Machtmittel besitzen. Zugunsten der Weitergeltung kommt hinzu, daß sie Rechtskontinuität und -sicherheit gewährleistet. Die Weitergeltung bestehender Tarifverträge, die vor der Ausbildung des jeweiligen Schutzrechtssatzes abgeschlossen wurden, ist daher zu bejahen; sie wird aber auch nur dann bedeutsam, wenn die Erklärung für tarifdispositiv selbst im Rahmen der erörterten Grenzen zulässig ist[33].

---

[33] In der Entscheidung BAG AP Nr. 28 zu § 74 HGB, in der das BAG das Problem der Weitergeltung zur Sprache gebracht hat, ist die Tarifdispositivität unzulässig. Siehe oben 4. Kap. § 4 I. 1.

Zusammenfassung in Thesen

1. Die gesetzliche Normierung der Arbeitsrechtsordnung ist unvollständig. Daher wird der Richter im faktisch sozialen Bereich in großem Maße in die Rolle des „Ersatzgesetzgebers" gedrängt.

2. Rechtsfortbildung betreibt der Richter im Unterschied zur Rechtsanwendung dann, wenn er nach Ausschöpfung aller Erkenntnismittel eine — zumindest teilweise — autonome Wertung trifft, die auch rechtspolitische Erwägungen enthalten kann.

3. Die rechtliche Befugnis neben dem faktischen Zwang zu solchen Entscheidungen ist in der richterlichen Bindung an das Recht auch über die positiven Gesetze hinaus begründet (Art. 20 III GG).

4. Der rechtsfortbildenden Entscheidung des Richters kommt keine selbständige Normqualität zu; die Rechtsprechung ist nicht als autonome Rechtsquelle neben Gesetz und Gewohnheitsrecht anzuerkennen, da dem Richter insoweit die erforderliche kompetentielle Befugnis fehlt. Zum Gewohnheitsrecht können die Richterrechtssätze nur im Einzelfall erstarken.

5. Die Rechtsprechung ist vielmehr eine unselbständige materielle Rechtsquelle, die mit der Fortbildung des Rechts vervollständigende oder neue Teile der Gesamtrechtsordnung ausbildet.

6. Aufgrund richterlicher Rechtsfortbildung ausgebildete Rechtssätze sind dem Tarifvertrag gegenüber höherrangiges staatliches Recht.

7. Die Koalitionen haben aufgrund der Delegation durch § 1 TVG, der die Verfassungsgarantie des Art. 9 III GG konkretisiert, die Befugnis zur Normsetzung in Tarifverträgen.

8. Tarifnormen und staatliches Recht sind geeignet, die Benachteiligung des Arbeitnehmers durch wirtschaftliche Übermacht des Arbeitgebers auszugleichen. Wenn beide eine Regelung des gleichen Gegenstands treffen, entsteht ein Konkurrenzverhältnis, zu dessen Lösung in vielen Fällen auf die Rechtsfigur der Tarifdispositivität zurückgegriffen wird.

9. Dispositivität bedeutet das Zurücktreten einer höherrangigen staatlichen Norm (Gesetz, Richterrecht) hinter eine abweichende autonome Regelung. Entscheidend ist dabei die Möglichkeit der für den durch die Norm Geschützten nachteiligen Abweichung. Bei der Tarifdispositivität

wird eine solche Abänderung nur für Tarif-, nicht für Individualvereinbarungen zugelassen.

10. Die vom BAG für tarifdispositiv erklärte Rechtsprechung beruht nicht auf Billigkeitskontrolle, sondern stellt inhaltliche Grenzen der Vereinbarungsbefugnis aufgrund der Abwägung widerstreitender Rechte auf. Daher enthält die Tarifdispositivität in ihrem eigentlichen Problembereich — Regelungskonkurrenz — keine Fragen nach einer Divergenz in Prüfungsmaßstab oder -kompetenz, sondern nach der Möglichkeit der Geltungseinschränkung einer Norm. Nur wenn zwischen Richterrecht und Tarifnorm ein Ergänzungsverhältnis besteht — unkonkretisierte Rechtsfortbildung —, stellen sich Fragen aus dem Kontrollkomplex.

11. Ein Vorrang tariflicher Regelung vor staatlicher — Normsetzungsprärogative —, der auf der Verfassung beruhen muß, besteht nur in dem durch Art. 9 III GG gewährleisteten engen Kernbereich der Tarifautonomie.

12. Der Umfang dieser Gewährleistung ist im Einzelfall festzustellen. Allgemein kann er nur generalklauselartig umschrieben werden. Er umfaßt den Bereich eigenverantwortlicher Regelung der Arbeits- und Wirtschaftsbedingungen, der den Koalitionen wesentliche Aufgaben zur sinnvollen Erfüllung ihres Zwecks beläßt. Der Bereich ist schrankenlos garantiert, der Gesetzgeber kann ihn jedoch konkretisieren.

13. Außerhalb des Kernbereichs ist der Richter rechtlich (Art. 3 GG, allgemeiner Rechtsgrundsatz, Dignität der Rechtsprechung) grundsätzlich nicht in der Entscheidung für oder gegen die Tarifdispositivität gebunden. Insbesondere verstößt die Divergenz in der rechtlichen Beurteilung inhaltlich gleicher Klauseln des Individual- und Tarifvertrags grundsätzlich nicht gegen das verfassungsrechtliche Gleichbehandlungsgebot.

14. In diesem Bereich fällt dem Richter somit eine „gesetzgeberische" Ermessensentscheidung zu, die er aber nicht ungebunden allein nach Zweckmäßigkeitsgesichtspunkten treffen kann, sondern die einer inneren Rechtfertigung bedarf.

15. Diese Rechtfertigung findet die abweichende rechtliche Bewertung einzel- und tarifvertraglicher Klauseln in dem in der Arbeitsrechtsordnung neben der Verfassungsgarantie anzuerkennenden allgemeinen Rechtsprinzip der Tarifautonomie, d. h. der eigenverantwortlichen vorrangigen Regelungsbefugnis der Tarifvertragsparteien. Die Schutz- und Ordnungsfunktion des Tarifvertrags, das Machtgleichgewicht der Tarifpartner und die darauf beruhende Richtigkeitsgewähr des Vertrags — im Sinne der Möglichkeit selbstbestimmter Entscheidung — enthalten

dagegen keine für sich ausschlaggebenden Wertungen. Ihnen kommt vielmehr nur eine unterstützende Funktion zu.

16. Der Richter ist in all seinen Entscheidungen, damit auch bei der Anwendung der Rechtsfigur der Tarifdispositivität, an die Wertungen der Gesamtrechtsordnung gebunden. Daraus ergeben sich die entscheidenden Voraussetzungen und Grenzen tarifdispositiven Richterrechts im Einzelfall und der bedeutendste Unterschied zum Gesetzesrecht.

17. Voraussetzung jeder Tarifdispositivität ist die Regelungsmacht der Koalitionen für die entsprechende Frage. Inhalt und Grenzen ihrer Zuständigkeit können die Koalitionen nicht selbst bestimmen. Die durch Tarifvertrag regelbaren Inhalte sind durch Art. 9 III GG umschrieben. Weiterhin fehlt die Regelungsmacht insbesondere für die Voraussetzungen der Autonomie und ihrer Ausübung. Dazu gehören auch die Rechtsgrundsätze des Arbeitskampfrechts, das den Koalitionen die Mittel zur Autonomieausübung zur Verfügung stellt.

18. Die Regelungsbefugnis fehlt ebenfalls, wenn die Rechtssphäre autonomiefremder Dritter beeinträchtigt wird und bei der rechtlichen Bewertung von Positionen (als absolutes Recht, Anwartschaft etc.).

19. Materiale Rechtsgrundsätze, die der Richter aus der Verfassung — insbesondere den Grundrechten — entwickelt, erhalten den allgemein zwingenden Charakter der Verfassungsnorm selbst und schließen eine Tarifdispositivität aus. Geltungsgrund der Grundrechte gegenüber tariflichen Regelungen ist über die Anerkennung einer unmittelbaren Drittwirkung hinaus die Befugnis der Koalitionen, durch ihre Vereinbarungen Dritte zu binden. Die Machtverhältnisse der Tarifvertragsparteien haben keinen Einfluß auf den Inhalt der rechtsfortbildenden Grundrechtskonkretisierung. Allein die konkrete Einzelregel kann, bei Aufrechterhaltung der Rechtskontrolle an dem Grundsatz, den Tarifpartnern überlassen werden.

20. Wendet der Richter einen Rechtssatz im Wege der Gesetzesanalogie an, so ist er an dessen Geltungsumfang gebunden. Bei einer Rechtsanalogie dagegen kann er ihn verändern, so insbesondere wenn nichtarbeitsrechtliche Normen herangezogen werden.

21. Die Wertungen der Rechtsordnung binden den Richter im übrigen, wenn ihnen eine Aussage über die Tarifdispositivität entnommen werden kann, sei es, daß sie grundsätzlich ausgeschlossen, gefordert oder auf konkrete Fragen beschränkt wird.

22. Die Wertungen können sich aus dem Normenkomplex ergeben, dem die Rechtsfortbildung angehört, einem verwandten Bereich oder einem allgemeinen Rechtsgrundsatz.

23. Für die Rechtsfortbildung von besonderer Bedeutung ist, daß das Kündigungsschutz- und Kündigungsrecht als Träger des sozialen Bestandsschutzes des Arbeitsverhältnisses grundsätzlich — anders vor allem die Regelung der Kündigungsfristen — eine Tarifdispositivität ausschließt.

24. In weitem Maße der Tarifdispositivität offen stehen dagegen u. a. das Urlaubsrecht und die Verteilung des Lohn- und Haftungsrisikos.

25. Eine den Richter allgemein bindende Differenzierung in den zwingenden Kern und die tarifdispositive Ausformung einer Norm ist abzulehnen. Eine entsprechende grundsätzliche Wertung enthält die Rechtsordnung nicht.

26. Richterrecht, das Positionen des Arbeitnehmers einschränkt, steht einer Tarifdispositivität, die den Koalitionen die Möglichkeit zur abweichenden Regelung zugunsten der Betroffenen einräumen würde, nicht offen.

27. Die Rechtsfigur einer Betriebsvereinbarungsdispositivität ist zwar denkbar, aber in der Rechtsordnung (noch) nicht zu finden.

28. Von einer Einzelarbeitsvertrags-Dispositivität kann in den Fällen gesprochen werden, in denen die Norm Positionen des Arbeitnehmers betrifft, die nicht tarifvertraglich regelbar sind, so daß der Adressatenkreis einer Dispositivität zwangsläufig beschränkt ist.

29. Die Vereinbarung von Ausschlußfristen ist grundsätzlich auch für unabdingbare Rechte zulässig. Sie enthält keine „verdeckte" Dispositivität.

30. Bei der Ausbildung unkonkretisierten Richterrechts ist eine Konkretisierungsbefugnis der Tarifvertragsparteien nicht als rechtlich bindende Präzisierung anzuerkennen, sondern nur in dem Sinne, daß die Koalitionen Konkretisierungsvorschläge erstellen, von denen die richterliche Rechtskontrolle an dem allgemeinen Grundsatz ausgehen muß und die sie nur als unzulässig verwerfen kann, wenn sie die äußersten Grenzen des Rahmens, den der unbestimmte Rechtssatz absteckt, überschreiten.

31. Eine Gleichstellung der individualvertraglichen Bezugnahme auf einen Tarifvertrag mit der Tarifbindung kraft Organisationszugehörigkeit ist unzulässig. Auch in diesem Fall gelten daher die richterlichen Schutzrechtssätze.

32. Der Zulassung abweichender Regelung durch Betriebsvereinbarungen würde die Rechtfertigung fehlen. Das BAG wendet daher zu Recht auch hier seine Rechtssätze an.

33. Bereits vor der jeweiligen Rechtsfortbildung geschlossene abweichende Tarifverträge gelten nach der ausdrücklichen richterlichen Zulassung weiter.

34. Die Rechtsfigur der Tarifdispositivität hat seit ihrer ersten Anwendung durch das BAG im Jahre 1966 mehr und mehr Bereiche vor allem des richterlichen Arbeitsschutzrechts erfaßt. Es muß Klarheit darüber bestehen, daß die bisherigen Entscheidungen dennoch nur Einzelaspekte eines umfassenden Problemkreises betreffen. Die Frage nach der Möglichkeit tarifdispositiven Richterrechts kann sich in nahezu allen Einzelbereichen im Gesamtspektrum des Arbeitsrechts stellen. Die Rechtsfigur ist insoweit offen, und die Haltung des BAG läßt seinen Willen zu ihrer ausgedehnten Anwendung erkennen.

Neben dem Versuch, die bisher noch äußerst divergierenden Meinungen zu den Grundlagen, also zur Anerkennung überhaupt, zu Struktur und systematischer Einordnung sowie zur Legitimation, zu vereinheitlichen, muß sich die Diskussion daher hauptsächlich auf diese noch offenen, der Tarifdispositivität zugänglichen Bereiche richten.

Bei Anerkennung der grundsätzlichen Zulässigkeit tarifdispositiven Richterrechts, legitimiert durch das allgemeine Rechtsprinzip der Tarifautonomie, sind konkrete Grenzen, erstellt für die denkbaren Fallgruppen, das erforderliche und geeignete Mittel, um zu verhindern, daß die Anwendung dieser Rechtsfigur unter Mißachtung und Verletzung entgegenstehender Wertungen der Rechtsordnung ausufert.

Literaturverzeichnis

(Abgekürzte Zitierweise ist durch *Kursiv*schrift gekennzeichnet)

I. Lehrbücher und Kommentare, Einzeldarstellungen und Dissertationen

Adomeit: Rechtsquellenfragen im Arbeitsrecht, München 1969

Auffahrt / Müller: Kündigungsschutzgesetz, Handkommentar für die Praxis, Berlin und Frankfurt a. M. 1960

Betriebsverfassungsgesetz: Gemeinschaftskommentar, Fabricius, Kraft, Thiele, Wiese, Neuwied und Berlin 1974 ff.

Biedenkopf: Grenzen der *Tarifautonomie*, Karlsruhe 1964

Blomeyer / Buchner: Rückzahlungsklauseln im Arbeitsrecht, Karlsruhe 1969

Bötticher: Waffengleichheit und Gleichbehandlung der Arbeitnehmer im kollektiven Arbeitsrecht, Karlsruhe 1956

Bonner Kommentar: Kommentar zum Bonner Grundgesetz, Hamburg 1950 ff.

Brox / Rüthers: Arbeitskampfrecht, Stuttgart 1965

Bydlinski: Privatautonomie und objektive Grundlagen des verpflichtenden Rechtsgeschäfts, Wien — New York 1967

Canaris: Die Feststellung von *Lücken* im Gesetz, Berlin 1964

— *Systemdenken* und Systembegriff in der Jurisprudenz, Berlin 1969

Coester: Vorrangprinzip des Tarifvertrages, Heidelberg 1974

Däubler: Der *Streik* im öffentlichen Dienst, 2. Auflage, Tübingen 1971

Dersch / Neumann: Bundesurlaubsgesetz, 4. Auflage, München 1971

Engisch: Die *Idee* der Konkretisierung in Recht und Rechtswissenschaft unserer Zeit, 2. Auflage, Heidelberg 1968

— *Einführung* in das juristische Denken, 4. Auflage, Stuttgart 1968

Enneccerus / Nipperdey: Allgemeiner Teil des Bürgerlichen Rechts, 1. Hbd., 15. Auflage, Tübingen 1959

Erdmann / Jürging / Kammann: Betriebsverfassungsgesetz, Kommentar für die Praxis, Neuwied und Berlin 1972

Erman: Handkommentar zum Bürgerlichen Gesetzbuch, 1. Bd., 6. Auflage, Münster 1975

Esser: Grundsatz und Norm in der richterlichen Fortbildung des Privatrechts, 3. Auflage, Tübingen 1974

— Schuldrecht, Bd. I, Allgemeiner Teil, 5. Auflage, Karlsruhe 1976

— *Vorverständnis* und Methodenwahl in der Rechtsfindung, Frankfurt a. M. 1970

Evers: Arbeitskampffreiheit, Neutralität, Waffengleichheit und Aussperrung, Hamburg 1969

Feichtinger: Die betriebsverfassungsrechtliche *Regelungsbefugnis* der Tarifvertragsparteien, Diss. Mainz 1975

Fischer: Die *Weiterbildung* des Rechts durch die Rechtsprechung, Karlsruhe 1971

Fitting / Auffarth / Kaiser: Betriebsverfassungsgesetz, Handkommentar, 11. Auflage, München 1974

Galperin: Rechtsfortbildung im Arbeitsrecht, München 1956

Gamillscheg: Arbeitsrecht, in: Schönfelder, Prüfe Dein Wissen, 3. Auflage, München 1973

— Die *Differenzierung* nach der Gewerkschaftszugehörigkeit, Berlin 1966

Gamillscheg / Hanau: Die *Haftung* des Arbeitnehmers, 2. Auflage, Karlsruhe 1974

Hamann / Lenz: Das Grundgesetz für die Bundesrepublik Deutschland vom 23. 5. 1949, 3. Auflage, Neuwied und Berlin 1970

Harbou: Tarifautonomie und Individualgrundrechte, Diss. Würzburg 1973

Henkel: Einführung in die Rechtsphilosophie, München und Berlin 1964

Herschel / Steinmann: Kündigungsschutzgesetz, Kommentar zum, 5. Auflage, Heidelberg 1961

Herzog, R.: Allgemeine *Staatslehre*, Frankfurt a. M. 1971

Hesse: Grundzüge des Verfassungsrechts der Bundesrepublik Deutschland, 7. Auflage, Karlsruhe 1974

Hölters: Harmonie normativer und schuldrechtlicher Abreden in Tarifverträgen, Berlin 1973

Huber, E. R.: Wirtschaftsverwaltungsrecht, Bd. II, 2. Auflage, Tübingen 1954

Hueck, A. u. G.: Kündigungsschutzgesetz, Kommentar, 9. Auflage, München 1974

Hueck, A. / *Nipperdey:* Lehrbuch des Arbeitsrechts, Bd. I, 7. Auflage 1963, Bd. II/1, 7. Auflage 1967, Bd. II/2 (unter Mitarbeit von Säcker), 7. Auflage 1970, alle Berlin und Frankfurt a. M.

Ipsen, J.: *Richterrecht* und Verfassung, Berlin 1975

Isensee: Subsidiaritätsprinzip und Verfassungsrecht, Berlin 1968

Kriele: Theorie der *Rechtsgewinnung*, Berlin 1967

Larenz: Allgemeiner Teil des deutschen Bürgerlichen Rechts, 3. Auflage, München 1975

— *Kennzeichen* geglückter richterlicher Rechtsfortbildungen, Karlsruhe 1965

— *Methodenlehre* der Rechtswissenschaft, 2. Auflage, Berlin etc. 1969

Lehmann / Hübner: Allgemeiner Teil des Bürgerlichen Gesetzbuches, 16. Auflage, Berlin 1966

Leibholz / Rinck: Kommentar zum Grundgesetz für die Bundesrepublik Deutschland, 4. Auflage, Köln 1971

Leisner: Grundrechte und Privatrecht, München 1960

Lerche: Verfassungsrechtliche Zentralfragen des *Arbeitskampfes*, Bad Homburg v. d. H. etc. 1968

— *Verfassungsfragen* um Sozialhilfe und Jugendwohlfahrt, Berlin 1963

Leß: Von *Wesen* und Wert des Richterrechts, Erlangen 1954

v. Mangoldt / Klein: Das Bonner Grundgesetz, Bd. I, 2. Auflage, Berlin und Frankfurt a. M. 1957

Masthoff: Die *Rechtsnatur* des Tarifvertrages als Problem autonomer Rechtssetzung, Diss. Münster 1973

Maunz / Dürig / Herzog: Grundgesetz, 4. Auflage, München 1974

Meyer-Cording: Die *Rechtsnormen*, Tübingen 1971

Müller, F.: *Freiheit* der Kunst als Problem der Grundrechtsdogmatik, Berlin 1969

Nikisch: Arbeitsrecht, Bd. I, 3. Auflage, Tübingen 1961, Bd. II, 2. Auflage, Tübingen 1959

Peters / Ossenbühl: Die *Übertragung* von öffentlich-rechtlichen Befugnissen auf die Sozialpartner unter besonderer Berücksichtigung des Arbeitszeitschutzes, Berlin und Frankfurt a. M. 1967

Preuß, U. K.: Zum staatsrechtlichen *Begriff* des Öffentlichen, Stuttgart 1969

Ramm: Das *Koaltions- und Streikrecht* der Beamten, Köln 1970

Rauscher: Richterliche *Rechtsfortbildung* im Arbeitsvertragsrecht, Diss. Würzburg 1974

Richardi: *Betriebsverfassung* und Privatautonomie, Berlin 1973

— *Kollektivgewalt* und Individualwille bei der Gestaltung des Arbeitsverhältnisses, München 1968

Ridder: Zur verfassungsrechtlichen *Stellung* der Gewerkschaften im Sozialstaat nach dem Grundgesetz für die Bundesrepublik Deutschland, Stuttgart 1960

Rüthers: Die unbegrenzte *Auslegung*, Tübingen 1968

— „Institutionelles *Rechtsdenken*" im Wandel der Verfassungsepochen, Bad Homburg v. d. H. etc. 1970

— *Streik* und Verfassung, Köln 1960

Säcker: *Grundprobleme* der kollektiven Koalitionsfreiheit, Düsseldorf 1969

— *Gruppenautonomie* und Übermachtkontrolle im Arbeitsrecht, Berlin 1972

Schaub: Arbeitsrecht, Handbuch, 2. Auflage, München 1975

Schmidt-Bleibtreu / Klein: Kommentar zum Grundgesetz, 3. Auflage, Neuwied und Berlin 1973

Schnorr: Die für das Arbeitsrecht spezifischen *Rechtsquellen*, Wien 1969

Scholz: Das Wesen und die Entwicklung der gemeindlichen öffentlichen *Einrichtungen*, Berlin 1967

— *Koalitionsfreiheit* als Verfassungsproblem, München 1971

Schramm: Staatsrecht, Bd. II, Köln etc. 1971

Seiter: *Streikrecht* und Aussperrungsrecht, Tübingen 1975

Söllner: *Arbeitsrecht*, 3. Auflage, Stuttgart 1973

Soergel / Siebert: Bürgerliches Gesetzbuch, Bd. I, Allgemeiner Teil, 10. Auflage, Stuttgart 1967

Staudinger: Kommentar zum Bürgerlichen Gesetzbuch, Bd. II, Recht der Schuldverhältnisse, Teil 3, 11. Auflage, Berlin 1958

Stein: Lehrbuch des Staatsrechts, 4. Auflage, Tübingen 1975

Tomandl: Streik und Aussperrung als Mittel des Arbeitskampfes, New York und Wien 1965

Vossen: Tarifdispositives *Richterrecht*, Berlin 1974

Weber, W.: *Koalitionsfreiheit* und Tarifautonomie als Verfassungsproblem, Berlin 1965

Westhoff: Die *Inhaltskontrolle* von Arbeitsverträgen. Rechtsanwendung, Rechtsfortbildung oder Rechtspolitik?, Düsseldorf 1975

Wiedemann: Das *Arbeitsverhältnis* als Austausch- und Gemeinschaftsverhältnis, Karlsruhe 1966

Wolf, M.: Rechtsgeschäftliche *Entscheidungsfreiheit* und vertraglicher Interessenausgleich, Tübingen 1970

Wolff, H.-J.: Verwaltungsrecht, Bd. I, 9. Auflage, München 1974

Zöllner / Seiter: Die paritätische *Mitbestimmung* und Art. 9 III GG, Köln etc. 1970

II. Aufsätze und Beiträge zu Sammelwerken

Adomeit: Zur Theorie des Tarifvertrages, RdA 1967, 297

— Vermögensbildungsgesetz und Koalitionsfreiheit, RdA 1964, 309

Bachof: Begriff und Wesen des sozialen *Rechtsstaats*, in: Rechtsstaatlichkeit und Sozialstaatlichkeit (Hrsg. Forsthoff), S. 201, Darmstadt 1968

— Freiheit des Berufs, in: Bettermann/Nipperdey/Scheuner, Die Grundrechte, Bd. III/1, S. 155, Berlin 1958

Badura: Arbeitsgesetzbuch, Koalitionsfreiheit und Tarifautonomie, RdA 74, 129

Bartholomeyczik: Äquivalenzprinzip, Waffengleichheit und Gegengewichtsprinzip in der modernen Rechtsentwicklung, AcP 166 (1966), 30

Biedenkopf: Sinn und Grenzen der Vereinbarungsbefugnis der Tarifvertragsparteien, *Gutachten*, Verhandlungen des 46. Deutschen Juristentages, I, S. 97, München und Berlin 1966

— Auswirkungen der Unternehmensverfassung auf die Grenzen der Tarifautonomie, Festgabe Kronstein, S. 79, Karlsruhe 1967

Birk: Die Rechtsprechung des Bundesarbeitsgerichts im Jahre 1973, ZfA 1974, 441

Blomeyer: Die Entwicklung des arbeitsrechtlichen Schrifttums im Jahre 1974, ZfA 1975, 243

— Der befristete Arbeitsvertrag als Problem der Gesetzesinterpretation, RdA 1967, 406

Bogs: Referat, 43. Deutscher Juristentag 1960, Verhandlungen II, G 5

Boldt: Bundesurlaubsgesetz und Tarifautonomie, Festschrift für Nipperdey, II, S. 11, München, Berlin 1965

Buchner: Die Entwicklung der Rechtsprechung des Bundesarbeitsgerichts im Jahre 1971, ZfA 1972, 345

— Tarifvertragliche Regelung betriebsverfassungsrechtlicher Fragen, AR-Blattei (D) „Tarifvertrag V A"

Bulla: Soziale Selbstverantwortung der Sozialpartner als Rechtsprinzip, Festschrift Nipperdey, II, S. 79, München und Berlin 1965

Canaris: Tarifdispositive Normen und richterliche Rechtsfortbildung, Gedächtnisschrift Dietz, S. 199, München 1973

— Risikohaftung bei schadensgeneigter Tätigkeit in fremdem Interesse, RdA 1966, 41

Coester: Zur schuldrechtlichen Vereinbarungsbefugnis der Tarifvertragsparteien, DB 1972, 239

Diederichsen: Rechtsfortbildung in der betrieblichen Altersversorgung, Gedächtnisschrift Dietz, S. 225, München 1973

Dietz, R.: Die Koalitionsfreiheit, in: Bettermann/Nipperdey/Scheuner, Die Grundrechte, Bd. III/1, S. 417, Berlin 1958

Dietz, H.: Vereinbarung kürzerer tariflicher Kündigungsfristen mit nicht tarifgebundenen Arbeitnehmern, DB 1974, 1770

Dürig: Zum „Lüth-Urteil" des Bundesverfassungsgerichts vom 15. 1. 1958, DöV 1958, 914

— Verfassung und Verwaltung im Wohlfahrtsstaat, JZ 1953, 193

Dütz: Soziale Mächtigkeit als Voraussetzung eines einheitlichen Koalitionsbegriffs, AuR 1976, 65

Esser: In welchem Ausmaß bilden Rechtsprechung und Lehre Rechtsquellen?, ZVglRWiss 1975, 67

— Richterrecht, Gerichtsgebrauch und Gewohnheitsrecht, Festschrift Hippel, S. 95, Tübingen 1967

Fenge: Die arbeitsrechtliche Gesetzgebung zur betrieblichen Altersversorgung, DB 1975, 50

Fischer: Vorstellungen zur gesetzlichen Neuregelung des vertraglichen Wettbewerbsverbotes, DB 1971, 1255

Flume: Richter und Recht, in: Verhandlungen des 46. Deutschen Juristentages 1966, II, K 1, München und Berlin 1967

Forsthoff: Die Bindung an Gesetz und Recht (Art. 20 Abs. 3 GG), DöV 1959, 41

— Der Entwurf eines Zweiten Vermögensbildungsgesetzes, BB 1965, 381

Galperin: Die autonome Rechtsetzung im Arbeitsrecht, Festschrift Molitor, S. 143, München und Berlin 1962

Gamillscheg: Gedanken zur Rechtsfindung im Arbeitsrecht, Festschrift Schmitz, I, S. 68, Wien-München 1967

— Zur Gratifikation mit Rückzahlungsvorbehalt, RdA 1968, 407

— Die Grundrechte im Arbeitsrecht, AcP 164 (1964), 385

— Empfiehlt es sich, die Haftung des Arbeitnehmers gegenüber dem Arbeitgeber abweichend vom Schuldrecht des BGB zu regeln? *Referat,* Verhandlungen des 45. Deutschen Juristentages 1964, G 7, München, Berlin 1965

Geiger: Von der Aufgabe und der Bedrängnis des Richters, DRiZ 1959, 336

v. Gelder: Ein neues Arbeitskampfrecht? AuR 1972, 97

— Die Rechtsprechung des BAG im Jahre 1970, JurA 1971, 221

Gitter / Heinze: Die Entwicklung des Arbeitsrechts im Jahre 1971, ZfA 1973, 29

Hanau: F. J. Säcker, Grundprobleme der Koalitionsfreiheit (Buchbesprechung), NJW 1971, 1402

Heckelmann: Die Entwicklung des arbeitsrechtlichen Schrifttums im Jahre 1972, ZfA 1973, 425

Helm: Private Norm und staatliches Recht beim Massenvertrag, JuS 1965, 121

Henckel: Die ergänzende Vertragsauslegung, AcP 159 (1960/61), 106

Herschel: Die individualrechtliche Bezugnahme auf einen Tarifvertrag, DB 1969, 659

— Gedanken zu Richterrecht und Tarifautonomie, AuR 1972, 129

— Gratifikationsrückzahlung und Tarifvertrag, DB 1967, 245

— Leistungsfähigkeit — eine Voraussetzung arbeitsrechtlicher Koalitionen, AuR 1976, 225

— Tarifdispositives Recht, DB 1971, 2114

— Tarifdispositives Richterrecht, DB 1973, 919

— Gesetzesvertretendes Richterrecht und Tarifautonomie, RdA 1973, 147

— Sinn und Grenzen der Vereinbarungsbefugnis der Tarifvertragsparteien, *Referat,* Verhandlungen des 46. Deutschen Juristentages 1966, II, D 7, München und Berlin 1967

Heß, H.: Die Zulässigkeit betriebsnaher Tarifverträge, DB 1975, 548

Hilger: Überlegungen zum Richterrecht, Festschrift Larenz, S. 109, München 1973

Hirsch: Richterrecht und Gesetzesrecht, JR 1966, 334

Höhne: Die Unverfallbarkeit von Anwartschaften aus betrieblichen Versorgungszusagen, BB 1972, 1563

— Das Gesetz zu Verbesserung der betrieblichen Altersversorgung, Teil I, Der arbeitsrechtliche Teil des Gesetzes, BB 1975, Beilage 1, S. 2

v. Hoyningen-Huene: Die Bezugnahme auf den Tarifvertrag — ein Fall der Tarifbindung, RdA 1974, 138

Huber: Typenzwang, Vertragsfreiheit und Gesetzesumgehung, JurA 1970, 784

Kauffmann: Normsetzungsbefugnis der Tarifpartner, NJW 1966, 1681

Kern: Schutz des Lebens, der Freiheit und des Heims, in: Neumann/Nipperdey/Scheuner, Die Grundrechte, Bd. II, S. 51, Berlin 1954

Konzen: Die Entwicklung der Rechtsprechung des Bundesarbeitsgerichts im Jahre 1970, ZfA 1972, 131

Kreutz: Kritische Gedanken zur gerichtlichen Billigkeitskontrolle von Betriebsvereinbarungen, ZfA 1975, 65

— Die Rechtsprechung des Bundesarbeitsgerichts im Jahre 1972, ZfA 1973, 321

Krüger: Staatliche Gesetzgebung und nichtstaatliche Rechtsetzung, RdA 1957, 201

— Sinn und Grenzen der Vereinbarungsbefugnis der Tarifvertragsparteien, *Gutachten,* Verhandlungen des 46. Deutschen Juristentages 1966, I, S. 7, München und Berlin 1966

Küchenhoff: Einwirkung des Verfassungsrechts auf das Arbeitsrecht, RdA 1969, 97

— Das Prinzip der staatlichen Subsidiarität im Arbeitsrecht, RdA 1959, 201

— Einwirkungen des Verfassungsrechts auf das Arbeitsrecht, Festschrift Nipperdey II, München, Berlin 1965

Kunze: Streik und Wirtschaftsordnung, AuR 1965, 170

— Streikbereitschaft als Voraussetzung der Tariffähigkeit, BB 1964, 1311

— Das Verhältnis des dispositiven Gesetzesrechts zum Tarifvertrag, Das ArbR der Gegenwart, Bd. 1, S. 119, Berlin 1964

Larenz: Richterliche Rechtsfortbildung als methodisches Problem, NJW 1965, 1

— Wegweiser zu richterlicher Rechtsschöpfung, Festschrift Nikisch, S. 275, Tübingen 1958

Lieb: Kritische Gedanken zum tarifdispositiven Richterrecht, RdA 1972, 129

Lieb / Westhoff: Voraussetzungen und Abgrenzung von richterlicher Inhaltskontrolle und Rechtsfortbildung, DB 1973, 69

Lindacher: Mutterschutz und Wegeverbot sowie „sonstige Risiken des privaten Bereichs", FamRZ 1971, 235

Löwisch: Die Ausrichtung der tariflichen Lohnfestsetzung am gesamtwirtschaftlichen Gleichgewicht, RdA 1969, 129

— Das Übermaßverbot im Arbeitskampfrecht, ZfA 1971, 319

— Die Voraussetzungen der Tariffähigkeit, ZfA 1970, 295

Mayer-Maly: Arbeitsrechtliche Rechtsfortbildung, DB 1970, 444

— Das Verhältnis der richterlichen Rechtsfortbildung zur arbeitsrechtlichen Gesetzgebung, RdA 1970, 289

— Der Verhandlungsanspruch tariffähiger Verbände, RdA 1966, 201

Müller, G.: Das Arbeitskampfrecht im Beschluß des Großen Senats des Bundesarbeitsgerichts vom 21. April 1971, RdA 1971, 321

— Probleme der Friedenspflicht, DB 1959, 515

— Zur Stellung der Verbände im neuen Betriebsverfassungsrecht, ZfA 1972, 213

Nipperdey / Säcker: Das Verhältnis des Tarifvertrages zu den übrigen arbeitsrechtlichen Rechtsquellen, AR-Blattei (D) „Tarifvertrag I C"

— Tariffähigkeit und Tarifzuständigkeit, AR-Blattei (D) „Tarifvertrag II A"

Nipperdey / Wiese: Freie *Entfaltung* der Persönlichkeit, in: Bettermann / Nipperdey, Die Grundrechte, Bd. IV/2, Berlin 1962

Palme: Rechtsmißbräuchliches Urlaubsverlangen bei langdauernder Arbeitsunfähigkeit, BlStSozArbR 1974, 330

Pawlowski: Ein neues Verfahren richterlicher Rechtsfortbildung? ZfA 1974, 405

Preis: Tarifdispositives Richterrecht, ZfA 1972, 271

Raiser: Vertragsfreiheit heute, JZ 1958, 1

Redeker: Legitimation und Grenzen richterlicher Rechtsetzung, NJW 1972, 409

Rehbinder: Der befristete Arbeitsvertrag als Regeltyp im Recht der Bühne, RdA 1971, 211

Reichel: Rechtsfragen zur Tariffähigkeit, RdA 1972, 143

Reuß: Das neue Arbeitskampfrecht, AuR 1971, 353

— Die Bedeutung des Gemeinwohls für die Tarifhoheit, ZfA 1970, 319

— Bindung der Rechtsprechung an die autonome Konkretisierung abstrakter Begriffe, RdA 1976, 53

— Die Schutz- und Ordnungsfunktion der Gewerkschaften, RdA 1968, 410

— Die Stellung des kollektiven autonomen Arbeitsrechts im Rechtssystem, AuR 1958, 321

— Tarifautonomie und Richterrecht, AuR 1972, 136

Richardi: Der Beschluß des Großen Senats des Bundesarbeitsgerichts vom 21. April 1971, RdA 1971, 334

— Richterrecht und Tarifautonomie, Gedächtnisschrift Dietz, S. 269, München 1973

— Die Stellung des Arbeitskampfs in der gesamtwirtschaftlichen Rechtsordnung, RdA 1966, 241

— Streitfragen aus dem Ersten Arbeitsrechtsbereinigungsgesetz, ZfA 1971, 73

Rinck: Gleichheitssatz, Willkürverbot und Natur der Sache, JZ 1963, 521

Roscher: Vertragstheorie mit Herrschaftsfunktion? ZRP 1972, 111

Rüthers: Gesetzesanwendung oder Rechtspolitik, JZ 1974, 625

— Zur Kampfparität im Arbeitsrecht, JurA 1970, 85

— Das Recht der Gewerkschaften auf Information und Mitgliederwerbung im Betrieb, RdA 1968, 161

Säcker: Die vorzeitige Beendigung der Arbeitsverträge mit leitenden Angestellten, RdA 1976, 91

— Inhaltliche Grenzen der Tarifautonomie, AR-Blattei (D) „Tarifvertrag I D“

— Die Institutions- und Betätigungsgarantie der Koalitionen im Rahmen der Grundrechtsordnung, Das ArbR der Gegenwart, Bd. 12, S. 17, Berlin 1975

— Kollektivgewalt und Individualwille bei der Gestaltung des Arbeitsverhältnisses, RdA 1969, 291

— Die Konkretisierung vager Rechtssätze durch Rechtswissenschaft und Praxis, ARSP 1972, 215

— Zur demokratischen Legitimation des Richter- und Gewohnheitsrechts, ZRP 1971, 145

— Die Regelung sozialer Angelegenheiten im Spannungsfeld zwischen tariflicher und betriebsverfassungsrechtlicher Normsetzungsbefugnis, ZfA 1972, Sonderheft, S. 41

— Tarifvertrag und Dienstordnung der Angestellten der Sozialversicherungsträger, DB 1971, 1476

Salzwedel: Staatsaufsicht in der Verwaltung, VVdStRL, Heft 22 (1965), 205

Schaub: Wettbewerbsbeschränkungen nach Beendigung des Arbeitsverhältnisses nach dem jetzigen Stand der Rechtsprechung, vor allem des Bundesarbeitsgerichts, RdA 1971, 268

Scheuner: Verfassungsrechtliche Gesichtspunkte zu der Fortbildung des Arbeitskampfrechts im Beschluß des Großen Senats vom 21. April 1971, RdA 1971, 327

— Der Inhalt der *Koalitionsfreiheit,* in: Weber / Scheuner / Dietz, Koalitionsfreiheit, S. 29, Berlin und Frankfurt a. M. 1961

— Politische Repräsentation und Interessenvertretung, DöV 1965, 577

— Wirtschaftliche und soziale Selbstverwaltung, DöV 1952, 609

— Die Verfassungsmäßigkeit des Zweiten Vermögensbildungsgesetzes, in: Scheuner / Reuß, Die Verfassungsmäßigkeit des Zweiten Vermögensbildungsgesetzes, S. 5, Stuttgart etc. 1968

Schmidt-Rimpler: Grundfragen einer Erneuerung des Vertragsrechts, AcP 147 (1941), 130

— Zum Problem der Geschäftsgrundlage, Festschrift Nipperdey, S. 1, München und Berlin 1955

Schnorr: Inhalt und Grenzen der Tarifautonomie, JR 1966, 327

— Bundesverfassungsgericht und kollektives Arbeitsrecht, RdA 1955, 3

Scholz: Arbeitsverfassung und Richterrecht, DB 1972, 1771

— F. J. Säcker, Grundprobleme der kollektiven Koalitionsfreiheit (Buchbesprechung), RdA 1970, 210

Schumann: Das Rechtverweigerungsverbot, ZZP 81 (1968), 79

Schwerdtner: Die Änderung kollektivrechtlich begründeter Ruhegeldberechtigungen, ZfA 1975, 171

Seiter: Die Entwicklung der Rechtsprechung des Bundesarbeitsgerichts im Jahre 1969, ZfA 1970, 355

Siara: Wegfall der Urlaubsabgeltung, DB 1975, 836

Söllner: Zu Sinn und Grenzen der Vereinbarungsbefugnis der Tarifvertragsparteien, AuR 1966, 257

Stahlhacke: Die Rechtsprechung des Bundesarbeitsgerichts zum allgemeinen Tarifrecht, Das ArbR der Gegenwart, Bd. 11, S. 21, Berlin 1974

— Tarifliche Zuschläge für Sonntags-, Feiertags- und Nachtarbeit, DB 1967, 1983

Stein: Die verfassungsrechtlichen Grenzen der Rechtsfortbildung durch die Rechtsprechung, NJW 1964, 1745

Steindorff: Betriebsrenten für Arbeitnehmer und Organmitglieder auf der Grundlage der bisherigen Rechtsentwicklung, BB 1973, 1129

— Wirtschaftsrechtliche Maßstäbe im Arbeitsrecht, RdA 1965, 253

Strasser: Die Rechtsgrundlage der tariflichen Friedenspflicht, RdA 1965, 401

Streckel: Das Gesetz zur Verbesserung der betrieblichen Altersversorgung, NJW 1975, 365

Thiele: Bemerkungen zum Problem der Rückzahlungsklauseln, RdA 1970, 265

— Zur gerichtlichen Überprüfung von Tarifverträgen und Betriebsvereinbarungen, Festschrift Larenz, S. 1043, München 1973

Waechter: Verzicht auf Kündigungsschutz, DB 1972, 628

Walloth: Das Koalitionsrecht im Lichte der Rechtsprechung des Bundesarbeitsgerichts, Das ArbR der Gegenwart, Bd. 11, S. 73, Berlin 1974

Weber, W.: Die Bundesrepublik und ihre Verfassung an der Schwelle des dritten Jahrzehnts, DVBl. 1969, 413

— Unzulässige Einschränkungen der Tariffreiheit, BB 1964, 764

Weingärtner: Tarifvertragliche Klauseln über die Rückzahlung von Gratifikationen bei Kündigung, BB 1967, 1041

Wiedemann: Die deutschen Gewerkschaften — Mitgliederverband oder Berufsorgan? RdA 1969, 321

— Zur Typologie zulässiger Zeitarbeitsverträge, Festschrift Lange, S. 395, München 1970

Wlotzke: Entwicklungstendenzen im Arbeitsrecht (2. Teil), RdA 1963, 44

Wolf, M.: *Grundlagen* des Vertrags- und Schuldrechts, Athenäum — Zivilrecht I; I. Kapitel, „Die Privatautonomie", S. 19, Frankfurt a. M. 1972

— Tarifautonomie, Kampfparität und gerechte Tarifgestaltung, ZfA 1971, 151

Zippelius: Zum Problem der Rechtsfortbildung, NJW 1964, 1981

— Rechtsnorm und richterliche Entscheidungsfreiheit, JZ 1970, 241

Zöllner: Arbeitsrecht und Politik, DB 1970, 54

— Der Abbau einheitsvertraglicher Arbeitsbedingungen im nichttariflich gesicherten Bereich, RdA 1969, 250

— Privatautonomie und Arbeitsverhältnis. Bemerkungen zu Parität und Richtigkeitsgewähr beim Arbeitsvertrag, AcP 1976, 221

Zöllner / Seiter: Paritätische Mitbestimmung und Art. 9 Abs. 3 Grundgesetz, ZfA 1970, 97

III. Urteilsanmerkungen

Adomeit: Anm. zu BAG, Urt. v. 14. 12. 1966, AP Nr. 2 zu § 13 BUrlG Unabdingbarkeit, in: SAE 1967, 237

Biedenkopf: Anm. zu BAG, Urt. v. 31. 3. 1966, in: AP Nr. 54 zu § 611 BGB Gratifikation

Birk: Anm. zu BAG, Urt. v. 25. 1. 1973, in: AP Nr. 37 zu § 620 BGB Befristeter Arbeitsvertrag

Bötticher: Anm. zu BAG, Urt. v. 23. 2. 1967, in: AP Nr. 57 zu § 611 BGB Gratifikation

— Anm. zu BAG, Urt. v. 24. 1. 1963, in: AP Nr. 29 zu Art. 12 GG

Buchner: Anm. zu BAG, Urt. v. 11. 11. 1971, in: AP Nr. 71 zu § 611 BGB Gratifikation

— Anm. zu BAG, Urt. v. 12. 11. 1971, AP Nr. 28 zu § 74 HGB, in: AR-Blattei (D) „Tarifvertrag VI", Entsch. 17

Canaris: Anm. zu BAG, Urt. v. 13. 9. 1969, AP Nr. 24 zu § 611 BGB Konkurrenzklausel, in: SAE 1971, 111

— Anm. zu BAG, Urt. v. 12. 11. 1971, AP Nr. 28 zu § 74 HGB

— Anm. zu BAG, Urt. v. 9. 10. 1969, in: AP Nr. 68 zu § 611 Gratifikation

Distel: Anm. zu BAG, Urt. v. 27. 3. 1969, in: AP Nr. 31 zu § 620 BGB Befristeter Arbeitsvertrag

Fenn: Anm. zu BAG, Urt. v. 3. 7. 1970, in: AP Nr. 33 zu § 620 BGB Befristeter Arbeitsvertrag

Gamillscheg: Anm. zu BAG, Urt. v. 16. 11. 1967, in: AP Nr. 63 zu § 611 BGB Gratifikation

Hanau: Anm. zu BAG, Urt. v. 28. 4. 1970, AP Nr. 55 zu § 611 BGB Haftung des Arbeitnehmers, in: SAE 1970, 253

Herschel: Anm. zu BAG, Urt. v. 25. 6. 1964, in: AP Nr. 14 zu § 1 KSchG Betriebsbedingte Kündigung

Hessel: Anm. zu BAG, Urt. v. 7. 8. 1970, AP Nr. 4 zu § 11 MuSchG 1968, in: AuR 1971, 31

Hofmann: Anm. zu BAG, Urt. v. 2. 8. 1971, in: AP Nr. 27 zu § 74 HGB

Hueck: Anm. zu BAG, Urt. v. 29. 6. 1962, in: AP Nr. 25 zu Art. 12 GG

Isele: Anm. zu BAG, Urt. v. 13. 7. 1962, in: AP Nr. 24 zu § 611 BGB Gratifikation

— Anm. zu BAG GS, Beschl. v. 10. 11. 1961, in: AP Nr. 2 zu § 611 BGB Gefährdungshaftung des Arbeitgebers

Küchenhoff: Anm. zu BAG, Urt. v. 16. 11. 1967, in: AP Nr. 63 zu § 611 BGB Gratifikation

Larenz: Anm. zu BAG GS, Beschl. v. 10. 11. 1961, AP Nr. 2 zu § 611 BGB Gefährdungshaftung des Arbeitgebers, in: SAE 1962, 197

Lieb: Anm. zu BVerfG, Beschl. v. 26. 5. 1970, in: AP Nr. 16 zu Art. 9 GG

Mayer-Maly: Anm. zu BAG, Urt. v. 2. 8. 1971, AP Nr. 27 zu § 74 HGB, in: SAE 1972, 164

Meisel: Anm. zu BAG, Urt. v. 3. 10. 1969, AP Nr. 12 zu § 15 AZO, in: SAE 1971, 31

Palenberg: Anm. zu BAG, Urt. v. 30. 9. 1971, in: AP Nr. 36 zu § 620 BGB Befristeter Arbeitsvertrag

Richardi: Anm. zu BAG, Beschl. v. 21. 4. 1971, AP Nr. 43 zu Art. 9 GG Arbeitskampf, in: ZAS 1971, 222 und in: SAE 1972, 10

Säcker: Anm. zu BAG, Urt. v. 21. 3. 1973, SAE 1976, 69 und BAG, Urt. v. 24. 2. 1975, SAE 1976, 71, in: SAE 1976, 72

Seiter: Anm. zu BAG, Urt. v. 4. 12. 1969, AP Nr. 32 zu § 620 BGB Befristeter Arbeitsvertrag, in: SAE 1970, 206

Schelp: Anm. zu BAG, Urt. v. 30. 3. 1962, in: AP Nr. 28 zu § 4 TVG Ausschlußfristen

Söllner: Anm. zu BAG, Urt. v. 15. 3. 1966, AP Nr. 28 zu § 620 BGB Befristeter Arbeitsvertrag, in: SAE 1966, 255

— Anm. zu BAG, Urt. v. 3. 10. 1969, in: AP Nr. 12 zu § 15 AZO

Thiele: Anm. zu BAG, Urt. v .17. 9. 1970, in: AP Nr. 11 zu § 13 BUrlG

— Anm. zu BAG, Urt. v. 3. 2. 1971, in: AP Nr. 9 zu § 7 BUrlG Abgeltung

Weitnauer: Anm. zu BAG, Urt. v. 16. 12. 1968, AP Nr. 21 zu § 133 f GewO, in: SAE 1970, 46

Wieacker: Anm. zu BAG, Urt. v. 10. 5. 1962, AP Nr. 23 zu § 611 BGB Gratifikation, in: JZ 1963, 175

Wiedemann: Anm. zu BAG, Beschl. v. 4. 2. 1971, in: AP Nr. 35 zu § 620 BGB Befristeter Arbeitsvertrag

Wolff, E.: Anm. zu BAG, Urt. v. 3. 10. 1963, in: AP Nr. 1 zu § 611 BGB Urlaub und Gratifikation

— Anm. zu BAG, Urt. v. 31. 3. 1966, AP Nr. 54 zu § 611 BGB Gratifikation, in: SAE 1966, 233

Wollenschläger: Anm. zu BAG, Urt. v. 19. 12. 1974, in: AuR 1975, 220, 222

FSC
www.fsc.org
MIX
Papier | Fördert gute Waldnutzung
FSC® C083411

Zeitfracht Medien GmbH
Ferdinand-Jühlke-Straße 7
99095 Erfurt, Deutschland
produktsicherheit@kolibri360.de

Druck:
CPI Druckdienstleistungen GmbH
im Auftrag der
Zeitfracht Medien GmbH
Ein Unternehmen der Zeitfracht - Gruppe
Ferdinand-Jühlke-Str. 7
99095 Erfurt